长江经济带绿色发展报告

（2017）

The Yangtze River Economic Belt
Green Development Report (2017)

湖南省社会科学院绿色发展研究团队／著

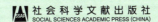
社会科学文献出版社
SOCIAL SCIENCES ACADEMIC PRESS (CHINA)

《长江经济带绿色发展报告（2017）》
编委会

主　任：刘建武

副主任：周小毛　贺培育　刘云波

成　员：（按姓氏笔画）

　　　　尹向东　方向新　陈文胜　杨顺顺　童中贤

　　　　谢瑾岚　潘小刚

主　编：方向新　谢瑾岚　杨顺顺

目录
contents

第一章

长江经济带绿色发展
政策背景与主要进展

改革开放以来，我国顺应国际绿色发展思潮的演进趋势和发展重点，同时结合经济社会发展和资源环境保护实际，制订和实施了一系列绿色发展政策、法规、规划和方案，绿色发展战略实现了从起步发展到加速推进，再到逐步完善的人体历程。长江经济带作为中国新一轮改革开放转型实施新区域开放开发战略的地带，是具有全球影响力的内河经济带、东中西互动合作的协调发展带、沿海沿江沿边全面推进的对内对外开放带，更是生态文明建设的先行示范带，其相关规划、政策和方案的提出和实施，深化了绿色发展的科学内涵与分析框架，对推进我国尤其是大河流域绿色发展有着重要的理论和实践价值。

一　我国绿色发展理念的提出与政策演进

当前，经济全球一体化将世界各国结成互相影响、相互促进的统一体，各个国家和地区在推进经济增长和社会发展过程中也共同面临着资源能源短缺、气候变化与环境污染等危机。环境问题在 20 世纪 60 年代末首次被认为是一种全球性的问题，1972 年，瑞典斯德哥尔摩人类环境会议通过了《人类环境宣言》，成为各个国家包括发展中国家在内的生态环境保护行动方针。同时，联合国、OECD 等国际合作组织召开的相关会议议题中，生态环境污染和治理问题也越发得到重视，其中最著名的是在 1987 年联合国环境与发展委员会上《我们的未来》一书中提出并倡议的"可持续发展"理论，目标是协调经济发展与生态环境、发达国家与发展中国家、当代人与后代人之间的利益冲突。1989 年联合国环境规划署提出了"清洁生产"概念，提出要实现经济发展与环境效益相结合，由"清洁生产"引申并发展起来的"循环经济"，将可持续发展理念延伸至经济社会发展的各个层面。进入 21 世纪后，可持续发展理念逐步演化成绿色发展思想并成为国际社会研究探讨经济和环境发展问题的主流。为了进一步推进绿色发展思想，2008 年底，联合国环境规划署提出并倡议世界各国实施"绿色经济"与"绿色新政"，"循环经济"、"低碳经济"和"绿色增长"等发展理念受到各国的热切回应。2009 年在哥本哈根召开的世界气候大会，更加凸显了各个国家和地区加强区域协作共同面对温室气体增多而导致的气候变化的决心。2010 年 6 月，欧盟各国一致通过了"欧洲 2020 战略"，提出未来欧盟将着力发展节能环保型、绿色创新型经济，积极出口绿色技术和设备，在绿色发展上领先世界。2011 年 1 月，美国在《国情咨文》中建议政府要投资清洁能源技术、生物制药技术、信息技术等，加强国际合作。可见，世界主要国家与国际合作组织已就绿色发展达成一致共识，将积极推动绿色发展的区域合作与交流，实现了国际政治经济秩序的绿色变革。

在我国，绿色发展思想是从可持续发展理念基础上演化形成的，是对科学发展观的再次深化，我国绿色发展思想是以绿色技术创新为基础，以"资源节约型、环境友好型"社会建设为支撑，以协调经济增长和保护生态环境、促进生态文明建设为目标的科学发展思想。2009 年，《国家主体功能区规划（2009～2020）》首次提出"绿色中国"概念，体现了我国建设"绿色现代化"的战略目标。2010 年 6 月，胡锦涛同志在中国科学院第十五次院士大会和中国工程院第十次院士大会上首次提出"绿色发展"理念。2010 年 10 月，党的十七届五中全会对国民经济和社会发展第十二个五年规划草案进行研讨，提出增加"绿色发展，建设资源节约型、环境友好型社会"一章，至此，"绿色发展"思想在我国正式得到确立。2012 年 11 月，党的十八大提出要把"美丽中国"建设作为生态文明发展的宏伟目标，绿色发展、循环发展和低碳发展成为生态文明建设的基本途径。2015 年 4 月，中共中央和国务院出台的《关于加快推进生态文明建设的意见》，提出要把生态文明建设融入经济、政治、文化、社会建设各方面和全过程，协同推进新型工业化、城镇化、信息化、农业现代化和绿色化。2015 年 10 月，党的十八届五中全会审议通过的《中共中央关于制定国民经济和社会发展第十三个五年规划的建议》提出了创新、协调、绿色、开放、共享的五大发展理念，绿色发展理念重要性进一步提升，绿色发展思想已经成为我国"十三五"以及未来更长时期经济发展和社会进步必须坚持的指导思想。

将改革开放以来我国绿色发展思想和相关政策的演变过程进行归纳梳理，大致可以划分为三个阶段：第一阶段是改革开放以后到 20 世纪 90 年代末，为我国绿色发展思想的起步发展阶段；第二阶段是 21 世纪头 10 年，为我国绿色发展思想的加速推进阶段；第三阶段是 2011 年至今，为我国绿色发展思想的逐步完善阶段。

（一）第一阶段：起步发展阶段

20 世纪 80 年代，我国第一次将环境保护定为基本国策，将资源节约、生态环境保护纳入国家经济社会发展战略，此时期政策主要特点是将资源的源头控制和污染物的末端治理作为重点。从 20 世纪 90 年代起，为顺应《21 世纪议程》等国际行动，我国开始实施可持续发展战略，主要特点是以资源环境保护约束经济发展从理念转变为行动，以污染物排放量的控制倒逼经济发展方式转变。

1. 将环境保护确立为基本国策

1983 年 12 月，第二次全国环境保护会议在北京召开，李鹏同志在会议上宣布"保护环境是我国必须长期坚持的一项基本国策"，环境保护首次作为基本国策被提出，标志着我国对环境保护上升至一个新的高度。为深入贯彻执行这一基本国策，此次会议提出了"三同步"与"三统一"的环境发展战略方针，"三同步"即为经济、城乡、环境建设要实现同步规划、同步实施、同步发展，"三统一"即为逐步实现经济、社会、环境效益三者统一，这一环境发展战略方针逐步演化形成了以"预防为主、防治结合"、"谁污染、谁治理"、"强化环境管理"为主的政策体系，这一阶段的经济社会发展战略规划也都提出了相应的环境发展目标。这一时期，我国主要的能源资源存在供应瓶颈，亟待加大资源能源开发供应力度；自然资源开发后的生态保护修复还没有得到足够重视，污染控制集中在防止新污染的产生以及工业"三废"处理，环境质量管理尚未提上议程。

2. 以可持续发展理念解决经济发展和资源环境约束矛盾

一是提出经济发展方式由粗放型向集约型转变。1995 年，党的十四届五中全会提出了"两个根本性转变"，其中之一即为经济增长方式要从粗放型向集约型转变，同时全会还提出，到 2000 年，要力争实现我国环境污染和生态环境破坏加剧趋势基本得到控制，部分城市和区域的生态环境质量有所改善。二是确立了可持续发展理念为国家基本战略。1992 年，为顺应联合国环境与发展大会通过的《21 世纪议程》，体现我国治理环境污染和控制生态环境破坏的决心，党中央和国务院批准并印发了《中国环境与发展十大对策》，包括实现持续发展战略、防治工业污染、治理城市"四害"、改善能源结构、加强生物多样性保护等方面的内容。同时，我国于1994 年制定并出台了《中国 21 世纪议程》，提出要将可持续发展理念贯穿于我国经济、社会、资源能源利用、环境保护等诸多方面。三是国民经济规划中增加了资源节约和环境保护相关章节。第八个和第九个五年计划期间，我国继续把资源节约和环境保护内容纳入国民经济和社会发展规划中，相比于之前的发展规划，指标和任务进一步细化增多，对环境污染防治的要求明显加大。

3. 自然资源领域立法和环境保护政策体系逐步建立

从改革开放到 20 世纪 90 年代末期，我国生态环境保护逐渐实现法制化，环境保护政策体系基本建立。一是宪法增加了自然资源利用和环境保护的相关规定。1982 年，我国《宪法》增加了改善生活与生态环境、实现自然资源合理利用、加强植树造林和保护森林等内容，从基本法层面为我国建立资源节约与环境保护法律体系奠定了基础。二是自然资源有关立法快速发展。20 世纪 80 年代以来，我国逐步意识到资源开发利用中产生的环境问题，开始加强自然资源保护。从 1981 年到 2000 年，我国制定并出台了多部自然资源相关法律法规，分别是：1984 年出台了《森林法》，1985 年出台了《草原法》，1986 年出台了《渔业法》、《矿产资源法》与《土地管理法》，1988 年出台了《水法》，1991 年颁布了《水土保持法》，1996 年颁布了《煤炭法》，1997 年颁布了《节约能源法》；1996 年修订了《矿产资源法》，1998 年修订了《森林法》、《土地管理法》，实现了主要资源能源领域立法的覆盖。三是环境污染防治与保护立法框架初步建立和完善。1979 年 9 月，我国出台了《环境保护法（试行）》，这是我国首部有关环境保护的专门法，为之后制定的各个门类的环境保护法奠定了基础。此后，1982 年我国出台了《海洋环境保护法》，1984 年出台了《水污染防治法》，1987年出台了《大气污染防治法》，1989年出台了《环境噪声污染防治条例》，1989年12月出台了修订之后的《环境保护法》，1995年颁布了《固体废弃物污染环境防治法》，1996年颁布了《噪声污染防治法》；1995年修订了《大气污染防治法》，1999年修正了《水污染防治法》，实现了环境污染"三废"防治法规政策的全覆盖。四是出台了资源综合利用的法规规章。20世纪90年代后，我国将控制源头防止污染产生以及资源综合利用作为环境工作重心，相继颁布了一系列规章制度和文件，主要是：1991年颁布了《关于加强再生资源回收利用管理工作的通知》，1996年颁布了《资源综合利用名录》与《关于进一步开展资源综合利用意见》，1998年颁布了《资源综合利用认定管理办法》和《建设项目环境保护管理条例》等，环境治理工作重点由末端治理开始转向源头控制和资源能源综合利用。五是生态环境建设有关的规章制度逐步建立。1994年，国家出台了《自然保护区条例》，自然保护区建设和保护工作逐渐步入正轨。1998年，《全国生态环境建设规划》启动了天然林保护工程，同时还颁布了《国务院关于保护森林资源制止毁林开垦和乱占林地的通知》、《中共中央关于农业和农村工作若干重大问题的决定》等中央文件，均对保护自然生态环境提出了明确任务和要求。

4. 生态环境监测体系起步和发展

1980年，为掌握全国环境污染和保护相关数据信息，我国初步建立起环境统计报表制度，环境数据统计工作逐步由全国向各省市展开。1983年7月，城乡建设环境保护部公布了《全国环境监测管理条例》，明确了环境监测的任务、机构、职责、环境监测网络建设以及数据报告制度等内容。从70年代中期到80年代末期，我国组建了涵盖环境保护部门在内的各类监测站点4000多个，形成了国家、省、地市、县四级环境监测系统，环境监测网络初步建立。1983年我国出台了《统计法》，为推进自然资源、环境保护以及生态建设领域的统计工作提供了法律依据，1985年出台了《关于加强环境统计工作的规定》，各类环境数据的监测、统计和报告制度逐步完善。20世纪90年代，随着资源能源以及生态环境保护工作的推进，对生态环境统计监测的要求逐渐增多。在资源能源领域，我国出台了《节约能源监测管理暂行规定》，对我国用热、用电、用油、节能产品能耗等状况进行监督、检测；在环境污染防治领域，环境监测工作服务于"三河三湖"（海河、黄河、辽河、巢湖、太湖、滇池）水环境污染和"两控区"大气污染的综合整治需要，组建了"国家环境质量监测网"，加强了对污染源达标排放及排污总量监督性监测。

5. 基于市场机制的污染防治手段逐步确立

第一，基于市场机制的污染防治手段逐渐丰富。20 世纪 90 年代后，我国排污收费制度继续推进，在此期间，国家出台了相应的配套政策，资源税、矿产资源补偿费、探矿权采矿权转让等制度开始实施，水排污权、大气排污权交易试点工作也逐步开展。第二，公众参与机制开始起步。《中国 21 世纪议程》为我国的环境污染治理公众参与机制确定了全面的发展目标、政策和行动方案。在此之后，《全国环境保护纲要（1998 ~ 2002)》等政策文件实现了公众参与制度的细化和完善。第三，环境破坏的追责问责机制有了法律依据。我国 1997 年修订的《刑法》专门规定了破坏环境资源保护罪，为环境污染和破坏的行政问责机制建立了法律基础。

（二）第二阶段：加速推进阶段

21 世纪头 10 年，我国坚持节约资源和保护环境基本国策，持续推进可持续发展，主要特征是以环境保护推进经济发展方式优化的长效机制逐步建立，重点以发展循环经济促进经济发展方式转变，加快建设资源节约型、环境友好型社会。

1. 坚持以科学发展观打破经济增长的资源环境约束，大力发展循环经济，节能减排成为约束性指标

一是以科学发展观为引领，推进资源节约型和环境友好型社会建设。2003 年 10 月，十六届三中全会首次提出科学发展观，提出要"坚持以人为本，树立全面、协调、可持续的发展观，促进经济社会和人的全面发展"，这是党的执政理念的一次重要升华。2005 年，十六届五中全会提出

"要加快建设资源节约型、环境友好型社会"。2007年12月，经国务院批准，武汉城市圈和长株潭城市群成为全国资源节约型和环境友好型社会建设综合配套改革试验区，根据资源节约型和环境友好型社会建设综合配套改革试验的要求，先行先试，全面推进各个领域的改革，尽快形成有利于能源资源节约和生态环境保护的体制机制，并形成相关经验向全国推广。二是以循环经济为重点，加快转变经济发展方式。2003年，中央人口资源环境工作座谈会第一次提出要"将循环经济的发展理念贯彻到区域经济发展、城乡建设和产品生产中，使资源得以最有效利用"，发展循环经济作为战略决策的提出，意味着我国开始摒弃以往的单纯治理的模式，开始用发展的思路来解决环境问题。2008年3月，国务院出台了《关于加快发展循环经济的若干意见》，提出要按照"减量化、再利用、资源化"原则，以尽可能少的资源能源消耗和尽可能小的环境代价实现最大的经济产出和最少的废物排放，达到经济、环境和社会效益相统一。三是将节能减排作为约束性指标纳入国民经济发展规划中。"十五"计划提出我国国民经济和社会发展的指导方针之一是"高度重视人口、资源、生态和环境问题"，并制定了包括森林覆盖率、建成区绿化率、各省市主要污染物排放总量削减指标以及能源资源节约集约利用指标等定量目标。

2. 开始新一轮资源环境立法修法工作

2000~2010年我国资源环境领域的立法修法主要工作如下：在清洁生产和循环经济方面，2003年颁布了《清洁生产促进法》，2008年审议并通过了《循环经济促进法》，标志着我国开始用发展的模式来化解环境问题。在自然资源能源方面，2002年修订了《草原法》、《水法》，2004年修订了《土地管理法》、《渔业法》，2005年颁布了《可再生能源法》。在环境保护方面，2000年第二次修订了《大气污染防治法》，2003年颁布了《环境影响评价法》、《放射性污染防治法》，2004年修订了《固体废物污染环境防治法》、2008年修订了《水污染防治法》。在生态建设方面，2002年颁布了《防沙治沙法》，2004年修订了《野生动物保护法》。此外，国务院还于2002年颁布了《排污费征收使用管理条例》、《危险化学品安全管理条例》、《退耕还林条例》，2003年颁布了《医疗废物管理条例》等。

3. 以产业结构调整推进资源能源节约与环境保护

"九五"之后，特别是"十五"期间，国家坚持以结构调整为主线，把优化产业结构作为国民经济和社会发展的重要目标，先后颁布了一系列与资源节约环境保护相关的产业结构调整政策，主要有：2002 年颁布的《国家产业技术政策》，2004 年颁布的《关于促进我国现代物流发展的意见》，2005 年颁布的《国务院关于加快发展循环经济的若干意见》，2005 年颁布的《促进产业结构调整暂行规定》，2005 年颁布的《产业结构调整指导目录（2005 年本）》等。这些产业结构调整政策鼓励发展技术含量高、有利于节约能源资源和保护生态环境，以及新能源与可再生能源开发利用的工艺技术、装备和产品，对于提高我国经济发展的质量，减轻资源供应和环境治理的压力具有重要意义，同时也体现了我国环境与发展综合决策能力的逐步增强。2006 年 3 月，"十一五"规划纲要提出要将产业结构优化升级、资源利用效率显著提升、可持续发展能力增强作为经济社会发展的重要目标，并将其落实到农业、工业、服务业的结构优化之中。2006 年 3 月，国务院颁布了《关于加快推进产能过剩行业结构调整的通知》，2006 年 4 月，国家发展和改革委员会、财政部、国土资源部等部委先后颁布了《关于推进铁合金行业加快结构调整的通知》、《关于印发加快煤炭行业结构调整、应对产能过剩的指导意见的通知》、《关于加快铝工业结构调整有关意见的通知》、《关于加快水泥工业结构调整的若干意见的通知》、《关于加快电力工业结构调整促进健康有序发展有关工作的通知》等文件，我国环境保护的产业结构调整步伐和力度进一步加大。

4. 生态环境监测体系快速发展，成为推进可持续发展重要内容

进入 21 世纪后，为应对更加严格的资源节约、环境污染防治标准，对环境监测资料数据提出了更高要求，我国生态环境监测体系实现快速发展。"十一五"时期，为确保节能减排目标的顺利实现，国务院颁布了《节能减排统计监测及考核实施方案和办法》，对做好各类能源与污染物指标统计、监测和按时报送提出了详细要求。在资源能源方面，2003 年国土资源部颁布了《矿产资源登记统计管理办法》，提出要加强对矿产资源储

量登记和矿产资源统计的管理。国务院颁布了《中华人民共和国水文条例》，提出要加强水文管理和规范水文工作，为保护、开发和利用水资源以及防灾减灾服务。在环境污染防治方面，2007 年国家环境保护总局颁布了《环境监测管理办法》，提出要对环境质量监测、污染源监测、突发环境事件应急监测等内容进行规范性管理。同期，为了加强对污染源自动监测的管理，陆续颁布了有关污染源自动监控管理的相关规章制度。

（三）第三阶段：逐步完善阶段

我国经济发展步入新常态，经济发展对资源环境建设提出更高要求，绿色发展同创新发展、协调发展、开放发展、共享发展一起成为破解发展瓶颈、厚植发展优势的五大发展理念。此阶段的特征是绿色发展思想在国家发展战略中的地位更加凸显，内涵也更为丰富，我国绿色发展进入逐步完善期，相关的政策文件密集出台，生态文明制度体系正式建立。

1. 建立了系统完整的生态文明制度体系

党的十八届三中全会通过了《中共中央关于全面深化改革若干重大问题的决定》，明确提出生态文明建设必须以系统完整的生态文明制度体系为基础，用制度方式保护生态环境。党的十八届四中全会通过了《中共中央关于全面推进依法治国若干重大问题的决定》，提出要加强生态文明建设领域的立法工作，要用严格的法律制度维护生态环境。为进一步推进生态文明建设，2015 年我国陆续颁布了《关于加快推进生态文明建设的意见》、《生态文明体制改革总体方案》及相关配套方案，生态文明制度体系逐步系统化、完整化。其中，《生态文明体制改革总体方案》提出要建立涵盖自然资源资产产权制度、国土空间开发保护制度、资源有偿使用和生态补偿制度等系统完整的生态文明制度体系框架，其中新建制度 22 项、健全和完善制度 25 项。同时，生态文明建设与区域协同发展的结合越发紧密，党的十八届五中全会提出要推动区域协调发展，塑造要素有序自由流动、主体功能约束有效、基本公共服务均等、资源环境可承载的区域协调发展新格局。尤其是长江经济带坚持生态优先、绿色发展的战略定位，国家相继出台了指导意见和总体规划，制定了重点领域的专项规划和实施方案，形成了系统的规划政策体系。通过上游、中游与下游间的生态补偿以及森林、草原、湿地等重点领域和重要生态功能区生态保护机制的全面建立，生态环境保护专项行动、重点工程建设和制度建设全面展开，"共抓大保护"取得了积极成效。

2. 绿色低碳发展纳入国民经济和社会发展规划

2011年3月，"十二五"规划纲要提出，要"探索建立低碳产品标准、标识和认证制度，建立完善温室气体排放统计核算制度，逐步建立碳排放交易市场"。2011年12月，国务院颁布《"十二五"控制温室气体排放工作方案》，提出了到2015年我国控制温室气体排放的总体要求和主要减排目标，鼓励综合利用各类措施控制和削减温室气体排放，开展低碳试验试点，形成经验并推广，打造一批低碳省区、低碳城市、低碳园区与低碳社区，全面提升我国温室气体控排能力。2014年9月，国家发展改革委出台了《关于印发国家应对气候变化规划（2014~2020年）的通知》，提出了到"十三五"末期我国应对气候变化工作的主要发展目标。"十三五"规划纲要提出了要"牢固树立创新、协调、绿色、开放、共享发展理念"，明确提出了"十三五"时期我国生态环境发展的主要目标，即生态环境质量总体改善，能源、资源开发利用效能大幅提升，能源与水资源消耗、建设用地消耗、碳排放总量均得到有效控制，主要污染物排放总量大幅度降低，并提出了"十三五"时期资源环境领域的主要约束性指标。与"十二五"时期相比，"十三五"时期我国绿色发展相关指标的设定更加严格：一是16个指标全部为约束性指标；二是实行能源和水消费的总量和强度"双控"；三是增加了大气质量改善、水环境质量改善等与民生密切相关的约束性指标，同时主要污染物减排削减力度明显加大。

3. 相关法律修订与完善工作持续推进

2011年以后，我国整体的法律制度环境不断完善、整体法律质量不断提升，为绿色发展专门法律的制定和执行效力的提升奠定了基础。我国2014年修订、2015年生效的《环境保护法》被称作"史上最严环保法"，此法不同于以往单纯的限产罚款等举措，增加了按日计罚款、查封扣押生产资料甚至是对相关人员行政拘留等条款。2015 年修订、2016 年生效的《大气污染防治法》对我国大气污染防治的标准和期限、大气污染防治监管、大气污染防治措施以及重点区域大气污染联防联治等内容作了详细规定。此外，国务院还颁布了一系列提升生态环境质量、推进绿色发展的政策法规文件，其中《大气污染防治行动计划》与《水污染防治行动计划》明确提出了我国空气质量与水环境质量的达标目标与期限。2013 年颁布的《关于化解产能过剩矛盾的指导意见》，提出了要通过严格的环保标准解决过剩产能，并防止过剩产能的低水平重复性建设，以达到经济发展与环境保护双赢的目标。

4. 绿色发展思想延伸到建筑、消费和生活等领域

为进一步推进绿色发展和生态文明建设，2012 年 4 月，我国出台了《关于加快推动我国绿色建筑发展的实施意见》，提出要"进一步深入推进建筑节能，加快发展绿色建筑，促进城乡建设模式转型升级"，并提出了到 2020 年绿色建筑的主要发展指标。2015 年 11 月，环保部出台了《关于加快推动生活方式绿色化的实施意见》，提出要通过环保部门的宣传教育、建立系统完整的制度体系、倡导绿色生活方式等途径为生态文明建设奠定坚实的社会、群众基础。2016 年 2 月，国家发改委等部门印发了《关于促进绿色消费的指导意见》，提出要推进绿色消费，加快生态文明建设，推动经济社会发展的"绿色化"，到 2020 年，绿色消费理念逐渐成为社会共识，绿色消费的长效机制基本建立，绿色产品的市场占有率大幅提升，绿色低碳、文明健康的生活消费模式基本形成。

5. 与绿色发展相适应的生态环境统计监测体系加速发展

为落实党中央和国务院关于加快生态环境监测网络建设决定，我国出台了多部促进生态环境监测体系发展的配套政策文件。2016 年，出台了《"互联网＋"绿色生态三年行动实施方案》，提出要加快形成覆盖我国主要生态环境要素的承载能力动态监测网络，实现主要生态环境数据的互联互通与开放共享，预防超过生态承载能力的环境破坏与污染事件的发生。在资源能源方面，印发了《关于加强应对气候变化统计工作的意见的通

知》、《工业企业温室气体排放核算和报告通则》、《地质环境监测管理办法》等政策文件，进一步规范了我国在温室气体排放与控制、地质环境监测等领域的监测管理与监测信息共享互通。在环境污染治理方面，印发了《生态环境大数据建设总体方案》，提出要通过生态环境大数据的应用推动环境管理转型创新，提升生态环境的监测治理能力，为达到生态环境质量总体改善目标提供技术支撑。其他方面，《关于支持环境监测体制改革的实施意见》提出，到2018年，要建立完善国家直管的大气、水、土壤环境质量监测网络。《关于推进环境监测服务社会化的指导意见》对实现环境监测市场的规范化管理做了明确规定。《环境监测数据弄虚作假行为判定及处理办法》对提升环境监测数据质量管理水平做出了明确规定。

二　长江经济带绿色发展目标要求与战略意义

长江经济带是我国重要的内河经济带，横跨我国东、中、西三大区域，覆盖上海、江苏、浙江、安徽、江西、湖北、湖南、重庆、四川、云南、贵州等11个省（市），面积约205万平方千米，是我国经济、人口的重要集聚区，是带动中国经济发展重要引擎。2014年11月，中央经济工作会议把长江经济带发展确立为国家三大战略之一；2015年3月，在全国"两会"上，李克强总理《政府工作报告》再次提出"推进长江经济带建设"；2016年1月，习近平总书记在推动长江经济带发展座谈会上强调，"推动长江经济带发展必须从中华民族长远利益考虑，走生态优先、绿色发展之路，使绿水青山产生巨大生态效益、经济效益、社会效益，使母亲河永葆生机活力"。推进长江经济带绿色发展，具有明确目标要求与重大战略意义。

（一）长江经济带绿色发展的目标要求

绿色发展强调经济增长与环境保护的统一与和谐发展，是一种以人为本的可持续发展方式。以"生态优先、绿色发展"为核心理念的长江经济带发展战略，是以习近平同志为核心的党中央尊重自然规律、经济规律和社会规律，顺应世界发展潮流，推动我国绿色发展和可持续发展做出的重大战略决策和部署，为使母亲河永葆生机活力、在长江经济带形成绿色发展方式和生活方式提供了科学的思想指引和行动指南。长江经济带绿色发展的目标要求表现在以下方面。

1. 保护和修复长江生态环境

把保护和修复长江生态环境摆在首要位置，共抓大保护，不搞大开发，全面落实主体功能区规划，明确生态功能分区，划定生态保护红线、水资源开发利用红线和水功能区限制纳污红线，强化水质跨界断面考核，推动协同治理，严格保护一江清水，努力建成上中下游相协调、人与自然相和谐的绿色生态廊道。到 2020 年，长江经济带生态环境明显改善，水资源得到有效保护和合理利用，河湖、湿地生态功能基本恢复，水质优良（达到或优于Ⅲ类）比例达到 75% 以上，森林覆盖率达到 43%，生态环境保护体制机制进一步完善；到 2030 年，水环境和水生态质量全面改善，生态系统功能显著增强。打破行政区划界限和壁垒，有效利用市场机制，更好发挥政府作用，加强环境污染联防联控，推动建立地区间、上下游生态补偿机制，加快形成生态环境联防联治、流域管理统筹协调的区域协调发展新机制。开展生态文明先行示范区建设，全面贯彻大力推进生态文明建设要求，以制度建设为核心任务、以可复制可推广为基本要求，全面推动资源节约、环境保护和生态治理工作，探索人与自然和谐发展有效模式。

2. 推动长江经济带产业转型升级

要牢牢把握全球新一轮科技革命和产业变革机遇，大力实施创新驱动发展战略，着力加强供给侧结构性改革，发展新动能，淘汰落后过剩产能，加快推进产业转型升级，形成集聚度高、国际竞争力强的现代产业走廊。打造创新示范高地，支持上海加快建设具有全球影响力的科技创新中心，推进全面创新改革试验，形成一批可复制、可推广的改革举措和重大政策。强化创新基础平台，加强长江经济带现有国家工程实验室、国家重点实验室、国家工程（技术）研究中心、国家级企业技术中心建设，支持建设国家地方联合创新平台。集聚人才优势，国家各类人才计划结合长江经济带人才需求予以积极支持，吸引高层次人才创新创业。强化企业技术创新能力，营造良好创新创业生态，为公众尤其是以大学生为主体的创新力量提供低成本、便利化、全要素的创新创业服务平台。推动传统产业整合升级，依托产业基础和龙头企业，整合各类开发、产业园区，引导生产要素向更具竞争力的地区集聚。打造产业集群，加快实施"中国制造2025"，加强重大关键技术攻关、重大技术产业化和应用示范，联合打造电子信息、高端装备、汽车、家电、纺织服装等世界级制造业集群。加快推进农业现代化，优先发展生产性服务业，大力发展现代文化产业，支持现代传媒、数字出版、动漫游戏等文化产业加快发展。培育和壮大战略性新兴产业，加快发展高端装备制造、新一代信息技术、节能环保、生物技术、新材料、新能源等战略性新兴产业。推进新一代信息基础设施建设，推进智慧城市建设。引导产业有序转移，中上游地区要立足当地资源环境承载能力，因地制宜承接相关产业，促进产业价值链整体提升，下游地区积极引导资源加工型、劳动密集型产业和以内需为主的资金、技术密集型产业加快向中上游地区转移。严格禁止污染型产业、企业向中上游地区转移。积极探索多种形式的产业转移合作模式，鼓励上海、江苏、浙江到中上游地区共建产业园区，发展"飞地经济"，共同拓展市场和发展空间，实现利益共享。

3. 实现绿色发展普惠民众

良好生态环境是最公平的公共产品，是最普惠的民生福祉。保护生态环境就是保障民生，改善生态环境就是改善民生。当前我国生态环境质量不尽如人意，成为影响人们生活质量的一块短板。坚持绿色发展、绿色惠民，为人民提供干净的水、清新的空气、安全的食品、优美的环境，关系最广大人民的根本利益，关系中华民族发展的长远利益，是我们党新时期增进民生福祉的科学抉择。科学布局生产空间、生活空间、生态空间，使良好的生态环境成为人民生活质量的增长点。要将生态文明理念全面融入城市发展，合理确定城市功能布局和空间形态，促进城市发展与山脉水系相融合。增强城市综合承载能力，增强城市经济、基础设施、公共服务和资源环境的承载能力，建设和谐宜居、充满活力的新型城市。控制特大城市人口和空间过度扩张，推动特大城市部分功能向周边疏解、产业向中上游转移。推进美丽乡村建设，加大扶贫开发力度，提高居民生活水平，加强上中下游产业合作，推动公共服务供给方式多元化，大力改善农村公共服务条件，努力实现基本公共服务全覆盖。要把环境治理作为重大的民生实事紧紧抓在手上，为人民提供更多优质生态产品，推动形成绿色发展方式和生活方式，让良好的生态环境成为老百姓健康生活的基础。

4. 推进绿色循环低碳发展

习近平同志强调，要用改革创新抓长江生态保护，要在生态环境容量上过紧日子的前提下，依托长江水道，统筹岸上水上，正确处理防洪、通航、发电的矛盾，自觉推动绿色循环低碳发展，有条件的地区率先形成节约能源资源和保护生态环境的产业结构、增长方式、消费模式，真正使黄金水道产生黄金效益。推动长江经济带绿色发展，要坚持改革引领、创新驱动，有效促进长江经济带在发展中保护、在保护中发展。长江经济带以水为纽带，要以长江水质保护为重点，切实保护和改善水环境，大力保护和修复水生态，有效保护和利用水资源。长江经济带资源环境承载力问题突出，要推动资源利用方式根本转变，提高资源利用率。长江经济带沿江两岸重化工业布局比较密集，要遵循绿色循环低碳发展要求，优化产业布局，推动工业园区循环化改造。要用科学的理念、资本、技术、制度来实现绿色发展，通过转变发展的动力，增强绿色发展能力，解决经济增长、社会进步和生态平衡之间的矛盾，实现经济、社会、资源、环境协调可持续发展。

（二）推进长江经济带绿色发展的战略意义

长江经济带是我国人口多、产业规模大、城市体系非常完整的巨型流域经济带之一，承担促进中国崛起、实现中华民族伟大复兴的历史重任，发挥着保障全国总体生态功能格局安全稳定的全局性作用。推动长江经济带发展走生态优先、绿色发展之路，建设成全国具有重大影响的绿色经济示范带，意义非凡，是长江经济带发展的必然选择。

1. 推进长江经济带绿色发展是破解生态环境瓶颈制约的必由之路

长江经济带具有优越的区位条件、雄厚的经济基础、完善的城市体系、强大的创新能力、优异的资源禀赋，是我国"T"形生产力布局主轴线的核心组成部分，在中国经济社会发展中具有极其重要的战略地位。然而，长江经济带的粗放发展导致资源环境约束日益趋紧，区域性、累积性、复合性环境问题愈加突出。产业结构重型化特点突出，重化工产业沿江高度密集布局，长江沿江省市化工产量约占全国的46%。资源消耗和污染排放强度高，长江经济带大部分区域能耗水耗和污染排放强度是全国平均水平的1倍以上，长三角地均污染物排放强度是全国平均水平的4倍以上。环境问题长期积累，导致长江经济带环境风险隐患突出，将直接影响沿江重大生产力布局，环境问题和风险反过来又影响经济安全。我们必须改变传统的"高投入、高消耗、低效率"的发展模式，实施"低投入、低消耗、高效率"的绿色发展模式，处理好经济、资源、环境之间的关系，不断提高经济、社会和环境的协调性，增强经济社会的可持续发展能力。

2. 推进长江经济带绿色发展是以创新驱动促进产业转型升级的必然选择

长江经济带是世界上最大的内河产业带和制造业基地，为我国经济发展做出巨大贡献。推进长江经济带绿色发展，必须优化产业结构，加快产业转型升级，大力发展绿色产业，打造在全国具有重大影响的绿色经济示范带。2010年10月10日发布的《国务院关于加快培育和发展战略性新兴产业的决定》（国发〔2010〕32号）明确提出了战略性新兴产业，包括节能环保产业、新一代信息技术产业、生物产业、高端装备制造产业、新能源产业、新材料产业、新能源汽车产业等，这些产业具有知识技术密集、物质资源消耗少、成长潜力大、综合效益好的特点，符合绿色发展的理念，已经成为我国新的增长点，也必将成为长江经济带新的经济增长领域。在全球应对气候变化的大背景下，许多国家出台了发展绿色经济的重大举措，使得绿色经济迅速成为影响世界经济发展进程的重要潮流。在经济全球化的发展过程中，一些发达国家在资源环境方面，要求末端产品符合环保要求，对我国的出口贸易特别是扩大出口产生了非常严重的影响。长江经济带是具有全球影响力的内河经济带，也是沿海沿江沿边全面推进的对内对外开放带，因此，在国际发展绿色化的大背景下，长江经济带必须通过绿色发展，增强自主创新能力，提高技术水平与国际接轨，提高长江经济带的国际竞争力和影响力。

3. 推进长江经济带绿色发展是保持全国生态功能格局安全稳定的客观要求

长江经济带是我国"两屏三带"为主体的生态安全战略格局重要组成部分，是保障全国总体生态功能格局安全稳定的生态主轴。长江上游是"中华水塔"，是关系全局的敏感性生态功能区，是珍稀濒危动植物的家园和生物多样性的宝库；长江中下游是我国不可替代的战略性饮用水水源地和润泽数省的调水源头。目前，长江经济带面临着越来越重的资源环境压力，生态形势非常严峻。长江全流域开发已总体上接近或超出资源环境承载上限，江湖关系改变，入湖水量减少，通江湖泊消失；环境容量降低，营养盐和污染物长期随泥沙淤积，水库淤泥将逐步成为流域生态的安全隐患；开发区和城市新区沿江大规模低效率无序蔓延，导致岸线资源过度利用，湿地加速萎缩，沿江沼泽加快消失，生态空间被大量挤占；"糖葫芦串"式水电开发对长江上游珍稀特有鱼类保护区形成了"合围"的态势，重要生态环境丧失或受到严重挤压，生物多样性下降。工业化、城镇化粗放推进与资源环境承载力之间的矛盾日益突出，长江经济带生态功能整体退化，严重威胁生态安全格局。大力推进绿色发展，适时修复治理长江生态环境，维护长江生态功能和格局稳定，确保全流域生态安全，是实施整体性保护、压倒性保护的根本和核心，是不能突破的底线。

4. 推进长江经济带绿色发展是增进人民福祉的有效路径

长江经济带是我国"两纵三横"为主体的城市化战略格局的重要组成部分，集中了长三角城市群、长江中游城市群、成渝城市群等世界级城市群，全流域总人口超过5亿，人口密度远超全国平均水平，是全球人口最密集的流域之一。切实改善长江生态环境，事关数亿人的生存与健康。良好生态环境是最公平的公共产品，是最普惠的民生福祉，是民心所向。长江经济带资源环境承载问题突出，必须将绿色发展理念全面融入城乡发展之中，增强经济、基础设施、公共服务和资源环境的承载能力。随着人民群众迈向小康，对美好生活向往的内涵更加丰富，对与生命健康息息相关的环境问题越来越关切，期盼更多的蓝天白云、绿水青山，渴望更清新的空气、更清洁的水源，严格限制发展高耗能高耗水服务业、大力治理城乡环境、倡导绿色消费理念、鼓励绿色出行等都是推进长江经济带绿色发展的重要途径。推进长江经济带绿色发展，优化生态环境、解决生态问题，能让人民群众生活得更加幸福、更有尊严，以实实在在的行动为人民谋福祉。

三　长江经济带各省（市）绿色发展主要进展

顺应世界和我国大力推进绿色发展的潮流和趋势，进入 21 世纪尤其是近些年来，长江经济带各省（市）出台了一系列相关政策和文件，主要集中在低碳经济发展、循环经济发展、生态文明建设、资源节约与环境保护、绿色工业与建筑、绿色生活与消费等方面。

（一）低碳经济发展

上海：2014 年 7 月，市发展改革委颁布了《关于开展上海市低碳社区创建工作的通知》，主要包括建立低碳社区创建工作领导机制、鼓励社区居民践行绿色生活方式、推动社区建筑节能改造、建立气候变化和碳排放统计监测体系等六个方面。2016 年 10 月，市发展和改革委颁布了《关于开展本市首批低碳发展实践区验收评价工作的通知》，对长宁虹桥地区、黄浦外滩滨江地区等首批 8 个低碳发展实践区试点工作进行验收评估，评估结果共分为优秀、通过和未通过三级，结果为优秀和通过的，授予"上海市低碳发展示范区"称号；未通过的，保留试点资格，并且可以申报第二批低碳发展实践区的创建工作。2017 年 3 月，市人民政府颁布了《上海市节能和应对气候变化"十三五"规划》，并提出了到 2020 年能源消费、温室气体排放、能源结构、节能技术和产业等方面的发展目标。

江苏：2015 年 11 月，江苏颁布《关于加快绿色循环低碳交通运输发展的实施意见》，从加快基础设施建设、推广交通运输设备、加速交通运输组织的转型发展、建设技术创新与服务体系等六个方面提出了绿色低碳交通运输发展的主要任务。2017 年 3 月，江苏出台了《关于加快发展先进制造业振兴实体经济若干政策措施的意见》，提出要从推进工业能源利用效率提升、控制工业污染物排放和加强工业污染治理等方面入手，推进工业绿色低碳循环发展。

浙江：2012 年 10 月，省第十一届人民代表大会审议并通过《浙江省可再生能源开发利用促进条例》，条例规定了可再生能源开发利用的适用范围、管理职责、开发利用、扶持办法以及法律责任等内容。2016 年 5 月，省发展改革委出台了《浙江省低碳发展"十三五"规划》，明确要优化低碳发展布局、建立低碳产业体系、鼓励低碳生活方式、打造低碳生态环境等重点任务，并提出了到 2020 年低碳发展的总体目标和分项指标。此外，还设立了第一批 22 个省级低碳试点。

湖南：2012 年 12 月，省人民政府批转《关于在长株潭两型社会建设综合配套改革试验区推广清洁低碳技术的实施方案》，提出了推广新能源发电技术、"城市矿产"再利用技术、重金属污染治理技术、脱硫脱硝技术、工业锅炉窑炉节能技术等在内的 10 项重点任务，并就每项任务明确了具体的发展目标。2016 年 4 月，出台了《湖南省实施低碳发展五年行动方案（2016～2020 年）》，提出要构建并完善低碳发展的制度框架体系，创新与推广适用的低碳技术，探索低碳发展模式，实现低碳发展理念宣传的常态化，同时提出了到 2020 年低碳发展的减排目标。

湖北：2009 年 11 月，出台《湖北省人民政府关于发展低碳经济的若干意见》，提出了发展低碳经济的中期目标，明确了要加快核电站建设、农林废弃物气化碳化技术推广、太阳能利用产业集群发展以及大循环经济示范区的建设进程，并鼓励公众践行低碳生活模式。2013 年 8 月，省人民政府出台了《湖北省低碳发展规划（2011～2015 年）》，发展目标与任务涵盖了生产、生活、流通等方面，同时注重落实国家推进低碳试点的精神，充分发挥规划引领作用；注重体现本省省情，同时借鉴了先进地区低碳发展理念与经验；注重与国家、湖北有关政策文件相衔接，充分体现了针对性与可操作性。

安徽：2014 年 9 月，省人民政府出台《安徽省 2014～2015 年节能减排低碳发展行动方案》，提出了 2014～2015 年度的能源消费和大气污染物减排目标，并从严格"双控"责任、推进产业结构调整、实施节能降碳工程等方面明确了发展任务。

四川：2014 年 8 月，省人民政府出台《2014～2015 年四川省节能减排低碳发展行动方案》，提出了重点发展五大工程，重点推进五大领域节能减排降碳以及达成行动方案目标的四大约束政策和四大市场机制。2017 年 5 月，省人民政府颁布了《四川省控制温室气体排放工作方案》，提出到 2020 年在温室气体控排、产业低碳转型和碳排放交易方面的主要目标，提出了完善清洁低碳能源体系、构建低碳产业体系、推动区域和城镇低碳发展、建设西部碳排放权交易中心等在内的发展任务。2016 年 8 月，出台了《四川省碳排放权交易管理暂行办法》。2017 年 6 月，出台了《四川省"十三五"重点工业企业节能低碳行动实施方案》，提出了"十三五"期间重点行业和工业企业在节能降碳、温室气体排放等方面的发展目标，从落实目标责任、完善能源管理体系、加强统计审计工作、加大技术改造投入等方面提出了重点工作任务。

重庆：2010 年 7 月，重庆市获批成为全国首批低碳试点城市，2012 年 3 月，国家发改委批复《重庆市低碳试点工作实施方案》，提出了"十二五"时期控制二氧化碳排放、利用非化石能源的发展目标，并确立了低碳试点建设安排，推进两江新区、万州等地的低碳产业园区建设，加快碳排放权交易试点进程。2015 年 2 月，市人民政府出台了《关于贯彻落实国家应对气候变化规划（2014～2020 年）的意见》，从优化产业结构和能源结构、构建低碳产业体系、建设低碳城市和低碳社会等方面控制温室气体排放，从提高基础设施适应能力和经济发展适应能力适应气候变化的影响，最后，提出要完善政策机制与相关能力建设。

云南：2011 年 2 月，印发《云南省低碳发展规划纲要（2011～2020 年）》，设定了总体和近远期发展目标，提出了加快低碳发展的七大主要任务、十大重点工程和五类保障举措。2013 年 6 月印发了《云南省"十二五"控制温室气体排放工作实施方案》，明确了系列控制温室气体排放约束指标和具体措施，大力发展低碳经济，加快建设七彩云南。

（二）循环经济发展

上海：2015 年 1 月，出台了《上海市循环经济发展和资源综合利用专项扶持办法（2014 年修订版）》，从申报条件、资金管理、优先支持范围和项目以及资助方式等方面提出了明确规定。

江苏：2005 年，省政府出台了《江苏省循环经济发展规划》，包括了循环经济的发展现状、发展战略、基本框架、重点任务、重点项目和保障体系六个方面，从循环型农业、循环型工业、循环型服务业和循环型社会四个领域提出了规划的发展战略与发展任务。2013 年 1 月，江苏出台了《江苏省"十二五"循环经济发展规划》、《关于进一步加快发展循环经济的意见》，提出要以循环经济为手段破解资源环境容量的瓶颈约束、持续推进可持续发展、加快建设生态文明，并明确了到 2015 年的发展目标。在主要任务方面，提出了"多领域发力"的思路，对循环型农业、循环型工业建设和园区循环化改造提出了具体的发展要求。2015 年 9 月，《江苏省循环经济促进条例》审议并通过，条例以《国家循环经济促进法》为基础，结合江苏省情和工作实际，强化了重点领域的刚性约束，着力解决发展中存在的突出问题，在污染总量控制、园区的循环化改造、绿色低碳交通、信息服务等方面积极推进制度创新，体现了江苏的特色与亮点。

浙江：2009 年 5 月，出台了《关于进一步推进工业循环经济发展的意见》，共包括四部分内容：第一部分为加快推进工业循环经济发展的重要性与紧迫性；第二部分提出了推进工业循环经济的指导思想、发展原则与主要目标；第三部分为推进工业循环经济的工作要点，提出了要抓好五个环节，开展四大行动，培育三大产业与建设两大工程；第四部分是推进工业循环经济的保障措施。2011 年 12 月，省政府出台了《浙江省循环经济"991"行动计划（2011～2015 年）》，提出了到 2015 年发展的总体目标以及循环型产业、资源利用效能、可再生资源利用水平等方面的具体目标，明确了推进循环经济发展的九大领域、九大载体和十大工程。2015 年 2 月，省发改委等部门颁布了《浙江省园区循环化改造推进计划》，确定了2015 年和 2017 年实施循环化改造的园区数量、推进计划和改造实施计划。

湖南：2014 年 5 月，省人民政府颁布了《湖南省循环经济发展战略及近期行动计划》（下简称《行动计划》），明确了加快建设循环型工业、农业和服务业体系以及推动社会层面循环化发展四方面任务，提出了到 2020年循环经济发展的各项目标，《行动计划》既表明了湖南循环经济开始从试点示范走向全面推进，同时又紧抓了发展的重点、难点与热点问题。

湖北：2006年3月，颁布了《湖北省人民政府关于加快循环经济发展的实施意见》，提出了到2010年的发展目标，明确了推进节约降耗、实施资源综合利用、推广清洁生产、推进生态型园区建设等方面的主要任务，同时还提出要加强对循环经济发展的宏观指导以及构建循环经济发展的技术支撑体系。

安徽：2005年9月，颁布了《关于加快发展循环经济的若干意见》，从资源利用效率、重点行业和园区建设、政策法规体系完善等方面提出了到2010年的发展目标；提出了加快发展循环经济的主要任务，一是大力推进节能降耗，二是全面推行清洁生产，三是开展资源综合利用，四是优化产业结构和生产力布局；同时还提出要突出重点环节、重点行业、开发区与工业园区以及开展示范试点工作。

四川：2005年12月，出台了《关于加快发展循环经济的实施意见》，提出了到2010年能耗水耗降低、资源回收和综合利用、新型建筑材料利用等方面的主要目标，明确了四个方面的重点工作和五个方面的重点发展领域。2012年2月，出台了《四川省"十二五"循环经济发展规划》，提出了"十二五"期间四川发展循环经济的主要目标，明确了要建立循环经济发展基金，扶持循环经济产业发展，同时依据不同的资源环境条件、产业基础与发展潜力，分成五大片区推进循环经济建设。

重庆：2013年10月，市政府颁布了《重庆市循环经济发展战略及近期行动计划》，首先，提出了到2015年主要资源产出率、资源循环利用产业总产值等发展目标与实现路径。其次，结合重庆市情提出要建设五大产业体系，从五个环节推进循环经济发展。最后，提出要通过财政专项资金和投融资等手段加强对循环经济项目的支持力度。

贵州：2007年8月颁布了《关于促进循环经济发展的若干意见》，明确了到2010年资源利用效率、主要污染物排放、废弃物综合利用等方面的发展目标，提出了发挥试点示范引领作用、推行清洁生产和推进节约降耗、提升能源资源的综合利用水平、发展高效循环农业与环保产业等为重点的发展任务。

云南：2005~2006年密集出台了三项推进循环经济发展的政策文件，

分别是 2005 年 4 月出台的《关于大力推进我省循环经济工作的通知》、2006 年 7 月出台的《关于加快发展工业循环经济的意见》和《云南省发展工业循环经济工程方案》，提出了推进循环经济发展的主要目标、主要任务、重点领域和保障举措。

(三) 资源节约和环境保护

上海：2016 年 4 月，市人民政府出台了《上海市 2015～2017 年环境保护和建设三年行动计划》，从水环境保护、大气环境保护、土壤和地下水污染防治、固体废物污染防治、产业转型与工业污染防治等八个方面提出了环境保护与建设的主要任务，提出到 2017 年，环保工作走在全国前列，完成各项规划确定的目标任务，全面建成"两型社会"。2016 年 7 月，市人大常委会修订并通过了《上海市环境保护条例（2016）》，从绿色发展、环境监督管理、环境污染防治、环境信息公开与公众参与以及法律责任等方面提出了明确规定。2017 年 6 月，形成了新一轮的《上海市工业节能和合同能源管理项目专项扶持办法》，对节能技术改造、合同能源管理、高效电机等方面的节能政策进行梳理归并，形成了五个方面的重点支持方向。此外，还对节能技术改造、高效电机推广、合同能源管理等内容加大了支持力度，降低了补贴门槛。

江苏：2008 年 1 月，颁布了《江苏省环境资源区域补偿办法（试行）》，主要特点是按照"谁污染、谁付费补偿"的原则，在主要河流上下游间设立经济补偿机制，落实了各级政府对本辖区内环境质量的职责，并且选择跨行政区的主要入太湖河流开展了试点工作。2014 年 1 月，出台了《江苏省大气污染防治行动计划实施方案》，提出了包括优化产业结构、治理工业和城乡大气污染、优化能源结构、发展绿色交通等 5 个领域的重点任务，以及强化科技支撑、加强监控预警、完善政策体系、倡导公众参与等 5 个方面的保障举措。2016 年 12 月，印发了《江苏省生态环境保护制度综合改革方案》，提出了包括建立管控预防制度、改革环境监管制度、深化管理体制改革、建立社会共治制度和健全评价考核制度五个方面的主要任务，同时提出了到 2020 年的主要发展目标。

浙江：2011 年 7 月，省第十一届人民代表大会修订并通过了《浙江省实施〈中华人民共和国节约能源法〉办法（2011 年修订)》，与修订之前相比，新《办法》扩充了适用范围、完善了节能管理机制、健全了节能管理制度以及强化了主体责任。2016 年 4 月，浙江颁布了《浙江省水污染防治行动计划》，提出了到 2020 年水环境质量改善的主要目标，明确了包括控制和减少水污染物的排放、推动经济发展的绿色化、加强水资源保护与节约、严格环境执法监管以及落实公众参与机制等九个方面的主要任务。

湖南：1999 年 4 月，省人民政府出台了《关于加强环境保护工作的决定》，提出了实行环境保护目标责任制、强化宣传教育、加强法制建设、抓好工业污染治理等八个方面的任务。长株潭城市群"两型"改革试验区获批以后，湖南出台了一系列政策文件推动"两型"试验区的加快发展。2009 年 11 月，出台了《关于全面推进长株潭城市群"两型"社会建设改革试验区改革建设的实施意见》，明确要以国务院批复精神和省委、省政府战略部署为指导，加快构建"两型"政策支撑体系与工作推进机制，争取在重点领域、关键环节加快突破。2011 年 11 月和 2012 年 4 月，省委、省政府分别出台了《关于加快长株潭试验区改革建设全面推进全省"两型"社会建设的实施意见》和《关于支持长株潭"两型"社会示范区改革建设的若干意见》，提出了要构建"两型"产业体系、推进体制机制创新、突出示范引领和强化各类政策支持等任务。其他方面，2014 年 12 月，省人民政府出台了《湖南省湘江流域生态补偿（水质水量奖罚）暂行办法》，明确了湘江流域各级政府部门的生态保护责任。2015 年 2 月和 3 月，分别颁布了《湖南省环境保护工作责任规定（试行）》和《湖南省重大环境问题（事件）责任追究办法（暂行）》，对环境污染防控、治理以及重大环境问题的责任主体和奖惩办法进行了明确规定。

湖北：2009 年 1 月，省人民政府出台了《关于推进金融创新支持武汉城市圈"两型"社会建设的意见》，从推进武汉城市圈金融一体化、增强金融市场融资服务功能、加快区域金融中心建设和优化金融生态环境等方面强化金融创新对"两型"社会建设的支持。2010 年 10 月，颁布了《湖北省人民政府关于加强环境保护促进武汉城市圈"两型"社会建设的意见》，提出了五个方面的发展任务：一是培育发展城市圈生态经济；二是推进城市圈环境保护一体化；三是制定加快"两型"社会建设的环境经济政策；四是建立以政府为主导的多元化环保投融资机制；五是完善城市圈环境保护保障体系。

四川：2015年12月，出台了《关于推行环境污染第三方治理的实施意见》，进一步明确了排污企业的主体责任和环境服务公司的污染治理责任。同时，在市场化运行机制、社会资本参与、设计和运营以及污染场地治理与区域环境整治等方面的第三方参与机制做出了明确规定。2016年11月，出台了《四川省党政领导干部生态环境损害责任追究实施细则（试行）》，强化了各级党委、政府对辖区内的生态环境和资源保护职责，明确了对党政领导干部的各类追责情形，同时明确了生态环境损害责任的"终身追究"制。

重庆：2007年5月，出台了《重庆市环境保护条例》，就环境保护规划与环境功能区划、环境监督管理、环境污染防治和生态环境保护等内容进行了规定。2013年6月，出台了《重庆市环境保护"五大行动"实施方案（2013～2017年）》，打造蓝天、碧水、宁静、绿地、田园，成立了领导小组，设立了目标责任，强化了监督考核。2014年1月，颁布了《关于贯彻落实大气污染防治行动计划的实施意见》，提出到2017年年底大气污染物防控的具体目标，从调整产业结构、严格项目准入、优化产业布局、加强工业大气污染治理、建立联防联控体系等方面提出了防治工作措施。2016年1月，市经信委、市发改委等5部门联合出台了《重庆市"能效领跑者"制度实施方案（2016～2020年）》，提出"十三五"时期在重庆开展"能效领跑者"计划，通过评选能源利用效率领先的产品或单位，发挥其示范作用与先进经验，促进全行业和全区域能效水平的提升。

贵州：2009年3月，出台了《贵州省环境保护条例》。2017年1月，出台了《贵州省土壤污染防治工作方案》，以维护和改善贵州土壤环境质量，提升农产品质量和保障人居环境安全，并明确了到2020年土壤环境质量、农用地与建设用地土壤环境安全等方面的发展目标。2017年3月，出台了《贵州省环境保护十大污染源治理工程实施方案》、《贵州省十大行业治污减排全面达标排放专项行动方案》和《贵州省"十三五"环境保护规划》，设立了生态环境质量类等 5 大类 23 小项指标，明确了"十三五"期间环境保护的主要任务。

（四）生态文明建设

上海：2015 年 9 月，市农业委员会出台了《上海市农业生态环境保护与治理三年行动计划（2015～2017 年)》，提出了提升农业用水效率、降低农药化肥施用量、推进畜禽污染治理和水产养殖生态化建设、加大秸秆的综合利用以及开展农业生态环境监测等方面的发展任务。2016 年 3 月，市绿化市容局、发展改革委等出台了《2016～2018 年本市推进林业健康发展促进生态文明建设的若干政策措施》，提出了包括实施公益林分类建设、继续实施经济果林"双增双减"和套袋技术补贴、继续实施林业保险补贴、推进片林政府回购等六个方面的政策措施。

江苏：进入 21 世纪后，出台了一系列与生态文明建设有关的政策文件，主要有 2004 年 6 月修订了《江苏省农业生态环境保护条例》、2004 年 12 月出台了《江苏生态省建设规划纲要》、2013 年 1 月出台了《关于加强环境保护推动生态文明建设的若干意见》、2013 年 7 月出台了《江苏省生态文明建设规划（2013～2022 年)》、2015 年 11 月印发了《江苏省委省政府关于加快推进生态文明建设的实施意见》、2016 年 10 月印发了《生态环境保护工作责任规定（试行)》，这些政策文件将"加快推进经济转型升级"放在了重要位置，将资源消耗、环境损害和生态效益纳入了经济社会发展评价体系之中，细化和完善了体现生态文明内在要求的目标体系、考核办法与奖惩机制。

浙江：浙江省的生态文明建设起步较早，早在 2003 年 8 月，就出台了《浙江生态省建设规划纲要》，提出要通过 20 年左右的努力，基本达到人口规模与生产力发展要求相适应，经济社会发展与资源环境承载力相适应的目标，同时构建了生态省建设的评价指标体系和功能分区。2005 年 8 月，出台了《关于进一步完善生态补偿机制的若干意见》，提出了建立与完善生态补偿机制的途径与举措以及健全生态环境保护的标准体系。2010 年 6 月，浙江省委出台了《关于推进生态文明建设的决定》，提出了加快生态文明建设的总体要求：全面实施"八八战略"与"创业富民、创新强省"总体战略，以生态省建设方针为指引，坚持生态立省之路，着力发展生态经济，不断优化生产生活环境，创新生态管理体制机制，努力将浙江建设成全国生态文明示范区。

湖南：2014 年 10 月，印发了《关于加快推进洞庭湖生态经济区建设的实施意见》，力争到 2020 年，区域生态安全保障体系基本建成，社会、经济、环境可持续发展局面进一步优化，防洪减灾综合体系、综合交通网络和能源保障体系基本建立。主要任务方面，一是推进生态文明建设，二是推进重大基础设施建设，三是建设现代产业体系，四是推进城乡一体化，五是推进社会民生事业发展，同时提出了六项扶持政策。

江西：近年来，江西密集出台了一揽子政策文件推动本省生态文明建设的快速发展，2015 年 4 月，省人民政府颁布了《关于建设生态文明先行示范区的实施意见》，以绿色循环低碳发展理念为指导，坚持以制度建设保护生态环境，努力构建"六大体系"，建设"十大工程"。2016 年 3 月和 4 月，分别出台了《加快林业改革发展推进我省生态文明先行示范区建设十条措施》和《关于推进绿色生态农业十大行动的意见》，以林业改革创新和绿色农业发展推动生态文明建设步伐。

安徽：2004 年 2 月，省人民政府出台了《安徽生态省建设总体规划纲要》，2012 年 10 月，出台了《生态强省建设实施纲要》，提出努力用 10 年左右时间基本建成宜居宜业宜游的生态强省，并从区域发展、生态建设、自然生态保护、资源利用等 7 个方面做出了任务部署，同时还明确了加大财政投入、开展试点示范、落实绿色优惠政策等在内的保障举措。

四川：2016 年 4 月，颁布了《加快推进生态文明建设实施方案》，提出到 2020 年基本形成人与自然和谐发展的新格局，在发展任务方面，提出要加快建设新型绿色城镇体系、吸引市场力量参与污染治理、探索建立生态补偿机制，同时提出了生态文明建设的监督考核办法。2016 年 10 月，出台了《四川省生态保护红线实施意见》，明确了"四轴九核"的生态保护红线空间格局以及 13 个红线区块，同时揭出了红线区块的管控办法、监管平台和法律保障体系。

重庆：1999 年 6 月，出台了《重庆市生态环境建设规定》。2014 年 11 月，出台了《关于加快推进生态文明建设的意见》，提出要优化国土空间发展格局，参照五大功能区定位，科学定位生产空间、生活空间和生态空间。同时，还要求进一步优化产业结构，充分利用市场化机制完善排污权有偿使用与交易制度，培育发展碳排放权交易市场等。2016 年 11 月，出台了《重庆市生态保护红线划定方案》，划定了重点生态功能区、生态敏感区和禁止开发区的范围，划定了重庆市生态保护红线的管控面积与空间分布。

云南：进入 2010 年以后，云南生态文明的建设步伐不断加快，出台了一系列相关的政策措施。2013 年 8 月出台了《关于争当全国生态文明建设排头兵的决定》，2016 年 11 月出台了《云南省生态文明建设排头兵规划》，2017 年 1 月分别出台了《关于健全生态保护补偿机制的实施意见》和《关于加强节能降耗与资源综合利用工作推进生态文明建设的实施意见》。

（五）绿色工业与建筑

上海：2014 年 6 月，市建设管理委、发展改革委等六部门印发了《上海市绿色建筑发展三年行动计划（2014~2016 年)》，就新建绿色建筑、新建装配式建筑和既有建筑的节能改造方面提出了发展目标，并从推进新建建筑绿色化、推进建筑绿色施工、推进既有建筑节能改造、加快绿色建筑技术与产品的推广应用四个方面明确了发展任务。

江苏：2015 年 7 月，颁布了《江苏省绿色建筑行动实施方案》，提出了"十二五"期末的发展目标，即形成体现江苏特色的绿色建筑技术路线与推进机制，绿色建筑水平全国领先。同时，提出了制订发展规划、落实绿色建筑要求、推动新建建筑绿色化、扩大可再生能源建筑应用规模等九个方面的重点任务。

浙江：进入 21 世纪后尤其是近 10 年来，浙江省在工业绿色转型和绿色建筑发展方面出台了一系列政策举措，绿色建筑发展水平位居全国前列。2007 年 12 月，省建设厅出台了《太阳能在建筑中利用实施的若干意见》。2011 年 8 月，省人民政府出台了《关于积极推进绿色建筑发展的若干意见》，提出了推进建筑集约用地、加强建筑节能、深化建筑节水节材以及优化建筑环境与提升安全管理水平等六个方面的重点任务。2015 年 9 月，省住房和城乡建设厅等三部门出台了《浙江省绿色建筑发展三年行动计划（2015～2017年）》，提出要经过三年的努力，绿色建筑发展水平居全国领先地位，同时，提出了推进新建建筑绿色化、推进新型建筑工业化、既有建筑改造以及绿色建筑技术与产品推广等四个方面的重点任务。2016年10月，省人民政府出台了《关于推进绿色建筑和建筑工业化发展的实施意见》，与以往的相关政策相比，《实施意见》在主要目标方面更加体现了浙江特色，重点任务更加契合目标要求，政策支撑更具有可操作性。

江西：2013年10月，出台了《江西省发展绿色建筑实施意见》，提出了到2015年绿色生态城区、绿色建筑标识项目和绿色建筑面积占比等方面的发展目标，以及形成绿色建筑的评价体系、技术标准体系和咨询服务体系。2016年11月，省工信委颁布了《江西工业绿色发展三年行动计划（2016～2018年）》，提出了钢铁、石化、有色等六大重点发展行业，传统行业绿色化改造、燃煤锅炉专项整治等十大工程以及五个方面的保障举措。

安徽：2013年9月，出台了《安徽省绿色建筑行动实施方案》，提出了到2015年末和2017年末绿色建筑的相关发展指标，明确了绿色建筑发展的重点任务：一是继续强化建筑节能工作；二是强化执行绿色建筑标准；三是不断推进绿色农房建设；四是持续开展绿色生态城区建设；五是加快推广适用技术；六是大力发展绿色建筑材料与建筑工业化；七是严格建筑拆除管理；八是推广建筑废弃物的循环利用。

四川：2014年12月，出台了《四川省推进绿色建筑行动实施细则》，明确了到2017年的发展目标，对绿色建筑的检测、监管、验收、奖励以及绿色建材的推广与使用方面做出了规定。2016年12月，颁布了《四川省绿色制造体系建设实施方案》，提出要以化工、生物医药、建材、机械装备等为重点建设绿色制造体系，提出了到2020年绿色工厂、绿色园区、绿色制造服务机构等方面的发展目标，同时提出了绿色制造体系的重点建设内容。

贵州：2016年8月出台了《贵州省"十三五"建筑节能与绿色建筑规划》，提出"十三五"期间将稳步提高绿色建筑在新建建筑中的比重，就新建建筑强制性节能执行率、城镇新建绿色建筑比重、建筑领域节约能源量设定了约束性指标。同时提出到2020年，贵阳、安顺等地主城区居住建筑实现节能65%，其他州、市、县建筑要按照高标准要求进行设计，强制性节能标准逐渐向乡镇推进。

（六）绿色生活与消费

湖北：2016 年 8 月，颁布了《湖北省公民绿色生活行为倡议》，倡议市民共同守护碧水蓝天，鼓励市民践行绿色生活方式，从衣、食、住、行、购、游等各方面自觉行动起来，加快实现生活方式与消费模式的绿色化。

安徽：2014 年 12 月，颁布了《关于大力倡导低碳绿色出行的指导意见》，提出到 2017 年和 2020 年在道路体系建设和绿色出行方式方面的发展目标，提出了推进低碳绿色出行的重点任务，一是科学编制规划；二是优先建设公共交通设施；三是加快步行和自行车交通设施建设改造；四是着力发展公共自行车系统；五是提升公共交通服务能力；六是提高公共交通智能化水平；七是保障公共交通优先路权。

重庆：2016 年 7 月，市环保局等 12 家单位联合颁布了《重庆市市民生活方式绿色化行为准则和指南》，共包括十二条，一是环保始于家庭；二是爱护社区环境；三是创建绿色校园；四是践行节能机关；五是发展绿色企业；六是环保文明施工；七是选择绿色消费；八是坚持低碳旅游；九是打造生态医院；十是养成绿色出行；十一是维护生态景区；十二是共建美丽乡村。同时，从居住篇、办公篇、出行篇、校园篇、旅游篇、工地篇、乡村篇、消费篇八个部分，号召市民践行绿色生活，鼓励低碳出行和消费。

云南：2014 年 4 月，出台了《云南省贯彻〈党政机关厉行节约反对浪费条例〉实施细则》，从经费管理、因公出差、公务接待、公务用车和会议活动等方面做出了详细规定，厉行节约，反对铺张浪费，深入推进办公方式的绿色化。

主要参考文献

［1］谷树忠、谢美娥、张新华：《绿色转型发展》，浙江大学出版社，2016。

［2］赵峥：《城市绿色发展：内涵检视及战略选择》，《中国发展观察》2016 年第 3 期，第 36～40 页。

［3］赵华飞：《绿色发展理念的科学内涵、精神实质和时代意义——以党的十八届五中全会精神的解读为视角》，《安徽行政学院学报》2016 年第 4 期，第 5～10 页。

［4］史永铭、蒋俊毅、罗黎平等：《湖南绿色发展报告》，中共中央党校出版社，2013。

第二章

长江经济带绿色发展

评价体系及评价方法

　　长江经济带绿色发展是涵盖了经济绿色性、生态绿色性和制度绿色性的复杂决策目标，科学实施长江经济带及分区域、分省域评价，有利于定量化把握长江经济带绿色发展的历史现状特征、主要瓶颈问题和未来发展趋势，也是本报告研究的核心内容。本章基于层次分析法和灰色综合评价法，建立了一个包含总目标、3 项一级指标、7 项二级指标、34～36 项三级指标的绿色发展评价体系，并对评价体系的设计思路、框架层次和数据处理方法等进行了整体介绍。

一　评价指标体系设计思路

　　2013 年 7 月，习近平总书记提出要把长江流域打造成黄金水道，2014年 9 月 25 日，国务院发布《关于依托黄金水道推动长江经济带发展的指导意见》，标志着长江经济带上升为国家战略。2016 年 3 月《长江经济带发展规划纲要》审议并通过（下文简称《规划纲要》），坚持生态优先、绿色发展，共抓大保护、不搞大开发成为长江经济带发展战略的首要任务。对推动长江经济带发展的这一纲领性文件的解读显示，针对生态环境形势严峻、长江水道存在制约、区域发展仍不平衡、产业转型任务繁重、区域合作有待健全的现状，实现"江湖和谐、生态文明"成为未来经济带发展的五条基本原则之首，未来将按照"生态优先、流域互动、集约发展"的思路，加快保护和修复长江生态环境，将全经济带打造成为"生态文明建设的先行示范带、引领全国转型发展的创新驱动带、具有全球影响力的内河经济带、东中西互动合作的协调发展带"，《规划纲要》确定的指导思想、基本原则、战略定位和发展目标为本书中长江经济带绿色发展评价指标体系的设计提供了方向和指引。

（一）评价体系分析框架

　　绿色发展的类似概念较多，可持续发展、生态文明、"两型"社会、低碳发展、循环经济等从不同层面上都体现了绿色发展的概念。近年来，国内学界针对绿色发展或类似概念的评价体系方面的报道较多，从指标体系的设计层次上，大多都将区域绿色发展评价体系分解为经济系统、社会系统、资源系统、环境系统和制度系统对绿色发展的支持，只是研究中的具体提法有所区别，如有的研究使用"竞争力提升"代表经济绿色度和科技创新的支持[1]，或将绿色经济进一步分解为生产体系和生活体系[2]，而有的评价体系中特别突出了技术发展的作用[3]；从指数表征侧重点上，可以分为侧重绿色增长理论的测度指数[4]，侧重生态环境保护的测度指数[5]，侧重资源能源持续利用的测度指数[6]，以及侧重生活质量的测度指数[7]；从指数评价方法上，层次分析法和模糊综合法依然是使用最多的评价方法，此外，数据包络分析[8]、生态足迹法[9][10]、能值法[11]、人工神经网络[12]、熵值法[13]、网络层次模型[14]等多种系统分析方法的复合应用也得到学者的青睐[15]。

由北京师范大学为主推出的《中国绿色发展指数报告》（2010～2016）[16]自2010年以来以年度报告的形式，全面评估全国及各省市经济增长绿化度、资源环境承载潜力、政府政策支持度水平，属目前国内学界中较有影响的连续性成果。《中国绿色发展指数报告》将绿色发展指数分成经济增长绿化度、资源环境承载潜力和政府政策支持度3个维度，分别反映经济增长中的生产效率、资源利用效率与环境治理水平、政府对绿色发展的投入支持和管理治理水平等，对本报告中指标体系的设计有较强的参考意义。《中国绿色发展指数报告》的编写者进一步将该报告的思想运用到针对人类命运共同体等更宏观层次的绿色指数的测算[17]。

长江经济带绿色发展的构成和影响因素是复杂的，多种因素和环境系统以不同的方式相互作用，共同形成绿色发展系统。根据对绿色发展理念和内涵的理解，考虑到长江经济带的经济社会发展态势和资源环境禀赋特征，本研究报告构建了长江经济带绿色发展的分析框架，该框架由绿色增长度、绿色承载力和绿色保障力三个方面组成。

1. 绿色增长度

绿色发展反对以牺牲资源环境和社会福利为代价的经济增长，提倡绿色经济和绿色增长。经济繁荣稳定、人民生活富裕是长江经济带绿色发展的最基本标准。长江经济带绿色发展既要体现经济、收入、福利的稳定增长，更要有推进经济增长的路径，关注影响绿色增长的各类经济要素的成长和相互之间的关系。

（1）结构优化

在长江经济带绿色发展的过程中，经济增长模式的选择至关重要。绿色增长模式本质上包含着对资源环境的尊重与保护，强调产业结构的优化与升级。利用绿色、环保、集约、低碳的先进模式与技术，提高传统产业的能源和资源利用效率，降低经济增长过程中的资源消耗和环境损失；同时，推动新兴绿色产业发展，为经济增长提供新的动力。构建结构优化、技术先进、附加值高、吸纳就业能力强的现代产业体系，能够有效实现产业结构的绿色重组，为长江经济带绿色发展提供稳定的经济支撑。

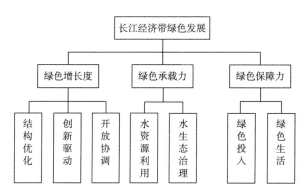

图 2-1 长江经济带绿色发展的分析框架

（2）创新驱动

创新是绿色发展的关键，也是经济增长的助推器。科技创新通过技术进步、科技成果产出、高技术产业发展，扩展了绿色发展的能力，在长江经济带绿色发展中扮演着重要角色。在推进长江经济带绿色发展的过程中，需要更多依靠科技创新驱动，允分发挥包含产品、技术、商业模式、体制机制创新在内的全面创新的作用，形成创新型经济发展模式，通过创新形成促进经济高效、稳定增长的动力机制，摆脱经济对高资源消耗、高排放、高污染产业的依赖，促进绿色发展。

（3）开放协调

建设开放型长江经济带是我国东西双向开放战略的重要组成部分。长江经济带与依托亚欧大陆桥的丝绸之路经济带相连接，构建了沿海、沿江、沿边全方位开放新格局。伴随着长江经济带建设的起步，区域经济发展格局将由目前的"沿海一竖"转变为"T"形结构，内陆开发开放将全面提速。推进长江经济带绿色发展，必须做好战略统筹与协调。进一步加强长江经济带东部、中部、西部的交流与合作，贯通黄金水道的上、中、下游，使各个省市相互促进、共同发展，让经济联系更加紧密，发展水平更加接近，区域之间的差距进一步缩小。

2. 绿色承载力

资源环境承载能力是经济社会发展的刚性约束，推进长江经济带绿色发展，既要充分考虑资源环境承载力，也要不断提高绿色承载力。水资源是长江重要的自然资源，长江经济带多年平均水资源总量约 9958 亿立方米，约占全国水资源总量的 35%。因此，长江经济带绿色发展必须重点关注以承载能力为核心的水资源问题。

（1）水资源利用

长江经济带水资源虽然总体上比较丰富，但由于经济社会发展的需求，水资源的消耗量非常巨大。如何支撑和保障城镇化、工业化、农业现代化发展的用水需求，需要全面统筹，做好长江经济带全流域水资源总量控制和水量分配。从水资源总量和强度双控、实施以水定城和以水定产、严格水资源保护三个方面加强流域水资源统一管理和科学调度，确立水资源利用上线，实现江湖和谐、人水和谐。加强水功能区的建设与管理，不断提高水资源利用效率，优化人水羊系。

（2）水生态治理

长江流域生态环境难堪重负，水生态环境保护和治理刻不容缓。推进长江流域水污染联防联治，建立水环境质量底线管理制度，坚持点源、面源和流动源综合防治策略，突出抓好良好水体保护和严重污染水体治理，强化总磷污染控制，切实维护和改善长江水质。要把治江与治山、治林、治田有机结合起来，从涵养水源、修复生态入手，协调解决水灾害防治、水生态环境保护问题。加快推进长江流域水生态文明建设，提高流域水资源和水环境承载能力。

3. 绿色保障力

推进长江经济带绿色发展，需要面对利益冲突的挑战和困惑，因此，需要充分发挥政府的作用，加大绿色投入，加快环境基础设施建设，创新绿色发展体制机制，形成绿色发展方式和生活方式，建设长江绿色生态走廊。

（1）绿色投入

绿色投入是长江经济带绿色发展的重要保障。各级政府要将环保投入作为公共财政支出的重点，优先保证重大环境综合整治和生态建设项目资金，逐步增加节能环保建设经费，增加节能环保支出占 GDP 的比例和水利环境固定资产投资占比，加强环保人才队伍建设。同时，统一设计财政资金使用方式，使环保财政投入的效果进一步提升，提高绿色保障力，切实改善生态环境。

（2）绿色生活

人与自然是一种共生关系，破坏自然最终会伤及人类自身；尊重自然、顺应自然、保护自然，实现人与自然和谐共生，才能让广大人民群众享有更多的绿色福利、生态福祉。长江经济带建设必须坚持绿色发展理念，坚决摒弃以牺牲生态环境为代价换取一时一地经济增长的做法，正确处理经济发展和生态环境保护的关系，形成节约资源和保护环境的空间格局和产业结构，形成绿色发展方式和生活方式，让良好生态环境成为人民生活的增长点，成为经济社会持续健康发展的支撑点，让长江经济带天更蓝、山更绿、水更清、环境更优美。

（二）评价体系指标筛选原则

一般来说，评价指标的选取要满足科学性、独立性、可操作性、前瞻性、静态与动态结合等基本要求，本研究在满足基本要求的前提下，充分考虑绿色发展和长江经济带的特色来筛选具体指标。

1. 评价体系应反映广义范畴的"绿色发展"

"绿色发展"在评价体系中应体现为广义概念，而非狭义概念，指标体系在充分体现以绿色发展为优先原则的基础上，也要同样涉及创新、协调、开放、共享等发展理念。广义的绿色发展体现为经济的绿色性，即要改变通过不断加大资源和环境消耗来拉动经济增长的传统粗放型增长模式，使经济增长更多地依托产业结构的优化、生产效率的提高和智力、技术等生产要素的演替；生态的绿色性，即要在经济发展的同时，努力实现自然资源的永续利用、维护生态系统的平衡健康、强化环境污染的有效治理，狭义的绿色发展中往往仅强调此侧面；制度的绿色性，即要形成一套保障社会经济环境可持续发展的制度安排和长效机制，相对来说，这一侧面较难采用定量化指标进行描述。从这 3 个侧面出发，按照层次分析法对总目标逐级分解的思路，我们将"长江经济带（或者其中某区域）绿色发展水平总指数"这一总目标分解为对绿色增长度、绿色承载力和绿色保障力 3 项一级指标和相应的二级指标、具体指标的考察。

2. 评价体系应体现长江经济带区域特征

在吸收借鉴前人的绿色发展各类相关评价体系的基础上，应充分体现长江经济带的区域特色，以水资源、水环境、水生态的保护和修复作为界定经济带生态环境明显和全面改善的主要标识。实现治水、护水、亲水的人水和谐是长江经济带绿色发展的核心目标，在《规划纲要》的发展目标中，在生态环境方面的目标上多次提到水环境的改善要求，如 2020 年目标中"水资源得到有效保护和合理利用，河湖、湿地生态功能基本恢复，水质优良（达到或优于Ⅲ类）比例达到 75% 以上"，2030 年目标中"水环境和水生态质量全面改善，生态系统功能显著增强，水脉畅通、功能完备的长江全流域黄金水道全面建成"，而除此之外的生态环境的量化指标仅有"森林覆盖率达到 43%"。因此在本报告中重点体现生态环境方面的评价指标——绿色承载力中，2 个二级指标分别设计为水资源利用和水生态保护，水资源利用综合考虑了三次产业部门用水和生活用水情况，水生态保护考察了河流水质、湿地生态系统、主要的水环境总控污染物排放情况，以及目前尚难以得到有效治理的农业面源污染贡献情况。除水资源、水环境之外的生态环境要素，如绿化程度、大气环境质量、生活垃圾处理情况、环境风险主要纳入绿色保障力的绿色生活类指标考察。

3. 评价体系应考虑区域发展的不均衡性

考虑到区域发展的不均衡性，具体评价指标的设计上，应以人均量指标、相对指标、结构性指标为主，较少使用总量指标、绝对指标、增速类指标，同时区域类指标和省域类指标可参考"共同但有区别"的原则。长江经济带横贯东西，经济带上既有经济已比较发达、环境治理成效相对显著、开放度较高的东部省市，又有经济社会发展相对落后、自然资源禀赋丰富，但仍处在加快城镇化、工业化实现后发赶超，环境治理任务相对艰巨的中西部省市，即使同一板块中不同省市也有其自身的优劣势，因此在一个统一的框架下实现对不同区域相对公正、公平的评价也是有待慎重考虑的问题。一种思路是给不同板块的省市根据其在全经济带发展中的不同定位，对评价体系中各类指标设计不同的权重或者归一化高低限值，并且可以对不同板块设计一些不同的特色指标，但《规划纲要》目前仍属涉密文件，评价体系中具体指标众多，采用不同的指标、指标权重和归一化限值，操作繁杂且难以得到相对客观权威和一致的意见。因此，在本报告中全经济带和各区域板块、各省市的具体指标和指标权重绝大部分相同（差异主要是受限于数据获取的问题），但考虑到经济发达地区经济类指标总量较大但增速可能较低、经济欠发达地区经济类指标总量较低但增速波动大、资源利用和污染物排放指标与区域面积人口较为相关、很多地区自然资源禀赋类指标多年平稳难以改变的情况，在指标的设计上采用均量类指标为主、总量类指标为辅，比率类指标为主、速率类指标为辅的方式减少区域背景值差异对评价结果的干扰，更多地体现区域在努力实施绿色发展所获得绩效变动。

4. 评价体系应注重指标稳定性和可操作性

考虑到指标数据的可获得性、稳定性和权威性，具体评价指标的筛选上，主要以正式出版或公开发布的区域/部门统计年鉴、部门公报为数据获取或核算来源，同时在权重设计时纳入不同学科专家的主观判断。本报告的评价体系中涉及较多的生态环保相关指标，相对于经济类指标而言，此类指标的数据统计和公布经历了一个从市政环境、工业污染大类统计为主逐步覆盖到城乡环境、各个部门细类统计的过程，且公布的统计指标与国家环保政策变化相关，例如"十二五"总量控制类污染物增加了对氮氧化物和氨氮后，污染物排放也相应增加了相关指标统计，2010年前后统计指标差异较大，在其他非环境类指标也有类似的情况。因此，在报告中对历史数据的追溯主要搜集了2011年后的统计数据，同时数据收集中需要借助环保、水利等专业部门统计和公报数据。此外，由于生态环境类数据相对收集难度较大，部分具体指标的挑选上难以采用表征作用最优的评价指标，而采用具体类似意义或间接反映的指标进行替代。针对这一情况，为拓宽数据获取渠道，研究团队未来一方面拟购买利用大数据手段建设的相关性较强的数据库，另一方面拟通过开展长江经济带相关省市问卷调查获得部分主观性指标数据，以丰富评价体系的指标类型。

二 评价指标体系及指标解释

本研究设计的评价指标体系由"3-7-34/36"的层次结构构成，即3项一级指标、7项二级指标和34项（区域级和省级层次）或36项（全经济带层次）具体指标。其中，一级指标绿色增长度主要对应绿色经济的发展，又分为结构优化、创新驱动和开放协调3项二级指标，含16项三级指标；一级指标绿色承载力主要对应资源环境的保护，又分为水资源利用和水生态治理2项二级指标，含11项三级指标；一级指标绿色保障力主要对应投入要素和居民生活环境质量的保障，又分为绿色投入和绿色生活2项二级指标，含9项三级指标。

（一）评价指标体系

按上述思路，参考目前学界和政府部门采用的相关领域多套评价指标体系[1,2]，研究团队设计的长江经济带绿色发展评价指标体系和分区域、分省域绿色发展评价指标体系分别如表2-1和表2-2所示。其中，长江经济带绿色发展评价指标体系含36项三级指标，其评价总指数即为本报告所称的"长江指数"；分区域、分省域绿色发展评价指标体系含34项三级指标。

表 2 - 1　长江经济带绿色发展评价指标体系

总目标	一级指标	二级指标	三级指标
绿色发展水平总指数（长江指数）	绿色增长度	结构优化	1. 人均 GDP（元/人）
			2. 第三产业增加值占 GDP 比重（%）
			3. 万元 GDP 能耗（吨标准煤/万元）
			4. 工业劳动生产率（万元/人）
		创新驱动	5. R&D 经费投入强度（%）
			6. 万人拥有科技人员数（名科技人员/万人）
			7. 万人发明专利授权量（件/万人）
			8. 技术市场成交额（增速）（%）
			9. 信息产业占 GDP 比重（%）
			10. 新产品销售收入增速（%）
		开放协调	11. 城镇化率（%）
			12. 城乡居民收入比（无量纲）
			13. 出口交货值相对规模（无量纲）
			14. 外资利用水平（%）
			15. 地方财政住房保障支出比重（%）
			16. 泰尔熵（无量纲）
	绿色承载力	水资源利用	17. 万元 GDP 水耗（立方米/万元）
			18. 农业用水效率（立方米/万元）
			19. 工业用水效率（立方米/万元）
			20. 人均生活用水量（立方米/人·年）
		水生态治理	21. 国控断面水质质量（%）
			22. 湿地面积占比（%）
			23. 人均城市污水处理能力（立方米/万人·日）
			24. 化学需氧量排放强度（千克/万元）
			25. 氨氮排放强度（千克/万元）
			26. 化肥施用强度（吨/公顷）
			27. 农药施用强度（吨/公顷）
	绿色保障力	绿色投入	28. 财政节能环保支出占比（%）
			29. 水利环境固定资产投资占比（%）
			30. 万人拥有环保人员数（名环保人员/万人）
		绿色生活	31. 森林覆盖率（%）
			32. 建成区绿化覆盖率（%）
			33. 城市空气质量优良率（%）
			34. 公共交通覆盖率（标台/万人）
			35. 生活垃圾无害化处理率（%）
			36. 突发环境事件次数（加权）（加权次数）

表2-2 分区域及分省域绿色发展评价指标体系

总目标	一级指标	二级指标	三级指标
绿色发展水平总指数	绿色增长度	结构优化	1. 人均GDP（元/人）
			2. 第三产业增加值占GDP比重（%）
			3. 万元GDP能耗（吨标准煤/万元）
			4. 工业劳动生产率（万元/人）
		创新驱动	5. R&D经费投入强度（%）
			6. 万人拥有科技人员数（名科技人员/万人）
			7. 万人发明专利授权量（件/万人）
			8. 技术市场成交额（区域,%；省域,亿元）
			9. 信息产业占GDP比重（%）
			10. 新产品销售收入增速（%）
		开放协调	11. 城镇化率（%）
			12. 城乡居民收入比（无量纲）
			13. 出口交货值相对规模（无量纲）
			14. 外资利用水平（区域,%；省域,万美元）
			15. 地方财政住房保障支出比重（%）
	绿色承载力	水资源利用	16. 万元GDP水耗（立方米/万元）
			17. 农业用水效率（立方米/万元）
			18. 工业用水效率（立方米/万元）
			19. 人均生活用水量（立方米/人·年）
		水生态治理	20. 湿地面积占比（%）
			21. 人均城市污水处理能力（立方米/万人·日）
			22. 化学需氧量排放强度（千克/万元）
			23. 氨氮排放强度（千克/万元）
			24. 化肥施用强度（吨/公顷）
			25. 农药施用强度（吨/公顷）
	绿色保障力	绿色投入	26. 财政节能环保支出占比（%）
			27. 水利环境固定资产投资占比（%）
			28. 万人拥有环保人员数（名环保人员/万人）
		绿色生活	29. 森林覆盖率（%）
			30. 建成区绿化覆盖率（%）
			31. 城市空气质量优良率（%）
			32. 公共交通覆盖率（标台/万人）
			33. 生活垃圾无害化处理率（%）
			34. 突发环境事件次数（加权）（加权次数）

受数据获取所限，区域和省域评价体系较全经济带评价体系缺少"泰尔熵"、"国控断面水质质量"两个评价指标，考虑到确定归一化处理时限值的需要（省域指标中采用绝对量表示的指标在评价全经济带和区域时，更适宜采用增速类指标反映），部分三级指标的具体选取和单位选择在两类评价体系中也有所差异。

（二）评价指标具体解释

评价指标体系中三级指标的具体选择和处理方式如下。

（1）人均 GDP：用于衡量研究区域宏观经济发展水平，计算公式为"人均 GDP＝地区生产总值/地区总常住人口"。

（2）第三产业增加值占 GDP 比重：用于衡量研究区域产业结构优化程度，计算公式为"第三产业增加值占 GDP 比重＝地区第三产业增加值/地区生产总值×100％"。

（3）万元 GDP 能耗：用于衡量研究区域能源综合利用效率，反映经济结构优化程度，计算公式为"万元 GDP 能耗＝地区能源消费总量/地区生产总值"。

（4）工业劳动生产率：用于衡量研究区域工业企业从业人员的平均生产效率，反映企业生产和经营管理整体水平，受数据所限，本报告评价体系中暂采用第二产业劳动生产率反映这一指标，计算公式为"第二产业劳动生产率＝第二产业增加值/第二产业就业人数"（除城镇单位就业人口外，还包括了个体经营就业人口）。

（5）R&D 经费投入强度：用于衡量研究区域的科技投入整体水平，计算公式为"R&D 经费投入强度＝地区 R&D 经费内部支出/地区生产总值×100％"。

（6）万人拥有科技人员数：用于衡量研究区域创新驱动发展的人才基础，计算公式为"万人拥有科技人员数＝地区科技人员数/地区总常住人口"。

（7）万人发明专利授权量：用于衡量研究区域科研产出和市场应用的相对水平，计算公式为"万人发明专利授权量＝地区发明专利授权量/地区总常住人口"。

（8）技术市场成交额（增速）：用于衡量研究区域技术市场活跃程度，反映科技成果转化能力，按登记合同成交总额中属于技术交易的额度核算，在全经济带和区域板块中按年增速计，在全域板块中按成交金额计。

（9）信息产业占 GDP 比重：由于高新技术产业相关数据所限，采用此指标作为衡量区域高新技术产业发展水平的替代指标，计算公式为"信息产业占 GDP 比重 = 地区信息产业增加值/地区生产总值×100%"。

（10）新产品销售收入增速：用于衡量研究区域企业创新研制的新产品的市场效果，按规模工业企业在主营业务收入和其他业务收入中销售新产品实现的收入核算，以年增速计。

（11）城镇化率：用于衡量研究区域城乡经济结构变化，反映社会经济发展整体水平，计算公式为"城镇化率 = 地区城镇常住人口/地区总常住人口×100%"。

（12）城乡居民收入比：用于衡量研究区域城乡经济发展水平差异，计算公式为"城乡居民收入比 = 城镇居民人均可支配收入/农村居民人均可支配收入"。

（13）出口交货值相对规模：用于衡量研究区域对外贸易的活跃水平，反映区域开放经济发展程度的出口类指标，由于缺乏规模工业增加值数据，暂按"出口交货值相对规模 = 地区规模工业企业出口交货值/地区生产总值"计算。

（14）外资利用水平：用于衡量研究区域对国外资金、技术、资源的吸引能力，反映区域开放经济发展程度的进口类指标。由于直接利用外资年增速指标波动过大，报告中对全经济带和区域类评价时，采用外商投资企业投资总额年增速指标反映；对省域实施评价时，采用直接利用外资总额指标反映。

（15）地方财政住房保障支出比重：由于城乡居民人均住房面积相关数据所限，采用此指标作为衡量研究区域重要民生问题的改善程度，计算公式为"地方财政住房保障支出比重 = 地区财政住房保障支出/地区一般预算支出×100%"。

（16）泰尔熵：仅在全经济带评价中采用此指标，亦称泰尔指数，用于衡量研究区域内部经济发展差异水平，计算公式为"泰尔熵 $=\sum_{i=1}^{n}(\frac{GDP_i}{GDP} \cdot \log \frac{GDP_i/GDP}{Pop_i/Pop})$"，式中 i 表示研究区域的第 i 个子区域，n 表示研究区域可分为 n 个子区域，GDP_i 和 GDP 分别代表 i 地区和整个研究区域的地区生产总值，Pop_i 和 Pop 分别代表 i 地区和整个研究区域的常住人口数量。

（17）万元 GDP 水耗：用于衡量研究区域水资源利用的整体效率，计算公式为"万元 GDP 水耗 = 地区总用水量/地区生产总值"。

（18）农业用水效率：用于衡量研究区域农业水资源利用效率，目前常用的指标有农业灌溉用水有效利用率等，受数据所限，本报告中采用万元农业增加值用水量表征，计算公式为"万元农业增加值用水量 = 地区农业用水量/地区农业增加值"。

（19）工业用水效率：用于衡量研究区域工业水资源利用效率，目前常用的指标有工业重复用水率等，受数据所限，本报告中采用万元工业增加值用水量表征，计算公式为"万元工业增加值用水量 = 地区工业用水量/地区工业增加值"。

（20）人均生活用水量：用于衡量研究区域居民生活用水利用效率，与人均综合用水量有所不同（即地区总用水量/地区总常住人口），本报告中采用人均日生活用水量表征，计算公式为"人均生活用水量 = 地区居民年生活用水量/地区总常住人口/365"。

（21）国控断面水质质量：仅在全经济带评价中采用此指标，用于衡量长江流域整体水质情况，按长江流域国控断面达到Ⅲ类（含）以上水质的断面占比核算。

（22）湿地面积占比：用于衡量研究区域湿地生态系统的资源禀赋和保护水平，计算公式为"湿地面积占比 = 地区湿地面积/地区国土面积 × 100%"。

（23）人均城市污水处理能力：由于城镇污水集中处理率相关数据所限，采用此指标作为衡量研究区域城镇水环境污染治理水平的替代指标，计算公式为"人均城市污水处理能力 = 地区城镇污水日处理能力/地区常住人口"。

（24）化学需氧量排放强度：用于衡量研究区域经济发展造成的典型水污染物排放情况，化学需氧量为两类水环境总量控制污染物之一，计算公式为"化学需氧量排放强度＝地区化学需氧量排放量/地区生产总值"。

（25）氨氮排放强度：用于衡量研究区域经济发展造成的典型水污染物排放情况，氨氮为两类水环境总量控制污染物之一，计算公式为"氨氮排放强度＝地区氨氮排放量/地区生产总值"。

（26）化肥施用强度：用于衡量研究区域农业面源污染情况的间接指标，计算公式为"化肥施用强度＝地区化肥折纯施用量/地区生产总值"。

（27）农药施用强度：用于衡量研究区域农业面源污染情况的间接指标，计算公式为"农药施用强度＝地区农药施用量/地区生产总值"。

（28）财政节能环保支出占比：用于衡量研究区域政府在绿色发展方面的投入力度，计算公式为"财政节能环保支出占比＝地方节能环保支出/地方一般预算支出×100%"。

（29）水利环境固定资产投资占比：用于衡量研究区域全社会在绿色发展方面的投入力度，计算公式为"水利环境固定资产投资占比＝地方水利环境固定资产投资额/地方全社会固定资产投资总额×100%"。

（30）万人拥有环保人员数：用于衡量研究区域在环境保护方面的人力资本投入，计算公式为"万人拥有环保人员数＝地方环保就业人员数/地方常住人口"。

（31）森林覆盖率：用于衡量研究区域森林生态系统的禀赋程度和保护水平，计算公式为"森林覆盖率＝地区符合国家相关规定的乔木林、竹木林、灌木林覆盖面积/地区国土面积×100%"。

（32）建成区绿化覆盖率：用于衡量研究区域城市居民居住的核心地区的绿化水平，计算公式为"建成区绿化覆盖率＝地区城市建成区绿化覆盖面积/地区建成区总面积×100%"。

（33）城市空气质量优良率：用于衡量研究区域城市大气环境保护的整体水平，由于数据所限，本报告中以省会城市空气质量优良率为代表进行核算，计算公式为"（省会）城市空气质量优良率＝（省会）城市 API

（空气污染指数）≤100 的天数/全年天数（365 或 366）"。

（34）公共交通覆盖率：由于公共交通出行率相关数据所限，采用万人拥有公共交通车辆数表征此指标，用以衡量研究区域绿色交通发展水平，计算公式为"万人拥有公共交通车辆数 = 地区公共交通车辆数/地区常住人口"。

（35）生活垃圾无害化处理率：用于衡量研究区域城市生活垃圾的处理水平，计算公式为"生活垃圾无害化处理率 = 地区城市生活垃圾无害化处理量/地区城市生活垃圾总量×100%"。

（36）突发环境事件次数（加权）：用于衡量研究区域环境事故发生频度，反映区域环境风险水平，目前在统计中环境事件按照危害严重程度分为未定级事件、一般事件、较大事件和重大事件，本报告中据此对不同环境事件进行加权处理，计算公式为"突发环境事件次数（加权）= 未定级事件×1 + 一般事件×3 + 较大事件×9 + 重大事件×27"。

三 主要评价方法和评价过程

确定评价指标体系层次结构和具体指标后，需要依次经过指标权重采集、一致性检验、指标数值归一化处理、关联系数计算和指数加权处理等过程，得到最终的各级评价指数。

（一）评价流程

本报告评价体系的确定和指数计算综合运用了层次分析法和灰色关联度分析法[3]，完全评价流程如图 2 - 2 所示。

层次分析法提供了一种实施多准则决策的常用思路，即将复杂的评价目标通过逐级分解的形式，分解为多个相对清晰的子目标，再将子目标分解为若干可以定量或定性描述的具体指标，从而将复杂问题归结为底层若干个具体指标的描述。一般通过层次分析法，可以将评价体系分解为目标层、准则层和指标层，本报告中目标层为绿色发展水平总指数，3 个一级指标和 7 个二级指标均为准则层，三级指标为指标层。

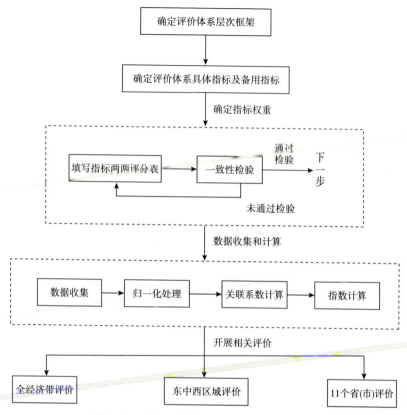

图 2－2　长江经济带绿色发展评价实施流程

（二）权重确定

由于经过逐层分解后，评价体系往往具体指标较多，但这些具体指标在反映总目标时其重要性是各不相同的，需要对不同的指标赋予不同的权重，层次分析法中赋权的过程采用两两判断矩阵来完成，其思考的出发点是"虽然我们难以同时把握多个不同指标之间的重要性并进行赋权，但我们可以较为清晰地在两个不同指标之间比较它们的重要性"，两两判断矩阵 C 的表达形式为：

$$C = \begin{bmatrix} C_{11} & C_{12} & \cdots & C_{1n} \\ C_{21} & C_{22} & \cdots & C_{2n} \\ \vdots & \vdots & \cdots & \vdots \\ C_{n1} & C_{n2} & \cdots & C_{nn} \end{bmatrix}$$

上式中，C 为一个数值均为正数的矩阵，C_{ij} 为矩阵中第 i 行第 j 列的元素，表示评价指标 i 相比评价指标 j 的重要值，若 $C_{ij} > 1$ 则表示指标 i 相对于指标 j 更为重要，若 $C_{ij} < 1$ 则表示指标 j 相对于指标 i 更为重要，显然有 $C_{ij} = 1$（$i = j$），一般来说也有 $C_{ij} = 1/C_{ji}$（填写两两评分表时这一点并非必须要满足的条件）。设 λ_{max} 为 C 矩阵的最大特征根，W 为对应的特征向量，则有 $CW = \lambda_{max}W$，对 W 实施正规化处理后的向量即代表了不同指标的相对权重。为了防止两两判断矩阵中存在的判断错误或思维的不一致导致的权重误差，层次分析法引入了随机一致性概念，即将随机生成的判断矩阵具有的一致性水平设为 RI，而专家打分的矩阵 C 具有的一致性指标为 $CI = (\lambda_{max} - n) / (n - 1)$，其中 n 为判断矩阵的阶数。将 CI 和 RI 之间的比值设为 CR，若 $CR = CI/RI < 0.1$ 时，即专家打分出的判断矩阵的一致性水平远高于随机生成的判断矩阵，认为打分的矩阵是有效的。参考的 RI 指标值如表 2 - 3 所示（两两判断矩阵一般不应超过 15 阶）。

表 2 - 3　平均随机一致性指标

阶数	1	2	3	4	5	6	7	8
RI	0	0	0.52	0.89	1.12	1.26	1.36	1.41
阶数	9	10	11	12	13	14	15	
RI	1.46	1.49	1.52	1.54	1.56	1.58	1.59	

为确定各具体指标权重，研究团队采用德尔菲法的思路，制作了专家咨询表（见本书附表），向涉及评价体系相关研究领域，如产业经济学、消费经济学、环境经济学、环境管理学等方面的专家发放了咨询问卷，对回收后不能通过一致性检验的问卷，将目前的平均打分情况反馈给专家参考并将问卷退回修改，修改后重新回收。最终通过对各专家咨询问卷计算出的权重进行平均后，得到本报告中一级至三级指标权重如表 2 - 4 所示（表中为全经济带权重计算结果，对于指标较少的区域、省域评价指标体系，在一级、二级指标权重不变的前提下，对受影响的二级指标下的三级指标权重实施平衡即可）。

表2-4 长江经济带绿色发展评价指标体系权重计算结果

总目标	一级指标	本级权重	二级指标	本级权重	三级指标	本级权重	一级指标下总权重	总目标下总权重
绿色发展水平总指数（长江指数）	绿色增长度	0.3720	结构优化	0.4125	1. 人均GDP	0.1333	0.0550	0.0205
					2. 第三产业增加值占GDP比重	0.2519	0.1039	0.0387
					3. 万元GDP能耗	0.4520	0.1865	0.0694
					4. 工业劳动生产率	0.1629	0.0672	0.0250
			创新驱动	0.4645	5. R&D经费投入强度	0.3406	0.1582	0.0589
					6. 万人拥有科技人员数	0.1432	0.0665	0.0247
					7. 万人发明专利授权量	0.1459	0.0678	0.0252
					8. 技术市场成交额（增速）	0.1566	0.0727	0.0271
					9. 信息产业占GDP比重	0.1165	0.0541	0.0201
					10. 新产品销售收入增速	0.0972	0.0451	0.0168
			开放协调	0.1230	11. 城镇化率	0.2750	0.0339	0.0126
					12. 城乡居民收入比	0.2190	0.0270	0.0100
					13. 出口交货值相对规模	0.0651	0.0080	0.0030
					14. 外资利用水平	0.0804	0.0099	0.0037
					15. 地方财政住房保障支出比重	0.0963	0.0118	0.0044
					16. 泰尔熵	0.2628	0.0323	0.0120
	绿色承载力	0.3049	水资源利用	0.3425	17. 万元GDP水耗	0.4491	0.1538	0.0469
					18. 农业用水效率	0.1741	0.0596	0.0182
					19. 工业用水效率	0.2128	0.0729	0.0222
					20. 人均生活用水量	0.1641	0.0562	0.0171

续表

总目标	一级指标	本级权重	二级指标	本级权重	三级指标	本级权重	一级指标下总权重	总目标下总权重
绿色发展水平指数（长江指数）	绿色承载力	0.3049	水生态治理	0.6575	21. 国控断面水质质量	0.2740	0.1802	0.0549
					22. 湿地面积占比	0.1621	0.1066	0.0325
					23. 人均城市污水处理能力	0.1659	0.1091	0.0333
					24. 化学需氧量排放强度	0.1156	0.0760	0.0232
					25. 氨氮排放强度	0.1014	0.0667	0.0203
					26. 化肥施用强度	0.1003	0.0659	0.0201
					27. 农药施用强度	0.0807	0.0531	0.0162
	绿色保障力	0.3231	绿色投入	0.6103	28. 财政节能环保支出占比	0.4402	0.2686	0.0868
					29. 水利环境固定资产投资占比	0.4351	0.2655	0.0858
					30. 万人拥有环保人员数	0.1247	0.0761	0.0246
			绿色生活	0.3897	31. 森林覆盖率	0.1843	0.0718	0.0232
					32. 建成区绿化覆盖率	0.1708	0.0665	0.0215
					33. 城市空气质量优良率	0.1176	0.0458	0.0148
					34. 公共交通覆盖率	0.0453	0.0176	0.0057
					35. 生活垃圾无害化处理率	0.2002	0.0780	0.0252
					36. 突发环境事件次数（加权）	0.2820	0.1099	0.0355

（三）指标归一化

确定评价体系中各个指标权重后，需要对所有的指标进行 0-1 归一化处理，以消除指标的量纲影响。归一化上下限值的选取一般可以通过对照历史数据选择上下限值、根据专家经验或客观规律选择上下限值、参考先进/落后国家或地区情况选择上下限值，本报告中为使评价结果更为客观，采用 2011~2015 年历史数据的最优值和最差值作为指标归一化的上下限值 [对全经济带评价主要参考所涉各省域历史数据，部分带有汇总性质不能参考各省域数据的参考全经济带历史数据，区域板块与全经济带类似，带有汇总性质不能参考各省域数据的参考各区域历史数据，对省域参考 11 个省（市）历史数据对比确定]。具体指标的归一化方式与指标性质有关，指标一般可分为效益型、成本型和适中型 3 类指标。

假设评价体系有 n 个指标，m 个样本（每一个研究区域的每一年的数据列都可视为一个参评样本），则每一个参评样本的数据可以组成一个数据列，第 i 个参评样本可记为比较数据列 X_i。

$$X_i = \{X_{i(1)}, X_{i(2)}, \cdots, X_{i(n)}\} \quad (i = 1, 2, \cdots, m)$$

对于效益型指标，第 k 个指标的归一化结果 $IX_{i(k)}$ 为：

$$IX_{i(k)} = \frac{X_{i(k)} - \min_i X_{i(k)}}{\max_i X_{i(k)} - \min_i X_{i(k)}} \quad i = 1, \cdots, m; k = 1, \cdots, n$$

对于成本型指标，第 k 个指标的归一化结果 $IX_{i(k)}$ 为：

$$IX_{i(k)} = \frac{\max_i X_{i(k)} - X_{i(k)}}{\max_i X_{i(k)} - \min_i X_{i(k)}} \quad i = 1, \cdots, m; k = 1, \cdots, n$$

对于适中型指标，第 k 个指标的归一化结果 $IX_{i(k)}$ 为：

$$IX_{i(k)} = \begin{cases} \dfrac{2 \cdot (\max_i X_{i(k)} - X_{i(k)})}{\max_i X_{i(k)} - \min_i X_{i(k)}}, & (\max_i X_{i(k)} + \min_i X_{i(k)})/2 \leq X_{i(k)} \leq \max_i X_{i(k)}, \\[3mm] \dfrac{2 \cdot (X_{i(k)} - \min_i X_{i(k)})}{\max_i X_{i(k)} - \min_i X_{i(k)}}, & \min_i X_{i(k)} \leq X_{i(k)} < (\max_i X_{i(k)} + \min_i X_{i(k)})/2, \end{cases}$$

$$i = 1, \cdots, m; k = 1, \cdots, n$$

　　本报告评价体系中仅涉及效益型和成本型两类指标，各指标的性质和归一化限值如表2-5所示（仅提供全经济带数据作为参考）。

表2-5　长江经济带绿色发展评价指标体系归一化限值

总目标	一级指标	二级指标	三级指标	指标性质	归一化限值	
					下限	上限
绿色发展水平总指数（长江指数）	绿色增长度	结构优化	1. 人均 GDP	效益型	16413.00	103796.00
			2. 第三产业增加值占 GDP 比重	效益型	32.52	67.76
			3. 万元 GDP 能耗	成本型	0.39	1.28
			4. 工业劳动生产率	效益型	8.00	17.85
		创新驱动	5. R&D 经费投入强度	效益型	0.59	3.73
			6. 万人拥有科技人员数	效益型	12.06	93.25
			7. 万人发明专利授权量	效益型	0.91	42.42
			8. 技术市场成交额（增速）	效益型	14.01	31.70
			9. 信息产业占 GDP 比重	效益型	2.24	10.36
			10. 新产品销售收入增速	效益型	-59.74	53.26
		开放协调	11. 城镇化率	效益型	34.97	89.61
			12. 城乡居民收入比	成本型	2.07	3.98
			13. 出口交货值相对规模	效益型	0.01	0.44
			14. 外资利用水平	效益型	8.98	17.12
			15. 地方财政住房保障支出比重	效益型	1.51	8.16
			16. 泰尔熵	成本型	0.00	0.40
	绿色承载力	水资源利用	17. 万元 GDP 水耗	成本型	41.32	224.61
			18. 农业用水效率	成本型	223.74	1365.41
			19. 工业用水效率	成本型	29.97	178.93
			20. 人均生活用水量	成本型	37.72	106.58
		水生态治理	21. 国控断面水质质量	效益型	0.00	100.00
			22. 湿地面积占比	效益型	0.45	73.27
			23. 人均城市污水处理能力	效益型	971.00	3709.83
			24. 化学需氧量排放强度	成本型	0.79	6.64
			25. 氨氮排放强度	成本型	0.17	0.84
			26. 化肥施用强度	成本型	0.21	0.76
			27. 农药施用强度	成本型	0.00	0.04
	绿色保障力	绿色投入	28. 财政节能环保支出占比	效益型	1.25	4.22
			29. 水利环境固定资产投资占比	效益型	6.15	22.18
			30. 万人拥有环保人员数	效益型	11.04	35.33
		绿色生活	31. 森林覆盖率	效益型	10.70	60.00
			32. 建成区绿化覆盖率	效益型	32.30	46.80
			33. 城市空气质量优良率	效益型	38.08	100.00
			34. 公共交通覆盖率	效益型	8.56	15.99
			35. 生活垃圾无害化处理率	效益型	61.00	100.00
			36. 突发环境事件次数（加权）	成本型	3.00	759.00

（四）评价指数计算

指标完成归一化处理后，即可利用灰色综合评价法计算指标的关联系数[18]。按照评价的最优目标，设计一个理想的参考数据列，记为 X_0，X_0 即是从参评样本面板数据中选择最优数据集合而成（效益型指标遍历选择所有省域历史上最高指标，成本型指标遍历选择所有省域历史上最低指标）。理想数据列 X_0 可以被写为如下形式：

$$X_0 = \{ X_{0(1)}, X_{0(2)}, \cdots, X_{0(n)} \} \ (i = 1, 2, \cdots, m)$$

计算参考的理想数据列 X_0 与参评的比较数据列 X_i 之间的两级最小差 $\min\limits_{i} \min\limits_{k} | X_{0(k)} - X_{i(k)} |$ 和两级最大差 $\max\limits_{i} \max\limits_{k} | X_{0(k)} - X_{i(k)} |$，并计算关联系数 $\xi_{i(k)}$：

$$\xi_{i(k)} = \frac{\min\limits_{i} \min\limits_{k} | X_{0(k)} - X_{i(k)} | + \zeta \max\limits_{i} \max\limits_{k} | X_{0(k)} - X_{i(k)} |}{| X_{0(k)} - X_{i(k)} | + \zeta \max\limits_{i} \max\limits_{k} | X_{0(k)} - X_{i(k)} |}$$

其中 ζ 为分辨系数，用于减少极值对计算结果的影响，通常取 $\zeta \leq 0.5$。

对每一个分指标进行赋权（上文已通过层次分析法确定了所有指标的权重），假设第 k 个指标的权重为 W_k，则第 i 个参评样本的综合评价结果 R_i 为：

$$R_i = \sum_{k=1}^{n} W_k \cdot \xi_{i(k)}$$

依据本节所述方法，本报告核算了 2011～2015 年长江经济带、长江经济带东中西 3 大区域、长江经济带下涉的 11 个省（市）的绿色发展指数。

主要参考文献

[1] 肖宏伟、李佐军、王海芹：《中国绿色转型发展评价指标体系研究》，《当代经济管理》2013 年第 8 期，第 24～30 页。

[2] 浙江省经济信息中心课题组：《浙江省绿色发展评价指标体系研究》，《浙江经济》2016 年第 21 期，第 39～40 页。

[3] 张腊娥、段进军：《环太湖地区绿色低碳发展评价指标体系及实证研究》，《南通大

学学报（社会科学版）》2015 年第 1 期，第 16 ~ 23 页。

［4］张江雪、蔡宁、杨陈：《环境规制对中国工业绿色增长指数的影响》，《中国人口·资源与环境》2015 年第 1 期，第 24 ~ 31 页。

［5］杜斌、张坤民、彭立颖：《国家环境可持续能力的评价研究：环境可持续性指数2005》，《中国人口·资源与环境》2006 年第 1 期，第 19 ~ 24 页。

［6］徐桂芬、张勇：《可持续发展理念下城市能源评价指标体系构建——以北京市为例》，《资源与产业》2011 年第 5 期，第 5 ~ 9 页。

［7］倪琳、曹渝鄂、李小帆：《湖北省绿色消费发展指数测度研究》，《安全与环境工程》2016 年第 6 期，第 1 ~ 6 页。

［8］陈静：《基于网络 DEA 的中国区域绿色发展评价》，山西大学硕士学位毕业论文，2015。

［9］史丹、王俊杰：《基于生态足迹的中国生态压力与生态效率测度与评价》，《中国工业经济》2016 年第 5 期，第 5 ~ 21 页。

［10］付伟、赵俊权、杜国祯：《资源可持续利用评价——基于资源福利指数的实证分析》，《自然资源学报》2014 年第 11 期，第 1902 ~ 1915 页。

［11］成福伟、张月丛：《基于能值分析的京津冀生态支撑区绿色可持续发展评价——以河北承德为例》，《河北大学学报（哲学社会科学版）》2016 第 4 期，第 106 ~ 113 页。

［12］傅建华、张莉：《基于 AHP 与 BP 神经网络模型的循环经济绿色营销绩效评价》，《科技管理研究》2012 年第 20 期，第 215 ~ 220 页。

［13］张攀攀：《基于熵权灰色关联分析的绿色发展评价指标体系研究——以武汉市为例》，《特区经济》2015 年第 12 期，第 90 ~ 92 页。

［14］朱春红、马涛：《区域绿色产业发展效果评价研究》，《经济与管理研究》2011 年第 3 期，第 64 ~ 70 页。

［15］欧阳洁：《"环境—社会经济"复合系统可持续发展的评价预测研究及应用》，《数量经济技术经济研究》2003 年第 5 期，第 153 ~ 157 页。

［16］北京师范大学经济与资源管理研究院、西南财经大学发展研究院、国家统计局中国经济景气监测中心：《2015 中国绿色发展指数报告：区域比较》，北京师范大学出版社，2015。

［17］李晓西、刘一萌、宋涛：《人类绿色发展指数的测算》，《中国社会科学》2014 年第 6 期，第 69 ~ 95、208 页。

［18］杜栋、庞庆华、吴炎：《现代综合评价方法与案例精选（第 2 版）》，清华大学出版社，2008。

第三章

长江经济带绿色发展指数测算结果与评价分析

本章对长江经济带的绿色发展总指数、3 项一级指标、7 项二级指标和相应的三级指标在 2011 ~ 2015 年的变动趋势和特点进行了评价分析，在此基础上提出了现阶段长汇经济带绿色发展面临的问题与挑战。

一　长江经济带绿色发展指数综合测算与评价分析

应用长江经济带绿色发展指标体系和评价方法，基于 2011 ~ 2015 年数据对长江经济带绿色发展水平进行了测评，并从时间和空间上对长江经济带绿色发展水平与变化趋势进行了分析。

（一）长江经济带绿色发展指数测算结果

2011 ~ 2015 年，长江经济带绿色发展指数由 49.39 上升到 56.35（如图 3 - 1 所示），年增速为 2.67%，长江经济带绿色发展水平呈稳定上升的趋势。从 3 个一级指标的贡献来分析（见表 3 - 1），绿色承载力为长江经济带绿色发展发挥了重要的支撑作用，这与长江经济带具有非常丰富的自然资源尤其是水资源密不可分；长江经济带绿色发展同样离不开绿色保障力的提升；相比而言，绿色增长力对长江经济带绿色发展做出的贡献略低，可见，提高长江经济带绿色发展指数，大力发展绿色经济是亟须努力的方向。

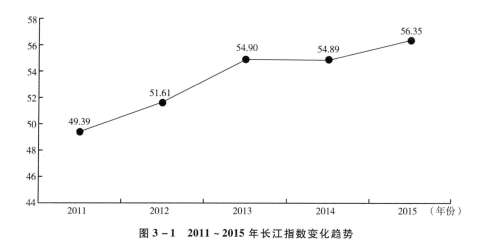

图 3 - 1　2011 ~ 2015 年长江指数变化趋势

表 3 - 1　2011～2015 年长江经济带绿色发展指数变化趋势

项　目	指标名称	2011 年	2012 年	2013 年	2014 年	2015 年
总指数	绿色发展总水平指数	49.39	51.61	54.90	54.89	56.35
一级指标	绿色增长度	45.82	47.88	53.64	51.60	52.68
	绿色承载力	53.11	56.04	58.34	59.72	61.15
	绿色保障力	49.98	50.96	50.28	52.26	54.70
二级指标	结构优化	49.31	51.50	54.55	58.32	61.61
	创新驱动	41.64	43.93	53.27	45.09	43.17
	开放协调	49.83	50.34	52.00	53.64	58.64
	水资源利用	55.40	59.14	61.12	64.20	65.50
	水生态治理	51.92	54.43	56.90	57.39	58.89
	绿色投入	41.07	41.33	41.89	42.17	43.96
	绿色生活	63.93	66.04	63.43	68.06	71.52

（二）长江经济带东、中、西区域绿色发展指数比较分析

长江经济带包括上海、江苏、浙江、安徽、江西、湖北、湖南、重庆、四川、云南、贵州等 11 个省（市），根据空间分布图，可以将长江经济带划分为东、中、西三大区域，东部区域包括上海市、江苏省和浙江省，中部区域包括安徽省、江西省、湖北省和湖南省，西部区域包括重庆市、四川省、贵州省和云南省。基于 2011～2015 年数据，对长江经济带东、中、西三大区域绿色发展指数进行测算和比较分析。

近年来，长江经济带绿色发展持续推进，取得了巨大的成就。东、中、西部区域发展存在差异，从绿色指数来看（见表 3-2），东部区域绿色发展总水平最高，五年来一直遥遥领先，从 2011 年的 53.04 增长到 61.78，年增速为 3.10%，无论是绿色指数，还是年均增速，东部区域都在长江经济带三大区域中排名第一；西部区域绿色发展也取得了较好的成效，2011～2015 年，西部地区绿色指数由 46.74 增长到 52.47，超过中部区域，在三大区域中排名第二，年增速为 2.34%，增长速度有待提高；中部区域绿色指数较低，五年来一直处于末位，2011～2015 年，中部地区绿

色指数由 43.53 增长到 49.31，年增速 2.53%，增长速度排名第二。

表 3-2　2011~2015 年长江经济带东、中、西区域绿色发展总水平指数

区　域	2011 年		2012 年		2013 年		2014 年		2015 年	
	数值	排名	数值	排名	数值	排名	数值	排名	数值	排名
东部区域	53.04	1	54.92	1	56.75	1	58.75	1	61.78	1
中部区域	43.53	3	45.45	3	48.15	3	48.35	3	49.31	3
西部区域	46.74	2	48.50	2	50.35	2	52.01	2	52.47	2

（三）长江经济带省域绿色发展指数比较分析

长江经济带 11 个省（市）的绿色发展水平参差不齐，且处于不断的变化之中。2015 年，11 个省（市）绿色发展总水平排名为：上海市、浙江省、江苏省、重庆市、贵州省、湖北省、四川省、云南省、湖南省、安徽省、江西省。

从 2011 年到 2015 年，长江经济带 11 个省（市）绿色发展总水平得到很大的提高，部分省市的排名情况没有变化，如上海市绿色发展指数由 61.41 提高到 77.70，一直保持首位；重庆市绿色发展指数由 51.90 提高到 58.52，一直保持第 4 位；贵州省绿色发展指数由 47.65 提高到 54.26，一直保持第 5 位，云南省绿色发展指数由 44.66 提高到 49.64，基本保持第 8 位；安徽省绿色发展指数由 43.93 提高到 48.86，一直保持第 10 位。部分省市排名略有变化，如浙江省由第 3 位上升到第 2 位，主要原因是其绿色保障力提升较快；江苏省由第 2 位下降到第 3 位，主要原因是其绿色承载力指数有所下降；湖北省由第 7 位上升到第 6 位，主要原因是其绿色增长度指数上升很快，由排名第 7 位上升到第 4 位，但由于其绿色保障力增长较慢，排名落后，绿色发展指数的排位仅上升一位；四川省由第 6 位下降到第 7 位，主要原因是绿色保障力指数的增长速度放缓。排名变化略大的省是江西省和湖南省，江西省由第 9 位下降到第 11 位，主要原因是其绿色增长度、绿色保障力的增长速度较慢；湖南省由第 11 位上升到第 9 位，主要是由于其绿色增长度、绿色保障力

有了很大的提高，且增长速度非常快。

表3-3　2011~2015年长江经济带各省（市）绿色发展总水平指数

区　域	2011 年		2012 年		2013 年		2014 年		2015 年	
	数值	排名	数值	排名	数值	排名	数值	排名	数值	排名
上海市	61.41	1	63.63	1	69.77	1	74.28	1	77.70	1
江苏省	54.11	2	56.01	2	57.60	3	59.11	3	61.97	3
浙江省	53.86	3	55.91	3	58.22	2	59.55	2	63.39	2
安徽省	43.93	10	44.92	10	46.86	9	48.21	10	48.86	10
江西省	44.06	9	45.68	9	46.09	10	46.74	11	47.96	11
湖北省	44.68	7	45.68	8	47.54	7	49.91	7	52.71	6
湖南省	42.43	11	44.89	11	45.84	11	48.29	9	49.51	9
重庆市	51.90	4	54.23	4	54.54	4	55.84	4	58.52	4
四川省	46.17	6	47.63	6	49.96	6	51.44	6	51.70	7
贵州省	47.65	5	48.77	5	51.10	5	53.37	5	54.26	5
云南省	44.66	8	46.01	7	47.19	8	48.55	8	49.64	8

二　绿色增长度的测算与分析

绿色增长度是长江经济带绿色发展的重要内容，包括结构优化、创新驱动、开放协调等指标。基于2011~2015年数据对长江经济带绿色增长度进行测算，并从时间和空间上对长江经济带绿色增长度水平与变化趋势进行了分析。

（一）长江经济带绿色增长度的测算结果

长江经济带绿色增长度由2011年的45.82提高到2013年53.64，2014年下降到51.60，2015年略有回升，达到52.68（如图3-2所示），年增长率为2.83%。从二级指标来看，结构优化对绿色增长度的贡献最大，创新驱动对绿色增长度的贡献较小。2011~2015年，结构优化由49.31上升到61.61，年增速4.55%，人均GDP、第三产业增加值占GDP比重、工业劳动生产率都呈现了较快的增长趋势，万元GDP能耗由0.68吨标准煤/万元下降到0.51吨标准煤/万元。

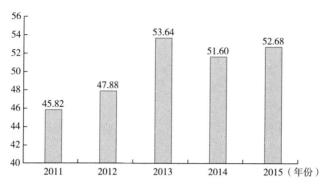

图 3 - 2 2011～2015 年长江经济带绿色增长度变化趋势

开放协调为长江经济带绿色增长度的提升做出了较大贡献，2011～2015 年，开放协调由 49.83 上升到 58.64，年增速 3.31%，其中，城镇化率由 50.29% 上升到 55.46%，外商投资企业投资总额增速由 12.26% 提高到 17.12%，地方财政住房保障支出比重略有上升，出口交货值相对规模呈下降趋势，城乡居民收入比由 3.15 下降到 2.73，泰尔熵由 0.105 下降到 0.087，这表明长江经济带的开放发展和协调发展均取得了较好的成效。

从图 3 - 3 和表 3 - 1 可以发现，绿色增长度在 2014 年的下降与创新驱动能力的下降是分不开的。2011～2013 年，创新驱动由 41.64 上升到 53.27，2014 年、2015 年持续下降到 43.17，年增速仅为 0.72%，增长速度十分缓慢。从三级指标来看，虽然 R&D 经费投入强度、万人拥有科技人员数、万人发明专利授权量、新产品销售收入增速都呈现明显的上升趋势，但是技术市场成交额增速和信息产业占 GDP 比重在五年间逐渐下降，

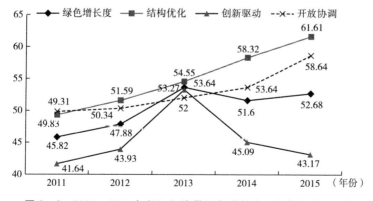

图 3 - 3 2011～2015 年长江经济带绿色增长度二级指标变化趋势

其中，技术市场成交额增速由 2011 年的 19.54% 上升到 2013 年的 31.7%，2014 年开始回落，2015 年下降到 14.01%；信息产业占 GDP 比重由 2011 年的 4.24% 下降到 2015 年的 4.17%。提升长江经济带绿色增长度，创新驱动能力的提高是以后努力的方向。

（二）长江经济带东、中、西区域绿色增长度比较分析

从绿色增长度来看（见表 3-4），2011~2015 年，东部区域一直处于绝对领先地位，绿色增长度指数由 53.54 提高到 62.37，年均增长率为 3.10%，而中部区域和西部区域的绿色增长度指数均低于 50，分别位居第二位和第三位，年均增长度分别为 2.79% 和 2.56%，低于东部地区的增长水平。从二级指标结构优化、创新驱动、开放协调来看，东部区域的各项指数均高于中部区域和西部区域，可见，东部区域绿色增长度指数在长江经济带三大区域中能够居于首位是结构优化、创新驱动能力提升、开放协调度不断提高共同作用的结果。

表 3-4　2011~2015 年长江经济带东、中、西区域绿色增长度指数

区域	指标名称	2011 年		2012 年		2013 年		2014 年		2015 年	
		数值	排名	数值	排名	数值	排名	数值	排名	数值	排名
东部区域	绿色增长度	53.54	1	55.59	1	57.81	1	59.18	1	62.37	1
	结构优化	58.74	1	61.54	1	65.09	1	69.04	1	74.44	1
	创新驱动	48.01	1	50.04	1	51.19	1	50.39	1	52.26	1
	开放协调	57.00	1	56.59	1	58.39	1	59.33	1	60.06	1
中部区域	绿色增长度	42.97	2	45.12	2	50.01	2	48.59	2	49.32	2
	结构优化	44.98	2	47.16	2	49.40	2	54.69	2	56.95	2
	创新驱动	38.90	2	42.96	2	51.01	2	42.82	2	42.14	2
	开放协调	51.60	2	46.44	2	48.34	2	49.93	2	50.84	2
西部区域	绿色增长度	40.53	3	42.15	3	44.40	3	46.14	3	46.00	3
	结构优化	42.45	3	44.79	3	48.30	3	50.46	3	53.02	3
	创新驱动	38.83	3	40.13	3	41.32	3	42.81	3	40.02	3
	开放协调	40.55	3	40.95	3	42.92	3	44.26	3	44.98	3

（三）长江经济带省域绿色增长度比较分析

如表 3 - 5 所示，2015 年，长江经济带 11 个省（市）的绿色增长度指数排名情况是上海市、江苏省、浙江省、湖北省、重庆市、湖南省、四川省、江西省、安徽省、贵州省、云南省。

表 3 - 5　2011 ~ 2015 年长江经济带各省（市）绿色增长度指数

区 域	2011 年		2012 年		2013 年		2014 年		2015 年	
	数值	排名	数值	排名	数值	排名	数值	排名	数值	排名
上海市	67.33	1	69.82	1	75.37	1	79.60	1	83.64	1
江苏省	54.65	2	57.78	2	59.67	2	61.29	2	63.70	2
浙江省	51.24	3	53.81	3	57.10	3	57.45	3	63.12	3
安徽省	44.04	6	44.09	7	45.92	7	47.06	7	47.87	9
江西省	44.89	5	46.11	5	47.17	6	47.02	8	48.15	8
湖北省	43.80	7	45.92	6	48.11	5	52.15	4	56.44	4
湖南省	40.18	10	43.29	8	44.48	9	47.57	6	49.22	6
重庆市	46.15	4	46.57	4	48.62	4	50.98	5	52.33	5
四川省	41.35	9	42.68	9	45.40	8	46.66	9	48.40	7
贵州省	42.31	8	40.29	10	41.25	10	42.69	10	42.93	10
云南省	37.37	11	38.53	11	40.25	11	41.40	11	42.46	11

五年来，排名保持不变的省（市）有 4 个，上海市绿色增长度指数由 67.33 提高到 83.64，始终保持第 1 位；江苏省绿色增长度指数由 54.65 提高到 63.70，保持第 2 位，与上海市的差距较大；浙江省绿色增长度指数由 51.24 提高到 63.12，保持第 3 位，略低于江苏省；云南省绿色增长度指数由 37.37 提高到 42.46，保持第 11 位。有 3 个省份的排名得到明显提升，湖北省绿色增长度指数由 43.80 提高到 56.44，由第 7 位上升到第 4 位，主要是因为结构优化指数和开放协调指数得到快速提高，创新驱动能力的增强也是原因之一；湖南省绿色增长度指数由 40.18 提高到 49.22，由第 10 位上升到第 6 位，主要是因为结构优化指数和创新驱动指数得到较快的增长，开放协调能力的提高也是原因之一；四川省绿色增长度指数由 41.35 提高到 48.40，由第 9 位上升到第 7 位，主要原因是创新驱动能力的

快速提高。有4个省（市）的排名开始下滑，重庆市由第4位下降到第5位，其主要原因是开放协调指数增长速度较慢；江西省由第5位下降到第8位，这是因为其结构优化指数、创新驱动指数、开放协调指数的增长速度较慢；安徽省由第6位下降到第9位，这是因为其结构优化、创新驱动的各项要素没有为绿色增长度的提升发挥应有的作用；贵州省由第8位下降到第10位，其主要原因是创新驱动指数下降，呈现负增长。

表3-6　2011~2015年长江经济带各省（市）结构优化指数

区　域	2011 年		2012 年		2013 年		2014 年		2015 年	
	数值	排名	数值	排名	数值	排名	数值	排名	数值	排名
上海市	73.76	1	77.14	1	81.39	1	85.98	1	93.27	1
江苏省	58.87	2	62.00	2	65.86	2	70.30	2	74.85	2
浙江省	56.41	3	59.00	3	62.19	3	64.82	3	72.77	3
安徽省	46.46	6	48.02	6	49.96	8	51.96	9	53.45	9
江西省	50.51	5	52.70	5	54.73	5	56.17	7	57.26	7
湖北省	44.69	7	47.73	7	50.50	6	57.83	5	61.85	5
湖南省	43.68	9	46.42	8	48.95	9	56.48	6	59.44	6
重庆市	52.50	4	55.36	4	57.63	4	60.58	4	63.73	4
四川省	43.98	8	46.41	9	50.44	7	52.58	8	55.48	8
贵州省	38.00	11	40.07	11	41.79	11	43.68	11	45.63	11
云南省	38.86	10	40.57	10	45.44	10	47.20	10	50.00	10

表3-7　2011~2015年长江经济带各省（市）创新驱动指数

区　域	2011 年		2012 年		2013 年		2014 年		2015 年	
	数值	排名	数值	排名	数值	排名	数值	排名	数值	排名
上海市	58.26	1	60.82	1	69.54	1	74.59	1	74.48	1
江苏省	48.94	2	52.03	2	53.11	2	52.98	2	54.30	2
浙江省	45.18	4	48.43	3	51.22	3	49.20	3	54.17	3
安徽省	42.06	6	40.09	7	41.53	5	41.84	6	42.02	7
江西省	39.09	8	39.62	8	39.21	10	37.56	10	38.70	10
湖北省	42.30	5	42.29	4	44.96	4	46.75	4	52.23	4
湖南省	36.31	10	40.24	6	40.15	9	39.76	9	40.32	8
重庆市	40.38	7	38.60	10	40.64	8	42.85	5	42.67	5

区 域	2011 年		2012 年		2013 年		2014 年		2015 年	
	数值	排名	数值	排名	数值	排名	数值	排名	数值	排名
四川省	38.38	9	39.13	9	40.73	7	41.13	7	42.28	6
贵州省	47.77	3	41.68	5	41.17	6	41.04	8	40.16	9
云南省	36.31	10	36.66	11	35.81	11	36.84	11	36.28	11

表 3 – 8　2011～2015 年长江经济带各省（市）开放协调指数

区 域	2011 年		2012 年		2013 年		2014 年		2015 年	
	数值	排名	数值	排名	数值	排名	数值	排名	数值	排名
上海市	80.06	1	79.26	1	77.21	1	77.17	1	74.63	1
江苏省	62.06	2	64.20	2	63.72	2	62.47	3	61.80	3
浙江省	56.76	3	56.69	3	62.21	3	63.85	2	64.54	2
安徽省	43.36	8	46.04	7	48.98	6	50.33	6	51.30	6
江西省	47.92	4	48.54	4	51.82	5	52.08	5	53.31	5
湖北省	46.48	6	47.44	5	51.94	4	53.47	4	54.22	4
湖南省	43.07	9	44.29	8	45.81	9	47.23	9	48.57	8
重庆市	46.61	5	47.15	6	48.51	7	49.47	7	50.59	7
四川省	43.77	7	43.59	9	46.16	8	47.66	8	47.74	9
贵州省	36.16	11	35.80	11	39.74	10	45.60	10	44.34	10
云南省	36.39	10	38.78	10	39.61	11	39.17	11	40.48	11

三　绿色承载力的测算与分析

水资源是长江经济带的重要资源，长江经济带绿色承载力主要包括水资源利用和水生态治理等指标。基于 2011～2015 年数据对长江经济带绿色承载力进行测算，并从时间和空间上对长江经济带绿色承载力水平与变化趋势进行了分析。

（一）长江经济带绿色承载力的测算结果

长江经济带绿色承载力由 2011 年的 53.11 上升到 2015 年的 61.15（如图 3 – 4 所示），年增速为 2.86%。从二级指标来看，水资源利用指数和水生态治理指数都呈上升趋势，水资源利用对长江经济带绿色承载力的贡献较大。五年来，水资源利用效率得到很大的提升，水资源利用指数由 55.40 上升到 65.50，年增长率达到 3.41%。其中，万元 GDP 水耗从 123.39 立方米/万元降低到 85.93 立方米/万元；农业用水效率和工业用水效率大大提高，万元农业增加值用水量由 708.09 立方米/万元降低到 546.68 立方米/万元，万元工业增加值用水量由 81.84 立方米/万元降低到 61.36 立方米/万元；人均生活用水量略有提升，由 61.29 立方米/（人·年）提高到 64.66 立方米/（人·年）。

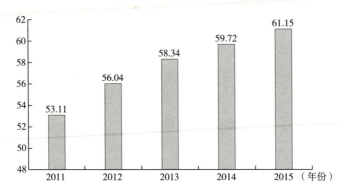

图 3-4 2011~2015 年长江经济带绿色承载力变化趋势

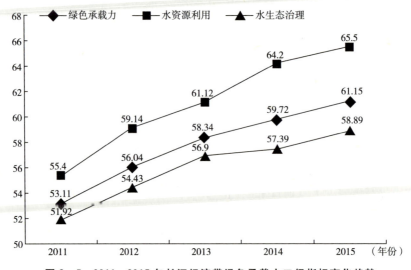

图 3-5 2011~2015 年长江经济带绿色承载力二级指标变化趋势

水生态治理指数提高得较快，由 2011 年的 51.92 提高到 2015 年 58.89，年均增长 2.55%，这说明，近年来长江经济带水生态治理取得了明显的成效。2011～2015年，长江水质得到较大的提高，长江流域国控断面三类（水质）以上占比由80.9%提高到89.4%；湿地面积有所增加，湿地面积占国土面积比重由3.89%提高到5.65%；万人城市污水日处理能力持续增强；化学需氧量排放强度和氨氮排放强度有了明显下降，万元GDP化学需氧量排放量由4.26千克/万元下降到2.66千克/万元，万元GDP氨氮排放量由0.53千克/万元下降到0.33千克/万元，化肥施用强度和农药施用强度变化不大。

（二）长江经济带东、中、西区域绿色承载力比较分析

从绿色承载力来看（见表3-9），东部区域最高，西部区域排名第二，中部区域最低。2011～2015年，东部区域绿色承载力指数由55.26上升到64.13，年均增速3.02%；中部区域绿色承载力指数由40.89上升到47.54，年均增速3.06%；西部区域绿色承载力指数由50.56上升到57.75，年均增速2.69%。虽然中部区域的年均增长速度是最高的，但是由于绿色承载力指数数值大大低于东部区域和西部区域，中部区域绿色承载力提升的过程比较艰难。从二级指标来看，西部区域水资源利用指数长期稳居首位，说明西部区域水资源利用效率非常高，其次是东部区域，中部区域的水资源利用效率最低；东部区域的水生态治理指数最高，且远远高于中、西部区域，西部区域的水生态治理指数排名第二，中部区域垫底。

表3-9　2011～2015年长江经济带东、中、西区域绿色承载力指数

区域	指标名称	2011年		2012年		2013年		2014年		2015年	
		数值	排名	数值	排名	数值	排名	数值	排名	数值	排名
东部区域	绿色承载力	55.26	1	57.31	1	59.89	1	61.81	1	64.13	1
	水资源利用	60.06	2	63.19	2	63.96	2	66.41	2	69.45	2
	水生态治理	52.76	1	54.24	1	57.77	1	59.41	1	61.36	1
中部区域	绿色承载力	40.89	3	43.05	3	44.52	3	46.48	3	47.54	3
	水资源利用	47.15	3	51.39	3	53.21	3	56.40	3	57.02	3
	水生态治理	37.63	3	38.70	3	40.00	3	41.31	3	42.59	3
西部区域	绿色承载力	50.56	2	52.66	2	55.23	2	57.16	2	57.75	2
	水资源利用	60.88	1	64.79	1	69.06	1	72.83	1	72.51	1
	水生态治理	45.18	2	46.34	2	48.02	2	49.00	2	50.06	2

（三）长江经济带省域绿色承载力比较分析

如表3-10所示，2015年，长江经济带11个省（市）绿色承载力指数的排名依次为上海市、浙江省、重庆市、江苏省、贵州省、四川省、云南省、湖北省、安徽省、湖南省、江西省。

表3-10　2011~2015年长江经济带各省（市）绿色承载力指数

区　域	2011 年		2012 年		2013 年		2014 年		2015 年	
	数值	排名	数值	排名	数值	排名	数值	排名	数值	排名
上海市	64.42	1	66.68	1	75.60	1	79.35	1	81.94	1
江苏省	54.82	3	56.87	3	59.16	3	60.43	3	62.57	4
浙江省	56.73	2	58.37	2	61.07	2	63.30	2	65.79	2
安徽省	41.71	9	43.66	9	45.84	9	48.10	9	48.46	9
江西省	37.90	11	40.23	11	41.01	11	42.57	11	44.01	11
湖北省	42.15	8	44.29	8	46.24	8	48.28	8	49.37	8
湖南省	40.49	10	42.48	10	43.40	10	45.13	10	46.38	10
重庆市	52.80	4	56.06	4	57.87	4	60.42	4	62.71	3
四川省	49.97	6	51.57	6	53.87	6	56.10	6	54.90	6
贵州省	50.76	5	53.55	5	57.44	5	58.92	5	61.23	5
云南省	47.69	7	50.03	7	52.11	7	53.59	7	54.51	7

2011~2015年，各省（市）绿色承载力指数排名的变化并不大，上海市绿色承载力指数由64.42提高到81.94，多年来稳居第1位，但其实上海市水资源利用效率并不是最高的，为绿色承载力增长做出重要贡献的是水生态治理，上海市水生态治理成效显著，多年来水生态治理指数一直排名第一；浙江省绿色承载力指数由56.73提高到65.79，一直保持第2位，与上海市恰恰相反，浙江省的水资源利用指数非常高，长期排名第一，水生态治理指数保持第4位的中上水平；重庆市绿色承载力指数由52.80提高到62.71，排名由第4位上升到第3位，水资源利用效率的快速提高是绿色承载力提升的主要原因，多年来，其水资源利用指数一直保持第2位，水生态治理指数保持第5位，均略低于浙江省；江苏省绿色承载力指数由54.82提高到62.57，排名由第3位下降到第4位，排名下降的主要原因是

水资源利用指数增长缓慢；贵州省绿色承载力指数由 50.76 提高到 61.23，排名保持第 5 位，虽然排名不变，但从表 3－11 可以发现，其水资源利用指数增长较快，按照发展趋势，其绿色承载力指数将很快超过江苏省；四川省绿色承载力指数由 49.97 提高到 54.90，排名一直保持第 6 位，其水资源利用指数一直排名第 3 位，水生态治理指数一直排名第 7 位，可见水资源利用效率的提高是其绿色承载力提升的主要原因；云南省、湖北省、安徽省、湖南省、江西省绿色承载力指数分为排名第 7、8、9、10、11 位，巧合的是，这 5 个省份的排名情况在五年内没有改变，其二级指标水资源利用、水生态治理的指数排名也变化不大。

表 3－11 2011～2015 年长江经济带各省（市）水资源利用指数

区　域	2011 年		2012 年		2013 年		2014 年		2015 年	
	数值	排名	数值	排名	数值	排名	数值	排名	数值	排名
上海市	57.17	4	60.34	4	60.12	6	67.35	4	68.56	5
江苏省	53.57	5	57.01	6	57.50	7	58.57	8	61.52	7
浙江省	73.91	1	76.02	1	78.51	1	81.44	1	84.85	1
安徽省	45.87	10	49.07	10	51.27	10	55.90	10	54.91	10
江西省	40.79	11	45.81	11	45.99	11	48.24	11	50.67	11
湖北省	50.21	7	54.42	8	56.30	8	59.27	7	58.71	8
湖南省	47.31	9	51.21	9	53.56	9	56.05	9	57.73	9
重庆市	66.57	2	72.46	2	74.12	2	79.04	2	82.86	2
四川省	65.14	3	67.22	3	70.92	3	74.77	3	69.43	3
贵州省	50.20	8	55.61	7	61.27	5	65.11	6	69.05	4
云南省	52.49	6	58.58	5	62.50	4	65.69	5	66.82	6

表 3－12 2011～2015 年长江经济带各省（市）水生态治理指数

区　域	2011 年		2012 年		2013 年		2014 年		2015 年	
	数值	排名	数值	排名	数值	排名	数值	排名	数值	排名
上海市	68.19	1	69.99	1	83.66	1	85.60	1	88.91	1
江苏省	55.47	2	56.80	2	60.02	2	61.39	2	63.12	2
浙江省	47.77	4	49.18	4	51.98	4	53.85	4	55.86	4
安徽省	39.55	8	40.83	8	43.00	8	44.04	8	45.10	8
江西省	36.40	11	37.32	11	38.41	10	39.61	10	40.53	10

续表

区　域	2011 年		2012 年		2013 年		2014 年		2015 年	
	数值	排名	数值	排名	数值	排名	数值	排名	数值	排名
湖北省	37.96	9	39.02	9	41.00	9	42.55	9	44.51	9
湖南省	36.93	10	37.93	10	38.10	11	39.44	11	40.46	11
重庆市	45.62	5	47.51	5	49.40	5	50.73	5	52.21	5
四川省	42.07	7	43.42	7	45.00	7	46.38	7	47.34	7
贵州省	51.05	3	52.48	3	55.45	3	55.70	3	57.13	3
云南省	45.18	6	45.57	6	46.70	6	47.28	6	48.10	6

四　绿色保障力的测算与分析

绿色发展离不开经济支持、完善的设施、完备的政策制度和绿色生活消费习惯，长江经济带绿色保障力主要包括绿色投入和绿色生活等指标。基于 2011～2015 年数据对长江经济带绿色保障力进行测算，并从时间和空间上对长江经济带绿色保障力水平与变化趋势进行了分析。

（一）长江经济带绿色保障力的测算结果

绿色保障力是长江经济带绿色发展的重要支撑。2011～2015 年，长江经济带绿色保障力由 49.98 上升到 54.70（如图 3－6 所示），年增速为 1.82%。从数值上来看，2015 年，绿色保障力指数低于绿色承载力指数、高于绿色增长度指数；但是，从增长率来看，和绿色增长度、绿色承载力相比，绿色保障力的年均增速低 1 个百分点左右，也大大低于长江指数 2.67% 的年增速。可见，长江经济带绿色保障力比较薄弱，五年来提升缓慢，严重影响了长江经济带绿色发展的进程。

绿色投入较少，且增长慢是绿色保障力薄弱的主要原因。2011～2015 年，绿色投入指数由 41.07 上升到 43.96，年增长率为 1.37%，增长非常缓慢。2011 年，节能环保支出占公共财政支出比重为 2.51%，此后逐年下降，到 2015 年增长为 2.55%，可见，由公共财政支出的节能环保资金非常少，政府部门对节能环保的重视程度尚待进一步提高。另外，水利环境固定资产占全社会固定投资比重由 8.33% 提高到 11.06%，万人拥有环保人员数由

14.80 环保人员/万人提高到 17.47 环保人员/万人，增长速度均不理想。

绿色生活指数由 63.93 提高到 71.52，年增长率为 2.27%，增长较快，为绿色保障力的提高做出了较大的贡献。突发环境事件次数由 99 件下降到 39 件，说明环境保护与治理成效显著。生活垃圾无害化处理率由 84.89% 上升到 97.21%，建成区绿化覆盖率也略有提升，居民生活环境越来越美好。公共交通覆盖率有所提升，每万人拥有公共交通车辆由 11.39 标台/万人提高到 13.08 标台/万人。城市空气质量优良率有所下降，地级及以上

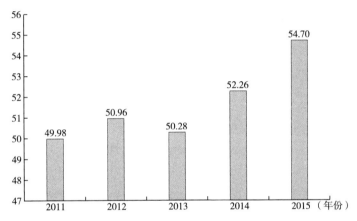

图 3-6　2011~2015 年长江经济带绿色保障力变化趋势

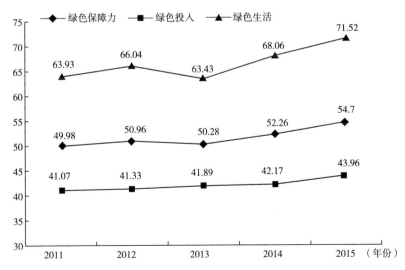

图 3-7　2011~2015 年长江经济带绿色保障力二级指标变化趋势

（省会）城市空气质量优良天数比率由 90.76% 下降到 72.55%，改善空气质量任重道远。

（二）长江经济带东、中、西区域绿色保障力比较分析

从绿色保障力来看（见表 3－13），西部区域的绿色保障力指数最高，五年来一直处于领先地位；东部区域在 2011～2014 年的绿色保障力指数最低，2015 年达到 55.01，跃居第二位；中部区域在 2011～2014 年的绿色保障力指数位居第二，但 2015 年排名下降，被东部区域赶超。2011～2015 年，东、中、西部区域绿色保障力指数年均增速分别为 3.29%、0.94%、1.13%，东部区域的增长速度最快，而且在近三年增长得特别快，目前，东、中、西部区域绿色保障力指数分别为 55.01、53.34、56.89，按照各个区域的年均增长速度，预计东部区域在 2016 年会赶超西部区域，成为长江经济带绿色保障力最强的区域，而中部区域由于当前绿色保障力指数数值、增速都处于最低水平，将继续维持现状，成为绿色保障力最弱的区域。东部区域绿色保障力快速提升与绿色投入、绿色生活指数的提高是分不开的，2011～2015 年，东部区域绿色投入指数由 39.00 提高到 43.59，在三大区域中由排名第三跃升到第二，绿色生活指数增长更快，由 59.01 提高到 72.90，排名由第三提高到第一，为东部区域绿色保障力的提升做出了重要贡献。

表 3－13　2011～2015 年长江经济带东、中、西区域绿色保障力指数

区域	指标名称	2011 年		2012 年		2013 年		2014 年		2015 年	
		数值	排名	数值	排名	数值	排名	数值	排名	数值	排名
东部区域	绿色保障力	46.80	3	47.84	3	47.02	3	50.75	3	55.01	2
	绿色投入	39.00	3	38.76	3	40.13	3	41.64	2	43.59	2
	绿色生活	59.01	3	62.07	3	57.80	3	65.01	3	72.90	1
中部区域	绿色保障力	50.90	2	51.71	2	51.67	2	52.00	2	53.34	3
	绿色投入	40.60	2	40.86	2	41.41	2	40.54	3	41.94	3
	绿色生活	67.03	1	68.69	2	67.74	2	69.93	1	71.20	2
西部区域	绿色保障力	53.77	1	55.13	1	54.36	1	55.18	1	56.89	1
	绿色投入	45.50	1	46.44	1	45.70	1	45.88	1	48.29	1
	绿色生活	66.74	2	68.75	1	67.93	1	69.76	2	70.36	3

（三）长江经济带省域绿色保障力比较分析

如表 3 - 14 所示，2015 年，长江经济带 11 个省市绿色保障力的排名是贵州省、重庆市、浙江省、湖南省、云南省、江西省、江苏省、上海市、四川省、安徽省、湖北省。

表 3 - 14　2011~2015 年长江经济带各省（市）绿色保障力指数

区　域	2011 年		2012 年		2013 年		2014 年		2015 年	
	数值	排名	数值	排名	数值	排名	数值	排名	数值	排名
上海市	39.70	11	41.13	11	42.47	11	49.44	10	53.16	8
江苏省	51.16	8	49.58	10	48.84	10	50.62	9	56.29	7
浙江省	54.00	5	55.67	5	54.61	5	56.39	4	58.69	3
安徽省	48.68	10	49.89	9	51.56	8	51.35	8	52.28	10
江西省	55.90	3	56.90	3	54.87	3	55.47	5	56.44	6
湖北省	52.66	6	50.17	8	49.07	9	47.96	11	50.85	11
湖南省	52.51	7	54.40	6	54.85	4	57.26	3	57.36	4
重庆市	64.42	1	69.49	1	61.90	1	57.75	2	64.68	2
四川省	49.78	9	51.21	7	52.67	7	52.99	7	52.79	9
贵州省	54.11	4	59.41	2	61.68	2	67.83	1	67.18	1
云南省	56.26	2	55.81	4	53.58	6	55.23	6	56.81	5

2011~2015 年，长江经济带各省（市）绿色保障力的变化比较大，贵州省绿色保障力指数由 54.11 上升到 67.18，排名由第 4 位提升到第 1 位，其主要原因是绿色投入指数增长较快；重庆市绿色保障力指数由 64.42 变为 64.68，几乎停滞不前，排名由第 1 位下降到第 2 位，其绿色投入指数和绿色生活指数都没有太大变化；浙江省绿色保障力指数由 54.00 提高到 58.69，排名由第 5 位提高到第 3 位，绿色生活指数保持第 2 位的领先地位，绿色投入指数排名由第 8 位上升到第 6 位；湖南省绿色保障力水平提高得较快，绿色保障力指数由 52.51 上升到 57.36，排名由第 7 位上升到第 4 位，主要原因是其绿色投入指数和绿色生活指数均得到较大的提高；

云南省绿色保障力指数由 56.26 变化为 56.81，增长乏力，主要原因是其绿色投入指数在五年内有所下降；江西省绿色保障力指数略有提升，排名由第 3 位下降到第 6 位，其绿色生活指数一直保持在第 1 位，为绿色保障力水平的提升发挥了主要作用，绿色投入指数排名靠后，近三年排名第 11 位；江苏省绿色保障力由 51.16 提高到 56.29，排名由第 8 位上升到第 7 位，其绿色投入指数实现了较快的增长；上海市绿色保障力水平提高很快，绿色保障力指数由 39.70 上升到 53.16，排名由第 11 位上升到第 8 位，这是因为其绿色投入指数和绿色生活指数均实现了较快的增长速度，各自排名均得到提高；四川省绿色保障力指数由 49.78 提高 52.79，安徽省绿色保障力指数由 48.68 提高到 52.28，分别居第 9、第 10 位；值得一提的是，湖北省绿色保障力水平处于下降趋势，绿色保障力指数由 52.66 下降到 50.85，排名由第 6 位下降到第 11 位，其主要原因是绿色投入严重不足，绿色投入指数由 46.69 下降到 42.50，绿色投入指数排名由第 3 位下降到 9 位。

表 3 - 15　2011 ~ 2015 年长江经济带各省（市）绿色投入指数

区　域	2011 年		2012 年		2013 年		2014 年		2015 年	
	数值	排名	数值	排名	数值	排名	数值	排名	数值	排名
上海市	37.46	10	36.73	11	40.92	8	43.89	5	43.29	8
江苏省	41.63	5	41.61	6	43.79	5	43.86	6	47.28	3
浙江省	39.68	8	38.97	9	39.83	10	41.79	8	44.73	6
安徽省	39.34	9	40.20	8	40.63	9	39.59	9	40.03	10
江西省	36.55	11	38.64	10	38.91	11	38.42	11	39.54	11
湖北省	46.69	3	41.28	7	41.18	7	39.17	10	42.50	9
湖南省	40.98	7	43.09	4	44.92	3	45.83	3	46.24	4
重庆市	58.68	1	65.92	1	55.36	2	49.18	2	59.30	2
四川省	41.56	6	42.55	5	44.29	4	43.96	4	43.73	7
贵州省	47.33	2	54.32	2	59.55	1	67.89	1	65.56	1
云南省	46.54	4	44.36	3	41.85	6	42.12	7	45.80	5

表 3 - 16   2011～2015 年长江经济带各省（市）绿色生活指数

区域	2011 年		2012 年		2013 年		2014 年		2015 年	
	数值	排名	数值	排名	数值	排名	数值	排名	数值	排名
上海市	43.21	11	48.02	11	44.91	11	58.15	11	68.62	9
江苏省	66.07	6	62.04	10	56.77	10	61.21	10	70.40	7
浙江省	76.42	2	81.81	2	77.75	2	79.25	2	80.55	2
安徽省	63.31	8	65.07	7	68.66	6	69.77	6	71.48	6
江西省	86.18	1	85.51	1	79.87	1	82.18	1	82.90	1
湖北省	62.01	10	64.08	9	61.42	9	61.72	9	63.92	11
湖南省	70.56	5	72.12	5	70.40	5	75.16	4	74.76	3
重庆市	73.40	3	75.08	3	72.37	3	71.16	5	73.11	5
四川省	62.65	9	64.76	8	65.80	7	67.14	8	67.00	10
贵州省	64.73	7	67.39	6	65.02	8	67.75	7	69.71	8
云南省	71.48	4	73.75	4	71.94	4	75.77	3	74.04	4

五　长江经济带绿色发展面临的主要问题

长江经济带是我国重要的流域经济带，流域内一切生产性、生存性活动与区域内资源、环境、生态密不可分。近年来，长江经济带各省（市）围绕资源环境问题开展了大量工作，取得了初步成效。但由于长江经济带工业化、城镇化快速、粗放发展，推进绿色发展尚面临一系列亟待解决的问题。

（一）绿色发展区域不平衡

长江经济带绿色发展区域不平衡特征明显，2015 年，东、中、西部绿色发展指数分别为 61.78、49.31 和 52.47，相比较 2011 年的 53.04、43.53、46.74，区域间最大差距由 9.51 提高到 12.47，可见，三大区域绿色发展的差距在不断扩大。长江经济带 11 个省（市）的绿色发展差距也有扩大趋势，2011 年，绿色发展指数最高的是上海市，指数为 61.41，最低的是湖南省，指数为 42.43，两者之间的差为 18.98；2015 年，绿色发展指数最高的仍然是上海市，指数为 77.70，最低的江西省，指数为 47.96，两者之间的差为 29.74。另外，比较 2015 年的所有二级指标数值，开放协调指数为 58.64，仅高于创新驱动和绿色投入。区域地区之间绿色发展的不平衡影响了长江经济带绿色发展的全面推进，因此，缩小长江经济带东、中、西三大区域及省域之间的差距，完善协调发展机制，提升长江经济带整体绿色发展能力，是需要解决的重大课题。

（二）创新能力亟待提高

绿色发展与创新具有明显的相关性，创新是影响绿色发展的重要因素。长江经济带创新驱动指数一直处于较低水平，由 2011 年的 41.64 提高到 43.17，年均增速为 0.72%，增长幅度非常小，对绿色发展的支撑不足。R&D 经费投入强度由 2011 年的 1.71% 提高的 2.04%，科技创新的基础性投入明显不够，没有形成有效的创新机制，关键技术和集成性技术缺乏，科技竞争能力十分薄弱。科技成果转化率较低，技术市场成交额增速由 2011 年的 19.5% 下降到 2015 年的 14.0%。信息产业发展缓慢，2011 ~ 2015 年，信息产业占 GDP 比重由 4.24% 下降到 4.17%。政府对企业自主创新的引导不够，缺乏有利于提高自主创新能力的激励性机制和市场化融资机制，中小企业和节能环保技术在国家创新体系中的潜力仍有待发掘。

（三）水生态治理任重道远

近年来，长江经济带水生态治理虽然取得了一定的成效，但是，水生态环境问题仍然是制约长江经济带绿色发展的一个重要因素。如果不能采取有效措施进行水生态的保护和治理，将会导致已经局部出现的生态灾变现象，在更大时空范围内、以更大的强度发生，给社会经济带来严重的伤害，甚至威胁到国家安全。目前，长江干流总体水质较好，但部分支流污染严重，涉危涉重企业数量多，布局不合理、污染事故多发频发，部分饮用水水源地存在安全隐患，废水排放量逐年增加，人均城市污水处理能力从 1971.83 立方米/（万人·日）提高到 2065.10 立方米/（万人·日），污水处理能力提高比较缓慢。由于居民环保意识淡薄，仍然频繁使用农药、化肥，五年来，农药施用强度由 0.018 吨/公顷下降到 0.017 吨/公顷，化肥施用强度由 0.504 吨/公顷上升到 0.507 吨/公顷，水环境治理仍然面临着较大挑战。

（四）政策工具支撑不足

目前，长江经济带尚未形成促进经济发展相互协调配合的、完善的绿色发展法律、政策体系，不能对长江经济带绿色发展进行有效的引导和规范。绿色投入严重不足，2011 年至 2015 年，绿色投入指数由 41.07 提高到 43.96，年均增长率仅为 1.37%，中央和地方预算投入较少，没有建立稳定的预算投入科目和机制，地方政府和民间资本参与绿色投资的激励不足。绿色税收体系尚未完全建立，资源和环境税税种设置不全，排污收费制度下费率过低，企业没有足够的动力进行污染治理与技术创新。促进绿色经济发展的社会融资机制不健全，制约了绿色经济的持续发展。

第四章

长江经济带东部区域
绿色发展评价

长江经济带东部区域包括上海、江苏、浙江3省（市），属于全经济带社会经济最为发达的区域板块。本章对东部区域板块以及上海、江苏、浙江3省（市）的绿色发展总指数、3项一级指标、7项二级指标和相应的三级指标在2011~2015年的变动趋势和特点进行了回顾分析，在此基础上提出了现阶段东部区域绿色发展面临的问题与挑战。

一　东部区域绿色发展总体评价

东部区域绿色发展指数多年来一直领跑三大区域板块，且呈相对稳定的线性增长态势，特别是由于东部区域经济社会发展水平较高，经济产出的单位资源消耗少，环境保护方面关注较早，其绿色增长度和绿色承载力在过去5年都领先于中、西部区域。从区域内二级指标测算结果上看，东部区域在结构优化、水生态治理和绿色生活方面指数较高，而在创新驱动和绿色投入方面指数相对偏低。

（一）东部区域绿色发展总指数变化特征分析

利用表2-2设计的评价指标体系，基于2011~2015年统计数据对长江经济带东部区域绿色发展水平进行了测评，结果如图4-1所示。

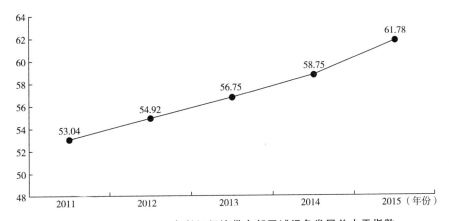

图4-1　2011~2015年长江经济带东部区域绿色发展总水平指数

2011~2015年，东部区域绿色发展总评指数由53.04上升至61.78，年均增长3.89%，呈稳定上升态势，总评指数历年处于东、中、西三大板块之首。从3个一级指标的贡献上分析，主要是绿色增长度和绿色承载力对总评指数起到较好的支撑作用，2011~2015年，东部区域这两个一级指标指数一直处于三大板块前列，2015年，绿色增长度和绿色承载力对总评指数的贡献分别达到44.06%和40.59%，与2011年情况基本持平。相对来说，东部区域的绿色保障力指数在三大区域板块并不特别突出，其对总评指数的贡献也较小。

（二）东部区域绿色发展分指数变化特征分析

东部区域3项一级指数的历年变化情况如图4-2所示。

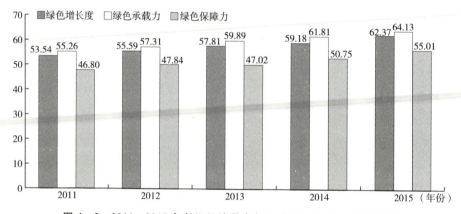

图4-2 2011~2015年长江经济带东部区域绿色发展一级指标变化

2011~2015年，东部区域绿色增长度指数由53.54上升至62.37，年均增长3.89%，与总评指数增速持平；绿色承载力指数由55.26上升至64.13，年均增长3.79%，略低于总评指数增速，绿色保障力指数由46.80上升至55.01，年均增长4.12%，高于总评指数增速。可见，绿色保障力较之绿色增长度和绿色承载力，指数相对偏低，对总评指数的支撑作用虽不如其他两项一级指标，但其增速较高，未来对总评指数的贡献将可能提升。增长态势方面，绿色增长度和绿色承载力指数均呈逐年增长趋势，其中，绿色增长度指数主要得益于结构优化指数的迅速增长，创新驱动和开放协调指数则在平缓上升中略有波动；绿色承载力指数主要得益于水资源利用和水生态治理两项二级指标的共同增长；绿色保障力指数呈波动上升趋势，2013 年受绿色生活指数下滑影响有所下降，此后绿色生活指数快速上升，加之绿色投入指数逐年平缓上升，绿色保障力指数在 2013 年后迅速上扬。

表 4 - 1　2011 ~ 2015 年长江经济带东部区域绿色发展二级指标变化

二级指标	2011 年	2012 年	2013 年	2014 年	2015 年
结构优化	58.74	61.54	65.09	69.04	74.44
创新驱动	48.01	50.04	51.19	50.39	52.26
开放协调	57.01	56.59	58.39	59.33	60.06
水资源利用	60.06	63.19	63.96	66.41	69.45
水生态治理	52.76	54.24	57.77	59.41	61.36
绿色投入	39.00	38.76	40.13	41.64	43.59
绿色生活	59.01	62.07	57.80	65.01	72.90

2011 ~ 2015 年，东部区域结构优化指数由 58.74 上升至 74.44，年均增长 6.10%；创新驱动指数由 48.01 上升至 52.26，年均增长 2.14%；开放协调指数由 57.01 上升至 60.06，年均增长 1.31%；水资源利用指数由 60.06 上升至 69.45，年均增长 3.70%；水生态治理指数由 52.76 上升至 61.36，年均增长 3.85%；绿色投入指数由 39.00 上升至 43.59，年均增长 2.82%；绿色生活指数由 59.01 上升至 72.90，年均增长 5.43%。增长态势方面，结构优化、水资源利用、水生态治理 3 项二级指标均呈稳步上升趋势，创新驱动、开放协调、绿色投入、绿色生活 4 项二级指标则呈波动上升态势。

由图 4 - 3 可见，2011 ~ 2015 年，东部区域所有二级指标指数均有不同程度上升。首先，结构优化和绿色生活指数增幅较大，结构优化指标中 4 项三级指标均迅速优化，绿色生活指标中建成区绿化覆盖率、公共交通覆盖率、生活垃圾无害化处理率 3 项三级指标稳定提升，但城市空气质量优良率有明显下降，该指标由 2011 年的 90.14% 下降至 2015 年的 66.21%，城市大气污染形势更为严峻，2013 年突发环境事件次数（加权后）的增长使绿色生活指数在 2013 年相应下挫。其次，水资源利用、水生态治理和绿色投入指数

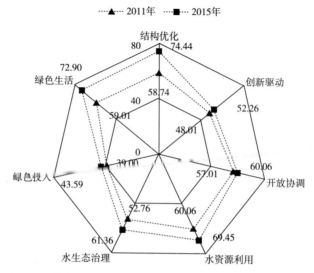

图4-3 2011年和2015年长江经济带东部区域绿色发展二级指标对比

增幅居中，水资源利用指标中代表产业用水效率的万元农业增加值水耗、万元工业增加值水耗均呈下降态势，2015年这两个指标较2011年分别下降了26.86%和12.43%，而代表居民用水效率的指标人均生活用水量2015年则较2011年上涨了3.30%，消费需求升级下居民生活节水相对困难，整体上综合用水效率万元GDP水耗呈稳定下降趋势；水生态治理指标中，湿地面积占比因统计原因除2013年有跳跃变化外，其他年份数值未发生变化，人均城市污水处理能力2011~2015年增长了7.66%，化学需氧量和氨氮这两类总量控制污染物排放强度明显下降，2015年分别较2011年下降了39.13%和37.07%，值得关注的是，影响农业面源污染排放量的化肥和农药施用强度在2011~2015年持平并开始略有下降，说明东部区域污染性农业生产要素投入强度已率先出现达峰下降情况。再次，创新驱动和开放协调指数增幅较低，创新驱动指标中，R&D经费投入强度、万人拥有科技人员数和万人发明专利授权量呈增长态势，但技术市场成交额增速、新产品销售收入增速两个指标一方面由于基数较高，另一方面受经济增速下降的大环境影响，表现欠佳，分别由2011年的19.56%和26.80%下降至2015年的9.15%和4.70%，此外信息产业占GDP比重亦有所下滑，2015年东部区域该指标为3.96%，较2011年下降了0.22个百分点。

二 东部区域分省 （市） 绿色发展评价

东部区域 3 省 （市） 是长江经济带 11 省 （市） 中绿色发展指数最高的 3 个省 （市），对实现全经济带绿色发展具有较强的参考价值。总评指数方面，上海 ＞ 浙江 ＞ 江苏，上海是长江经济带 11 省 （市） 中唯一总评指数超过 70 的省 （市）；绿色增长度方面，上海 ＞ 江苏 ＞ 浙江，上海在绿色增长度中 3 项二级指标指数方面均居各省 （市） 首位；绿色承载力方面，上海 ＞ 浙江 ＞ 江苏，浙江和上海分别在水资源利用和水生态治理指数方面居于各省 （市） 首位；绿色保障力方面，浙江 ＞ 江苏 ＞ 上海，由于受投入结构制约，绿色投入指数偏低是东部区域各省 （市） 的共性问题。

（一） 上海市

按照评价体系表 2 - 2，基于 2011 ～ 2015 年统计数据对上海市绿色发展水平进行了测评，结果如图 4 - 4 所示。

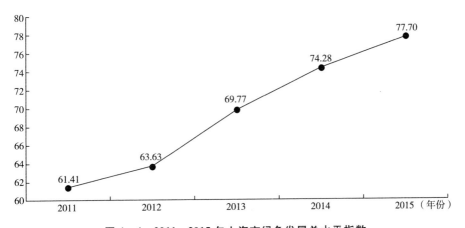

图 4 - 4　2011 ～ 2015 年上海市绿色发展总水平指数

2011 ～ 2015 年，上海市绿色发展总评指数由 61.41 上升至 77.70，年均增长 6.06％，呈快速上升态势，总评指数历年处于长江经济带 11 省（市） 之首。从 3 个一级指标的贡献上分析 （见图 4 - 5），主要是绿色增长度和绿色承载力对总评指数的支撑作用较强，上海市这两个一级指标指数多年来一直处于各省 （市） 前列，2015 年，绿色增长度和绿色承载力对总评指数的贡献分别达到46.98%和41.23%。3项一级指标中，上海市的绿色保障力指数相对偏低，与其他两项一级指标差距较大，受其权重也较低影响，其对总评指数的贡献率为11%~12%。

图4-5　2011~2015年上海市绿色发展一级指标变化

2011~2015年，上海市绿色增长度指数由67.33上升至83.64，年均增长5.57%，略低于总评指数增速；绿色承载力指数由64.42上升至81.94，年均增长6.20%，略高于总评指数增速；绿色保障力指数由39.70上升至53.16，年均增长7.57%，高于总评指数增速。由于绿色增长度和绿色承载力指数已属高位运行状态，未来进一步提升的潜力空间减小，而绿色保障力指数起步较低、增速较高，未来提升空间较大，对总评指数的贡献率将可能有所增加。增长态势方面，3项一级指标指数均呈逐年增长趋势，其中，绿色增长度指数主要得益于结构优化和创新驱动指数的迅速增长；绿色承载力指数主要得益于水资源利用和水生态治理两项二级指标的共同增长，其中2013年后水生态治理指数增幅相对突出；在绿色投入指数波动上扬的情况下，2014~2015年绿色生活指数大幅增长带动了绿色保障力指数的快速抬升。

表4-2　2011~2015年上海市绿色发展二级指标变化

二级指标	2011年	2012年	2013年	2014年	2015年
结构优化	73.76	77.14	81.39	85.98	93.27
创新驱动	58.26	60.82	69.54	74.59	77.48

续表

二级指标	2011 年	2012 年	2013 年	2014 年	2015 年
开放协调	80.06	79.26	77.21	77.17	74.63
水资源利用	57.17	60.34	60.12	67.35	68.56
水生态治理	68.19	69.99	83.66	85.60	88.91
绿色投入	37.46	36.73	40.92	43.89	43.29
绿色生活	43.21	48.02	44.91	58.15	68.62

2011～2015 年，上海市结构优化指数由 73.76 上升至 93.27，年均增长 6.04%；创新驱动指数由 58.26 上升至 77.48，年均增长 7.39%；开放协调指数由 80.06 回落至 74.63，年均回落 1.74%；水资源利用指数由 57.17 上升至 68.56，年均增长 4.65%；水生态治理指数由 68.19 上升至 88.91，年均增长 6.86%；绿色投入指数由 37.46 上升至 43.29，年均增长 3.68%；绿色生活指数由 43.21 上升至 68.62，年均增长 12.26%。增长态势方面，结构优化、创新驱动、水生态治理 3 项二级指标均呈稳步上升趋势，水资源利用、绿色投入、绿色生活 3 项二级指标则呈波动上升态势，开放协调指标呈小幅回落趋势。

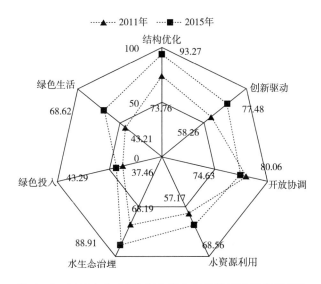

图 4-6 2011 年和 2015 年上海市绿色发展二级指标对比

由图 4-6 可见，2011～2015 年，上海市除开放协调外，其他所有二级指标指数均有不同程度的上升。首先，结构优化、创新驱动、水生态治理和绿色生活指数增幅较大，结构优化指标中除受产业结构调整影响的工业劳动生产率指标呈波动变化外，其他 3 项三级指标均向好发展，人均GDP 2015 年突破 10 万元大关，第三产业增加值占 GDP 比重达到 67.76%，万元 GDP 能耗较 2011 年累计下降 20.38%；创新驱动指标中 R&D 经费投入强度、万人拥有科技人员数、万人发明专利授权量和技术市场成交额 4项三级指标增幅强劲，2015 年较 2011 年分别累计增长了 19.94%、77.08%、22.86% 和 38.07%，信息产业占 GDP 比重在 4.5% 左右平稳波动，新产品销售收入增速历年变化较大；水生态治理指标中除湿地面积近年来相对稳定外，各项三级指标均得到优化，2015 年较 2011 年，人均城市污水处理能力增长了 11.99%，化学需氧量、氨氮两类污染物的排放强度分别下降了 26.60% 和 35.57%，化肥、农药施用强度分别下降了 15.27% 和 30.23%；绿色生活指标的增长主要受益于公共交通覆盖率、生活垃圾无害化处理率的提升以及突发环境事件次数的大幅下降，代表区域绿化水平方面的指标变化不大，城市空气质量优良率则有所恶化。其次，水资源利用和绿色投入指数增幅居中，水资源利用指标中虽然万元 GDP 水耗下降明显，但万元农业增加值用水量和人均生活用水量降幅较小，2015年较之 2011 年分别累计下降 1.22% 和 5.75%；绿色投入指标中，财政节能环保支出占比和水利环境固定资产投资占比两个资金投入占比指标提升有限，影响了绿色投入指标的增幅。最后，开放协调指数出现负增长，主要是受到出口交货值相对规模和地方财政住房保障支出比重两项三级指标下降的影响，2015 年这两项指标分别较 2011 年下降了 31.98% 和 5.69%。

（二）江苏省

按照评价体系表 2-2，基于 2011~2015 年统计数据对江苏省绿色发展水平进行了测评，结果如图 4-7 所示。

2011~2015 年，江苏省绿色发展总评指数由 54.11 上升至 61.97，年均增长 3.45%，呈平稳上升态势，总评指数历年处于长江经济带 11 省（市）的第一方阵。从 3 个一级指标的贡献上分析（见图 4-8），绿色增长度和绿色承载力对总评指数的贡献较大且比例接近，2015 年，绿色增长

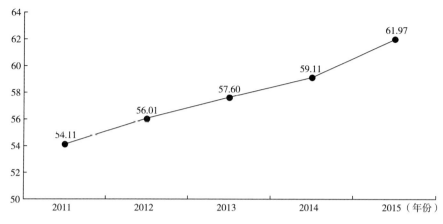

图 4-7 2011~2015 年江苏省绿色发展总水平指数

度和绿色承载力对总评指数的贡献分别达到 44.86% 和 39.48%，而绿色保障力指数得分相对偏低，近年指数经历波动后相对走高，但与其他两项一级指标的差距反而有所拉大，2011~2015 年其对总评指数的贡献率由 16.32% 下降至 15.67%。

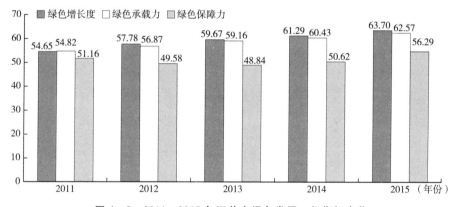

图 4-8 2011~2015 年江苏省绿色发展一级指标变化

2011~2015 年，江苏省绿色增长度指数由 54.65 上升至 63.70，年均增长 3.91%，高于总评指数增速；绿色承载力指数由 54.82 上升至 62.57，年均增长 3.36%，略低于总评指数增速；绿色保障力指数由 51.16 上升至 56.29，年均增长 2.42%，低于总评指数增速。具体分析 3 项一级指标指数增速，绿色增长度指标中结构优化和创新驱动指数均呈快速或稳定增长趋势，特别是结构优化指数的提升迅速拉快了绿色增长

度指数增速；绿色承载力指标的两项二级指标呈平稳上升态势；而绿色
保障力经过了一个 U 形变化，指数由 2011 年的 51.16 逐步回落至 2013
年的 48.84，然后再恢复上升态势，这主要是受绿色生活指数在 2011 ~
2013 年大幅下滑的影响。

表 4 – 3　2011 ~ 2015 年江苏省绿色发展二级指标变化

二级指标	2011 年	2012 年	2013 年	2014 年	2015 年
结构优化	58.87	62.00	65.86	70.30	74.85
创新驱动	48.94	52.33	53.11	52.98	54.30
开放协调	62.06	64.20	63.72	62.47	61.80
水资源利用	53.57	57.01	57.50	58.57	61.52
水生态治理	55.47	56.80	60.02	61.39	63.12
绿色投入	41.63	41.61	43.79	43.86	47.28
绿色生活	66.07	62.04	56.77	61.21	70.40

2011 ~ 2015 年，江苏省结构优化指数由 58.87 上升至 74.85，年均增
长 6.19%；创新驱动指数由 48.94 上升至 54.30，年均增长 2.63%；开放
协调指数由 62.06 回落至 61.80，年均回落 0.10%；水资源利用指数由
53.57 上升至 61.52，年均增长 3.52%；水生态治理指数由 55.47 上升至

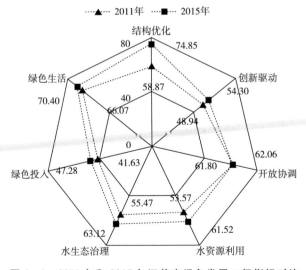

图 4 – 9　2011 年和 2015 年江苏省绿色发展二级指标对比

63.12，年均增长 3.28%；绿色投入指数由 41.63 上升至 47.28，年均增长 3.23%；绿色生活指数由 66.07 上升至 70.40，年均增长 1.60%。增长态势方面，结构优化、水资源利用、水生态治理 3 项二级指标均呈稳步上升趋势，创新驱动、绿色投入两项二级指标则呈波动上升态势，开放协调和绿色生活指数则分别呈倒 U 形和 U 形波动趋势。

由图 4 - 9 可见，2011 ~ 2015 年，江苏省除开放协调外，其他所有二级指标指数均有不同程度的上升。首先，结构优化和水资源利用指数增幅较大，结构优化指标的 4 项三级指标优化显著，2015 年人均 GDP、第三产业增加值占 GDP 比重、万元 GDP 能耗和工业劳动生产率较 2011 年分别上升（万元 GDP 能耗为下降）了 41.27%、14.54%、20.37% 和 25.38%；水资源利用指标中万元 GDP 水耗和万元农业增加值用水量大幅下降，2015 年较 2011 年分别下降了 27.65% 和 30.24%，但工业用水效率和人均生活用水量变化并不明显，分别较 2011 年下降了 1.39% 和上升了 2.83%，随居民生活水平的提高，未来通过居民用水实现节水目标的难度较大。其次，创新驱动、水生态治理、绿色投入、绿色生活指数增幅居中，创新驱动指标中，表现较好的主要有 R&D 经费投入强度、万人拥有科技人员数和万人发明专利授权量 3 项三级指标，2015 年分别较 2011 年提升了 18.43%、7.87% 和 71.83%；水生态治理指标中，化学需氧量和氨氮排放强度下降较快，2015 年分别较 2011 年下降了 40.94% 和 38.75%，化肥和农药施用强度相对来说降幅并不突出，2015 年分别较 2011 年下降了 5.63% 和 9.89%，而人均城市污水处理能力在平稳中稍有下降，湿地面积占比基本稳定；绿色投入指标的 3 项三级指标均呈整体上升态势，财政节能环保支出占比、水利环境固定资产投资占比、万人拥有环保人员数 2015 年分别较 2011 年上升了 16.06%、28.77% 和 17.75%，说明江苏省在环保方面的资金和人力投入在不断提升，要素保障相对有力；绿色生活指标中，森林覆盖率和建成区绿化覆盖率基本稳定无明显变动，公共交通覆盖率和生活垃圾无害化处理率提升显著，2015 年万人拥有公共交通车辆数达到 15.81 标台，生活垃圾无害化处理率达到 100%，城市空气质量优良率由 2011 年的 86.85% 曾最低下跌至 2014 年的 51.51%，但在 2015 年又回升到 63.29%，突发环境事件次数在 2013 年达到最高值。最后，开放协调指数先增后降，总体稍有回落，这主要是受到进出口相关指标近年来表现欠佳的影响所致，2015 年出口交货值相对规模和直接利用外资总量分别较 2011 年下降了 23.26% 和 24.55%，且在 2011～2015 年这两个指标整体处于下行状态。

（三）浙江省

按照评价体系表 2-2，基于 2011～2015 年统计数据对浙江省绿色发展水平进行了测评，结果如图 4-10 所示。

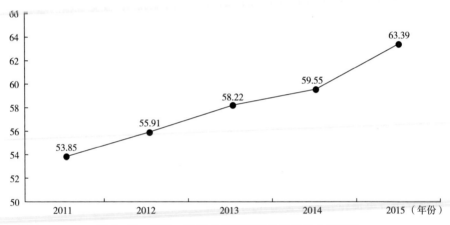

图 4-10　2011～2015 年浙江省绿色发展总水平指数

2011～2015 年，浙江省绿色发展总评指数由 53.85 上升至 63.39，年均增长 4.16%，呈稳定上升态势，特别是 2015 年总评指数年增速较高，达到 6.45%。从 3 个一级指标的贡献上分析（见图 4-11），多年来绿色承

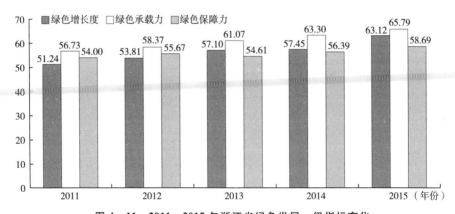

图 4-11　2011～2015 年浙江省绿色发展一级指标变化

载力对总评指数的支撑作用突出，2013 年前绿色承载力和绿色保障力指数较高，2013 年后绿色承载力和绿色增长度指数较高。2011～2015 年，绿色增长度对总评指数的贡献率由 41.52% 上升至 43.45%；绿色承载力指数虽然绝对值一直在 3 项一级指标中最高，但其对总评指数的贡献率由41.19% 小幅下跌至 40.58%；绿色保障力指数从数值上与其他两个一级指标差距并不十分显著，但受其权重较低影响，其对总评指数的贡献率为 16%～17%。

2011～2015 年，浙江省绿色增长度指数由 51.24 上升至 63.12，年均增长 5.35%，高于总评指数增速；绿色承载力指数由 56.73 上升至 65.79，年均增长 3.77%，略低于总评指数增速；绿色保障力指数由 54.00 上升至58.69，年均增长 2.10%，低于总评指数增速。绿色增长度的快速增长主要得益于其结构优化、创新驱动、开放协调 3 项二级指标都处于增长阶段，这 3 项二级指标 2015 年分别较 2011 年累计增长了 29.00%、19.90% 和13.69%。绿色承载力指数的增加主要得益于水资源利用、水生态治理两项二级指标的共同提升，2015 年这两项二级指标分别较 2011 年累计增长了14.80% 和 16.94%，其中水资源利用指数在 2014 年后已超过 80，在全经济带 11 省（市）中居于首位。绿色保障力指数增速较低，一方面绿色投入指数在 2014 年前一直处于增幅不明显波动变化中，另一方面绿色生活指数数值较高，近年来处于高位波动状态，2015 年该指数年增速仅 1.64%，且绝对值低于 2012 年水平。

表 4-4　2011～2015 年浙江省绿色发展二级指标变化

二级指标	2011 年	2012 年	2013 年	2014 年	2015 年
结构优化	56.41	59.00	62.19	64.82	72.77
创新驱动	45.18	48.43	51.22	49.20	54.17
开放协调	56.76	56.69	62.21	63.85	64.54
水资源利用	73.91	76.02	78.51	81.44	84.85
水生态治理	47.77	49.18	51.98	53.85	55.86
绿色投入	39.69	38.97	39.83	41.79	44.73
绿色生活	76.42	81.81	77.75	79.25	80.55

2011～2015 年，浙江省结构优化指数由 56.41 上升至 72.77，年均增

长 6.58%；创新驱动指数由 45.18 上升至 54.17，年均增长 4.64%；开放协调指数由 56.76 上升至 64.54，年均增长 3.26%；水资源利用指数由 73.91 上升至 84.85，年均增长 3.51%；水生态治理指数由 47.77 上升至 55.86，年均增长 3.99%；绿色投入指数由 39.69 上升至 44.73，年均增长 3.03%；绿色生活指数由 76.42 上升至 80.55，年均增长 1.32%。增长态势方面，结构优化、水资源利用和水生态治理 3 项二级指标均呈稳步上升趋势，创新驱动、开放协调、绿色投入和绿色生活 4 项二级指标则呈波动上升态势。

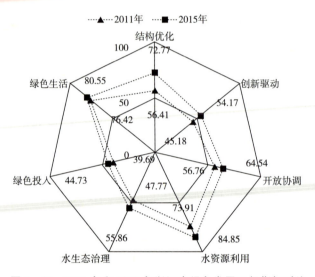

图 4 - 12 2011 年和 2015 年浙江省绿色发展二级指标对比

由图 4 - 12 可见，2011 ~ 2015 年，浙江省全部 7 项二级指标指数均有不同程度上升，是东部区域 3 省市中唯一全部二级指标上升的省（市）。首先，结构优化和创新驱动指数增幅较大，结构优化指标中 4 项三级指标均逐年优化，其中人均 GDP、第三产业增加值占 GDP 比重和工业劳动生产率 2015 年较 2011 年累计增长 31.05%、13.40% 和 23.25%，万元 GDP 能耗累计下降 29.09%，目前浙江省万元 GDP 能耗处全经济带 11 省（市）中最低值；创新驱动指标中，除新产品销售收入增速外，其他指标均较 2011 年有所提高，累计增速较快的指标有 R&D 经费投入强度、万人发明专利授权量和技术市场成交额，2015 年较 2011 年分别累计增长 27.57%、78.01% 和 36.44%，其中万人发明专利授权量为全经济带 11 省（市）最高值，而新产品销售收入增速虽较 2011 年水平有所下降，但也达到 14.12% 的较快年增速水平。其次，开放协调、水资源利用和水生态治理指数增幅居中，开放协调指标中表现较好的指标有城镇化率、城乡居民收入比和地方财政住房保障支出比重，2015 年城镇化率超过 65%，城乡居民收入比由 2011 年的 2.37 下降至 2.06，为全经济带 11 省（市）最低水平，地方财政住房保障支出比重超过 2.1%，较 2011 年提升了 0.6 个百分点；水资源利用指标中，2011～2015 年，除人均生活用水量累计增加了 9.26% 外，万元 GDP 水耗、万元农业增加值水耗和万元工业增加值水耗分别累计下降了 29.37%、79.45% 和 28.83%，其中工业用水情况在全经济带 11 省（市）中效率最高；水生态治理指标中，人均城市污水处理能力提高较快，2015 年较 2011 年累计提高 24.29%，说明城镇水污染治理的建筑设施建设推进加快，化学需氧量和氨氮排放强度降幅较大，2011～2015 年分别累计下降了 37.15% 和 36.11%，化肥和农药施用强度也有所下降，但降幅较低。最后，绿色投入和绿色生活指数增幅较小，其三级指标均呈现此消彼长的特点，绿色投入指标中 2015 年财政节能环保支出占比、水利环境固定资产投资占比指标分别较 2011 年提高了 0.50 个和 0.82 个百分点，而万人拥有环保人员数则有所下降；绿色生活指标中，建成区绿化覆盖率、公共交通覆盖率、生活垃圾无害化处理率和突发环境事件次数 4 项三级指标呈优化趋势，其中万人拥有公共交通车辆数达到 15.99 标台，居全经济带 11 省（市）之首，但城市空气质量优良率由 2011 年的 91.23% 逐步下降至 2015 年的 66.30%，未来城市大气污染将是影响绿色生活环境优化的首要问题。

三　东部区域绿色发展的主要问题

东部区域的绿色发展总评指数在各区域板块中居于首位，其中绿色增长度和绿色承载力也居三大板块之首，7 项二级指标中，上海和浙江在结构优化、创新驱动、开放协调、水资源利用和水生态治理 5 项上分别居于全经济带 11 省（市）首位，说明东部区域在传统粗放式经济发展模式向可持续发展的绿色经济转型上已经取得了较大成就，是全经济带社会经济环境协调发展的标杆板块，但受国际国内经济增长大环境和环境治理的区域特点和发展阶段影响，在绿色发展上仍存在一些问题和挑战。

（一）开放经济增速和创新要素投入产出率待提升

东部区域产业结构的绿色化进度加快，但受世界经济复苏不确定因素增加影响，进出口类指标整体表现欠佳，科技创新的投入力度加大，但产出类指标难以维持高速增长状态。2011～2015 年，一方面，东部区域虽然经济增速逐步放缓，由于基数已经较高，各项总量、均量、质量类的产业结构优化指标，城镇化率、城乡居民收入比等区域均衡发展类指标都领跑全经济带，转型相对到位，呈现出较好的改善趋势，但东部地区地处长江经济带对接世界的桥头堡，受国际环境变化影响较大，江浙一带都受到出口企业客户订单向东南亚和中西部省份转移的冲击，出口交货值相对规模指标在 2011～2015 年一直处于下行通道，而外商投资企业投资总额增速指标由 2011 年的 14.80% 下降至 2013 年的最低值 8.61% 后虽然有所反弹，到 2015 年也才达到 11.78%，仍难以恢复到"十二五"初期的水平。另一方面，东部区域科技创新方面投入较高，科技成果转化的活跃程度和产品效益仍需要进一步提高。2011～2015 年，东部区域的科技创新经费投入、人员投入强度均不断走高，2015 年的 R&D 经费投入强度和万人拥有科技人员数分别较 2011 年累计增加了 19.82% 和 49.72%，从万人发明专利授权量上看，经费和人员投入带来的人均科技成果也有明显提升（万人发明专利授权按量累计增加了 42.44%），但东部区域的技术市场成交额增速和新产品销售收入增速却均呈现波动下行趋势，将科技成果从实验室里、专利书中、论文纸上转变成真正具有市场价值、具有消费群体的成型产品，使科技成果更好地转变为现实生产力，通过创新驱动来助推经济的高效化和绿色化，依然是东部区域面临的共性难题。

（二）资源环境消耗强度下降但总量仍不容乐观

资源的经济产出方面东部区域水资源利用效率较高，且主要的水污染物排放强度下降幅度较大，但由于氮磷污染排放总量依然较大，地表水环境富营养化仍是未来相当长一段时期内有待治理的主要问题。一方面，东部区域单位经济产出的水资源消耗量大幅度下降，万元 GDP 水耗、万元农业增加值水耗、万元工业增加值水耗均下降明显，东部区域属丰水区域，不存在水量型缺水问题，水资源供应对经济增长的约束作用较轻，较难出现资源紧缺所产生的倒逼机制，居民人均生活用水量在 2011～2015 年处逐年上升通道，且上升趋势预计在未来一段时间内仍将持续，而各类中水回用设施受南方气候和成本影响也较难实现大规模推广应用，未来随经济总量的进一步提高，水资源利用效率仍会提高，但用水总量可能波动不大。另一方面，随着水污染治理基础设施的逐步完备以及经济总量上行，人均城市污水处理能力逐年提升，化学需氧量和氨氮这两类总量控制水污染物的排放强度下降显著，但随着城市和工业污染源治理能力的逐步提高，农业面源污染由于难以采用截留治理等工程措施，未来势必成为流域水环境污染的主要来源。形势较好的一面是，化肥、农药等污染性农业生产要素施用强度在东部区域已经率先实现达峰下降，种植业氮磷污染的来源得到有效控制，但东部区域整体水环境保护形势仍不容过于乐观，虽然长江、淮河干流水质较好，但支流仍处于中度、轻度污染，钱塘江金华市境内的金华江、东阳江和武义江为主要受污染河段，太湖湖体总体处于轻度富营养状态；近岸海洋环境也同样存在氮磷污染突出问题，虽然近年来近岸海域水质环境有所好转，但仍属于中度富营养化状态。

（三）生态环境治理亟须市场化的长效运行机制

东部区域对绿色发展的资金、人力等各类要素投入力度持续加大，但随着投资对经济增长拉动作用下降，未来环保投入的重点也将从投资转向运营侧，通过改善基础设施的运营、维护模式，形成有效率的环保市场尚有待探索。一方面，各类绿色投入指标都处于上行阶段，代表资金投入的财政节能环保支出占比和水利环境固定资产投资占比在 2015 年较 2011 年分别上升了 0.43 个和 2.13 个百分点，代表人力投入的万人拥有环保人员数在 2015 年较 2011 年累计上升了 11.79%。另一方面，由于东部区域的财政预算收入和全社会固定资产投资基数大，目前政府、社会对环保方面的资金投入总量已然较高，随着城市环保基础设施的逐步完善，未来常年保持大规模的环保基础设施投入的可能性不大，且会逐步深入农村环保基础设施的建设领域，由于环境保护的外部性和公共性属性，未来在筹措污水处理设施运营费用和污泥水处理经费方面仍需要政府、市场、企业形成有效的长效机制，而农村环保设施中重建轻管的问题也较为普遍，相对于城镇环保设施来说，以分散式处理为主的农村环保设施除运行经费外，还需要基层能提供专业的维护人员和技术服务。

（四）生活环境整体改善下仍存在部分较为突出的环境问题

虽然东部区域生活环境的绿色化改善明显，但依然存在城市空气质量不断恶化等亟待解决的问题。一方面，东部区域的生活环境改善较快，绿色生活方式普及率较高，全区域生活垃圾无害化处理率已接近100%，公共交通覆盖率大幅领先其他区域板块，突发环境事件次数下降较快，环境风险得到有效控制。另一方面，受制于区域自然条件和经济社会发展要求，东部地区森林覆盖率和建成区绿化覆盖率两项指标基本稳定，但提升空间极为有限，同时城市大气污染状况形势严峻。2015 年江苏省 PM2.5、PM10、二氧化硫、二氧化氮浓度有所下降，但 13 个省辖城市环境空气质量均未达到国家二级标准要求；浙江省仅舟山市达到国家二级标准，其他10 个设区城市的 PM2.5 水平均未达到二级标准。在二氧化硫、氮氧化物等总量控制污染物减排效果逐步显现的情况下，引发灰霾天气的 PM2.5 的治理将成为未来一段时期内大气污染控制的主要目标。

第五章

长江经济带中部区域
绿色发展评价

长江经济带中部区域包含安徽、江西、湖北、湖南四省，国土面积70.44万平方公里，占整个长江经济带面积的34.56%；人口总数达2.3亿，占39.72%。故此，中部区域的发展状况直接关乎整个长江经济带绿色发展的总体水平。本章对中部区域板块及其各省（市）的绿色发展总指数、一级指标、二级指标和相应的三级指标在2011～2015年的变动趋势和特点进行回顾，以期在此基础上提出当前长江经济带中部区域绿色发展面临的问题与挑战。

一 中部区域绿色发展总体评价

中部区域社会经济发展模式向绿色经济转型已有较大进展，但因起点偏低，加之长期传统粗放式经济发展及梯度发展政策的影响，总体来看，中部区域绿色发展滞后于整个长江经济带的绿色发展水平，无论是从指标的水平值还是从年均增速，绝大多数指标都低于经济带的总体水平。与东部区域各项指标差距更大，部分指标评分甚至低于西部区域水平，充分说明中部区域绿色的发展基点低抑或生态优势和自然禀赋相对欠缺。

（一）中部区域绿色发展总指数变化特征分析

长江经济带中部区域绿色发展总体水平指数测评结果如图5-1所示。

相对来说，中部区域的绿色发展总水平指数在三大区域板块并不突出。各年总水平指数在三大板块测算中均靠后，但总水平指数年均增速位居第二，达3.17%。

从图5-1中可以看出，2011～2015年，该区域绿色发展总水平指数呈持续上升态势，但以2013年为界，前、后两段趋势明显不同，2011年至2013年指数提升较快，年均增速达5.17%，而2013～2015年年均增速仅为1.20%，显著放缓。

造成中部区域绿色发展总水平指数上升出现如图5-1所示先快后慢的原因主要在于绿色增长度，该指标从2011年上升，到2013年达到最高点，

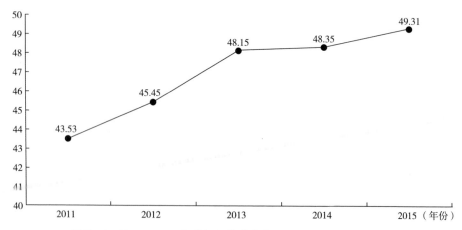

图 5 - 1　2011～2015 年长江经济带中部区域绿色发展总水平指数

然后出现回落，变动幅度较大，而且其权重最大，达到 0.372。2015 年，绿色增长度对总评指标的贡献达到 43.6%，此与 2011 年基本持平；而另外两个指标绿色承载力和绿色保障力增长趋势平稳，且权重略小。因此总水平指数受绿色增长度指标变化的冲击最为显著。

（二）中部区域绿色发展分指数变化特征分析

支撑长江经济带中部区域绿色发展总水平指数的一级指标：绿色增长度、绿色承载力和绿色保障力，2011～2015 年变化如图 5 - 2 所示。

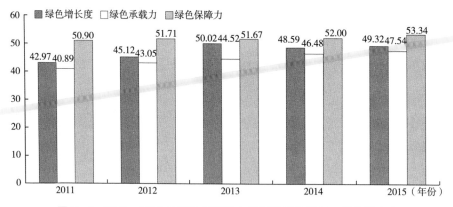

图 5 - 2　2011～2015 年长江经济带中部区域绿色发展一级指标变化

2011～2015 年，中部区域绿色增长度指数由 42.97 上升至 49.32，年均增长 3.5%，高于总水平指数增速，在三大板块位列第二；绿色承载力指数由 40.89 升至 47.54，年均增长 3.84%，远高于总水平指数增速，位居三大板块之首；绿色保障力指数由 50.90 上升至 53.34，年均增长 1.18%，远低于总水平指数增速。可见，与绿色增长度和绿色承载力比较，绿色保障力指数明显偏低，对总水平指数的支撑作用明显不及其他两项一级指标，未来对总水平指数的贡献提升空间较大。增长态势方面，绿色增长度在 2011～2013 年出现较快上升，年均增速达 7.89%，2013 年达到峰值 50.02 后，2014 年出现反转，跌至 48.59 后再缓慢上升；绿色承载力保持平稳，呈逐年增长趋势；绿色保障力则保持均一速度微弱上升，变动幅度极小。

构成绿色增长度的次级指标中，除结构优化变动不大外，创新驱动和开放协调都波动较大，创新驱动在 2013 年达到峰值后，2014 年和 2015 年持续下滑，而开放协调指标在 2012 年跌至谷底后就迅速反转上升。而构成绿色承载力的水资源利用和水生态治理，构成绿色保障力的绿色投入和绿色生活都因为增长趋势缓慢而平稳。这些次级指标变化的叠加，就构成了图 5－2 的情形。

长江经济带中部区域绿色发展总水平指数选取了 7 个二级指标：它们分别为结构优化、创新驱动、开放协调、水资源利用、水生态治理、绿色投入和绿色生活。其在 2011～2015 年的变化如表 5－1 所示。

表 5－1　2011～2015 年长江经济带中部区域绿色发展二级指标变化

二级指标	2011 年	2012 年	2013 年	2014 年	2015 年
结构优化	44.98	47.16	49.40	54.69	56.95
创新驱动	38.90	42.96	51.01	42.82	42.14
开放协调	51.60	46.44	48.34	49.93	50.84
水资源利用	47.15	51.39	53.21	56.40	57.02
水生态治理	37.63	38.70	40.00	41.31	42.59
绿色投入	40.60	40.86	41.41	40.54	41.94
绿色生活	67.03	68.69	67.74	69.93	71.20

表 5－1 中水资源利用和水生态治理变化平稳、逐年微幅上升，年均增

幅分别为 4.9%、3.1%；绿色投入和绿色生活变幅很小，但升幅不匀，绿色投入在 2014 年跌至最低点 40.54，尔后回升；绿色生活在 2013 年有所回落，此后一直上升；结构优化此间持续上升，但各年增幅不一，其中 2013～2014 年增幅最大，达到 10.72%；开放协调指标出现先降后平缓微升的变动趋势，2011～2012 年降幅达 10%，然后年平均升幅 3.07%；波动剧烈的指标当数创新驱动，2011～2013 年以年均 14.5% 的增幅从 38.9 快速攀升至峰值 51.01，然后以年均 9.1% 的速度下滑至 2015 年的 42.14，出现明显的倒"V"字形；但从 2011 年至 2015 年整个期间来看，年均增幅仅为 2.02%。

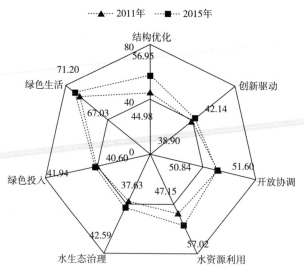

图 5-3　2011 年和 2015 年长江经济带中部区域绿色发展二级指标对比

通过 2011 年和 2015 年的数据结果分析，在 2011 年的基础上，2011～2015 年，中部区域各项二级指标均有不同程度的改善。

首先，结构优化、水资源利用和水生态治理明显趋优，分别从 2011 年的 44.98、47.15 和 37.63 跃升为 2015 年的 56.95、57.02 和 42.59，幅度较大；创新驱动指标持续向好，但仍有较大上升空间，其次，绿色投入和开放协调变幅不大。最后，绿色生活指标变化不明显，主要是因为该指标本身已处于高位，2011 年即已达到 67.03，虽仍有改善余地但大幅变动的空间不大。

　　首先，结构优化、水资源利用和水生态治理明显趋优，从构成二级指标的次级指标看，中部区域结构优化得分上升明显，主要是因为其次级指标三产增加值占 GDP 比重和二产劳动生产率及人均 GDP 指标迅速趋优，2015 年与 2011 年相比，三产增加值占 GDP 比重上升 17%，二产劳动生产率提高 22.7%，人均 GDP 增加 43.2%，致使各项得分均净增一倍有余。加之万元 GDP 能耗下降 27.9%，因此其指标得分有较大升幅。水资源利用得分上升主要来源于万元 GDP 水耗和工业用水效率两指标的贡献，2015 年万元 GDP 水耗和万元工业增加值用水量较之 2011 年分别降低 32.6% 和31.6%，使得前者得分翻倍，后者得分提升也较大，尽管消费需求升级下居民生活节水难度更大，但代表居民用水效率的指标人均生活用水量 2015 年较 2011 年仅仅上涨 6.8%。水生态治理指标中，湿地面积占比除 2013 年有跳跃变化属于统计原因外，其余指标得分主要缘于化学需氧量和氨氮这两类总量控制污染物排放强度明显下降，2011～2015 年分别下降 38% 和 39%，因此化学需氧量排放强度和氨氮排放强度得分大幅稳定提高，前者得分将近提高六倍，后者提高三倍多。且影响农业面源污染排放量的化肥和农药施用强度在 2011～2015 年基本持平并开始略有下降，说明中部区域污染性农业生产要素投入强度已步东部率先出现达峰下降后尘，处于止增状态，此外水生态治理的其他指标保持平稳。其次，创新驱动指标持续向好，尽管技术市场成交额增速和信息产业占 GDP 比重的得分略有下降，但 2011～2015 年万人发明专利授权量提高 107.9%，虽受经济增速下降的大环境影响，但新产品销售收入增速逆势上行，净增 134.7%；从而万人拥有科技人员数和万人发明专利授权量得分均提高一倍多，而新产品销售收入增速得分增加两倍多。再次，绿色投入和开放协调变幅不大，因为中部区域虽然节能环保支出占一般财政预算支出比例下降，但万人拥有环保人数将近增加一倍，说明环保队伍日益壮大，环保意识在加强；另外水利环境固定资产投资占比翻倍。最后，绿色生活指标变化不明显，主要是因为该指标本身已处于高位，2011 年即已达到 67.03。其次级指标中建成区绿化覆盖率、公共交通覆盖率、生活垃圾无害化处理率均稳定提升，但城市大气污染形势严峻，城市空气质量优良率指标由 2011 年的 88.8% 明显下降至 2015 年的 68.1%，突发环境事件次数（加权后）指标逐年增长，2011～2015 年增长 46.6%。

二 中部区域分省绿色发展评价

中部区域各省绿色发展水平总指数均为逐年上升，从 2015 年绝对水平来看，湖北最高，江西最低；就增速而言，湖北最高，江西最低，依次湖北、湖南、安徽、江西。就分指数而言，其中绿色生活指标得分江西省位居整个经济带 11 个省（市）榜首，湖南位列第四。三级指标中，江西的森林覆盖率、建成区绿化覆盖率、突发坏境事件次数（加权值）、单位耕地面枳农药使用量单项指标得分均在整个长江经济带中取得过单项第一。

（一）安徽省

安徽省 2011～2015 年的绿色发展总体水平指数如图 5–4 所示。

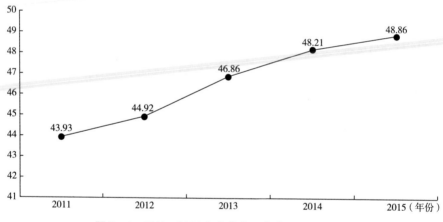

图 5–4 2011～2015 年安徽省绿色发展总水平指数

从图 5–4 中可以看出，安徽的绿色发展总水平指数变化趋势呈现先慢后快再变慢的上升趋势，最低点为 43.93，最高点为 48.86，平均年增速为 2.69%。这一趋势与其三个次级指标的变化趋势的叠加所形成，但与经济增长度的变化趋势更显一致。

从一级指标柱状图（图 5–5）中，很容易发现，绿色承载力和绿色保障力指标保持微幅增长，年均增幅分别为 1.8% 和 3.8%。绿色承载力在前四年变化稍快，2015 年得分在前一年基础上仅微弱增加，在支撑绿色承载

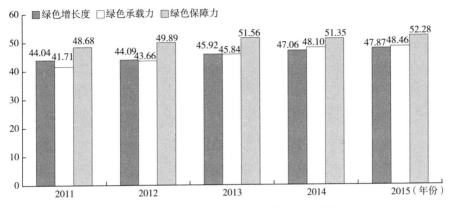

图 5 - 5 2011～2015 年安徽省绿色发展一级指标变化

力的大多数三级指标都出现了这一趋势，指标变动的指向也基本一致。至于绿色保障力 2014 年得分在 2013 年的基础上出现下降，其后继续上升，这缘于其次级指标绿色生活中的城市空气质量优良率及反映绿色投入财政节能环保支出占比都在 2014 年出现回落。

表 5 - 2 2011～2015 年安徽省绿色发展二级指标变化

二级指标	2011 年	2012 年	2013 年	2014 年	2015 年
结构优化	46.46	48.02	49.96	51.96	53.45
创新驱动	42.06	40.09	41.53	41.84	42.02
开放协调	43.36	46.04	48.98	50.33	51.30
水资源利用	45.87	49.07	51.27	55.90	54.91
水生态治理	39.55	40.83	43.00	44.04	45.10
绿色投入	39.34	40.20	40.63	39.59	40.03
绿色生活	63.32	65.07	68.66	69.77	71.48

从表 5 - 2 中可以看出，7 个指标变幅均不大，尤其是绿色投入和创新驱动，2015 年和 2011 年的指标值基本持平，但二者变化趋势也略存差异，其中创新驱动 2011～2012 年得分从 42.06 降至 40.09，降幅 4.7%，然后以 1.6% 的增幅，在 2015 年达到 42.02。而绿色投入却始终只有微弱波动，峰值在 2013 年取得。结构优化指标上升平稳，年均增幅为 3.57%；水资源利用指标前三年保持上升，2014 年达到最高点 55.90，而后下降至54.91；开放协调指标 2013 年之前增速较快，保持在 6.3%，其后年均增

幅为 2.34%，减速明显；绿色生活基本保持匀速上升，年均增速保持在3.08%，其中 2012～2013 年上升最快，增速为 5.53%。

从绿色发展二级指标的雷达图（图 5-6）中可以看出，由本绿色发展体系衡量，安徽省 7 个二级指标整体而言，不均衡。从 2011 年和 2015 年指标得分看创新驱动和绿色投入提升微弱，究其原因，是构成创新驱动的次级指标中信息产业占 GDP 比重的得分持续小幅下降，而新产品销售收入增速则大幅下降，从 2011 年的 11.07% 降至 2015 年的 -1.81%，对应归一化指标接近腰斩，极大拉低创新驱动的总体得分，而表征绿色投入的三个次级指标中财政节能环保支出占比与万人拥有环保人员数均无明显趋势，仅有微幅波动，加之水利环境固定资产投资占比一直减小，这些变化的叠加消减了绿色投入总体指标升降幅度。得分增幅最大的是水资源利用，主要是因为其次级指标中万元 GDP 水耗、农业用水效率、工业用水效率三个指标虽然在 2014～2015 年有所回落，但总体趋势都是明显上升，特别是万元 GDP 水耗指标得分年均增幅达 30.7%，其他二者也分别在 8% 和 11% 之上。从而在总体上保证了水资源利用指标年均 4.6%的增速。另外开放协调、水生态治理、结构优化指标在考察期间得分均有较大幅度提升。

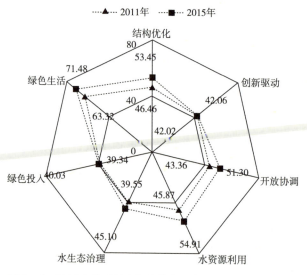

图 5-6　2011 年和 2015 年安徽省绿色发展二级指标对比

（二）江西省

江西省 2011～2015 年的绿色发展总体水平指数如图 5-7 所示。

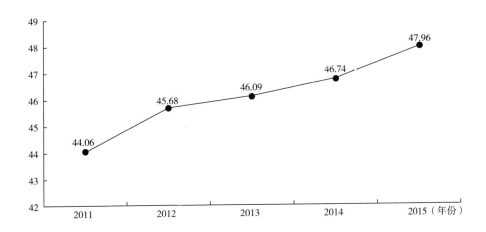

图 5-7　2011～2015 年江西省绿色发展总水平指数

如图 5-7 所示，江西的绿色发展总水平指数变化曲线呈现前半段上凸而后半段下凸，也就是前段速度由快而慢，而后段由慢而快的上升趋势。最低点为 44.06，最高点为 47.96，整个考察期间平均年增速为 2.14%。这一趋势虽由其三个次级指标的变化叠加所致，但与绿色承载力的变化趋势更为合拍。

表征一级指标的柱状图（图 5-8）显示，江西绿色发展指标体系中，绿色增长度和绿色承载力指标整个考察期总体上均保持增长态势，年均增幅分别为 1.77% 和 3.8%，后者增速达前者两倍多。绿色承载力在前两年增幅稍快，后三年每年得分在前一年基础上仅微弱增加，绿色增长度 2014 年指标得分在 2013 年的基础上不升反降，但 2015 年的回升保证了整个考察期的上升趋势。2014 年得分的下降主要由于其次级指标创新驱动在 2012～2014 年持续下降，由于降幅掩盖其他指标得分的上升所造成。至于绿色保障力 2013 年得分在 2012 年 56.90 的基础上跌至 54.87，尔后两年持续上升，但由于升幅过小，致使 2015 年的分值仍然低于 2012 年得分，这主要缘于其次级指标绿色生活前三年的持续下跌，且绿色投入在 2014 年出

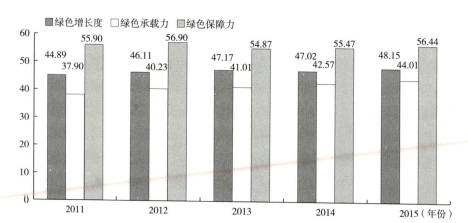

图 5 - 8　2011～2015 年江西省绿色发展一级指标变化

现小幅回落。

2011～2015 年江西省绿色发展状况的二级指标的衡量结果见表 5 - 3。

表 5 - 3　2011～2015 年江西省绿色发展二级指标变化

二级指标	2011 年	2012 年	2013 年	2014 年	2015 年
结构优化	50.31	52.70	54.73	56.17	57.26
创新驱动	39.09	39.62	39.21	37.56	38.70
开放协调	47.92	48.54	51.82	52.08	53.31
水资源利用	40.79	45.81	45.99	48.24	50.67
水生态治理	36.40	37.32	38.41	39.61	40.53
绿色投入	36.56	38.64	38.91	38.42	39.54
绿色生活	86.18	85.51	79.87	82.18	82.90

从表 5 - 3 中可以看出，7 个指标变幅不一，其中创新驱动和绿色生活 2015 年的指标值与 2011 年相比均出现总体趋势下降，其中创新驱动 2014 年与 2012 年相比得分从 39.62 降至 37.56，降幅 2.71%，然后以 3.05% 的年增幅，在 2015 年达到 38.70，仍然没有“收复失地”，总体处于下降态势。而绿色生活 2011～2013 年以年均降幅 3.88% 的速度持续走下，特别是 2012～2013 年跌幅达 7.1%，然后以 1.88% 的年均增速持续上升，谷值为 79.87。结构优化指标上升平稳，年均增幅为 3.2%，速度极为平稳；水

资源利用指标始终保持上升，增速 2011~2012 年达 12.3%，最后平缓增至 50.67。绿色投入指标整体趋势保持上升，在 2014 年一度反降，整个考察期年均增速为 1.98%。开放协调指标 2012~2013 年增速较快，保持在 6.8%，但总体年均增幅为 2.7%；水生态治理基本保持匀速上升，年均增速保持在 2.7%，反映出水生态持续稳步改善，水污染治理工作平稳有序进行。

从江西省绿色发展二级指标的雷达图（图 5-9）中可以看出，由本绿色发展体系衡量，江西省 7 个二级指标整体而言，与安徽相比更不均衡。其中绿色生活指标 2011 年得分即为 86.18，2015 年有所降低，达 82.90，可谓一枝独秀，在中部区域独占鳌头，乃至在长江经济带各省中也是排名第一；其原因在于，在本研究中，支撑江西省的绿色生活指标的三级指标中，有森林覆盖率、建成区绿化覆盖率，以及突发环境事件次数都有得满分的年份，尤其是森林覆盖率各年均排名榜首，而且城市空气质量优良率指标得分也较高，从而在整体上推高该指标的得分，同时建成区绿化覆盖率和万人拥有公共交通车辆（标台）这两个指标得分逐年降低，从而造成该省的绿色生活指标得分虽然高位运行，但 2015 年得分较 2011 年有所下降。而创新驱动、绿色投入、水生态治理三个指标得分都偏低，结构优

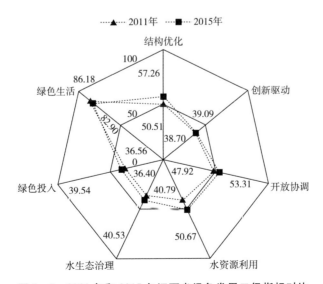

图 5-9　2011 年和 2015 年江西省绿色发展二级指标对比

化、水资源利用和开放协调得分处于中间位置，故此 7 个二级指标整体看起来有点呈犄角发展的情形。但从纵向来看，2015 年指标得分与 2011 年相比，水资源利用、开放协调、结构优化指标得分有明显提升，分别由 40.79、47.92、50.51 上升为 50.67、53.31、57.26。得分略有下降的有：创新驱动、绿色生活两个指标。绿色生活下降原因已如前所述；创新驱动得分之所以下降，源于其次级指标中新产品销售收入增速降低、万人发明专利授权量有所下降所致。

（三）湖北省

湖北省 2011～2015 年的绿色发展总体水平指数如图 5－10 所示。

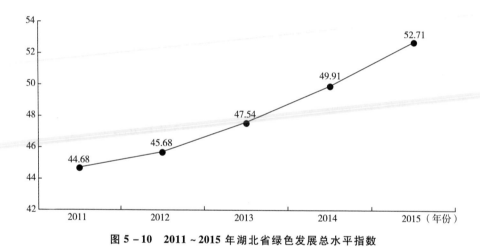

图 5－10　2011～2015 年湖北省绿色发展总水平指数

图 5－10 中显示，湖北省绿色发展总水平指数变化曲线呈现下凸的抛物线，表明其增加是由慢而快地上升。最低点为 44.68，最高点为 52.71，整个考察期间平均年增速为 4.21%，位列中部省份第一。这一趋势虽由其三个次级指标的变化叠加所致，但与绿色增长度的变化趋势一致，而与绿色承载力变速趋势相反。

一级指标的柱状图（图 5－11）显示，绿色承载力指标得分持续增加，增速由慢而快，年均增速超过 6.5%，对湖北而言，该指标的强势变动基本决定了湖北绿色发展总水平的走向，也即绿色增长度指标为湖北绿色发展总水平提供了足够的支撑。绿色承载力得分保持温和平稳增长，年均增

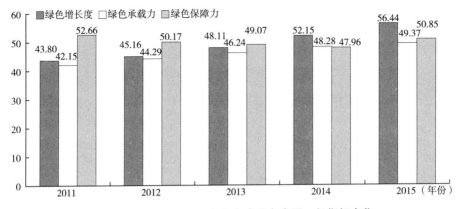

图 5 - 11 2011～2015 年湖北省绿色发展一级指标变化

速 4%，绿色保障力指标先降后升，前四年都在降低，以 3% 的速度从 2011 年 52.66 的得分下降至 2014 年的 47.96，2015 年又回升至 50.85；这主要是因为其次级指标绿色投入得分自 2011 年至 2014 年一直在下降，而后虽有回升，但幅度不大，且绿色生活指标在 2012～2015 年也是出于先降后升的局面，二者叠加就形成了绿色保障力指标的变化态势。

表 5 - 4 展示的是 2011～2015 年湖北省绿色发展状况的二级指标得分的衡量结果。

表 5 - 4 2011～2015 年湖北省绿色发展二级指标变化

二级指标	2011 年	2012 年	2013 年	2014 年	2015 年
结构优化	44.69	47.73	50.50	57.83	61.85
创新驱动	42.30	42.29	44.96	46.75	52.23
开放协调	46.48	47.44	51.94	53.47	54.22
水资源利用	50.21	54.42	56.30	59.27	58.71
水生态治理	37.96	39.02	41.00	42.55	44.51
绿色投入	46.69	41.28	41.18	39.17	42.50
绿色生活	62.01	64.08	61.42	61.72	63.92

表 5 - 4 显示，湖北省绿色发展 7 个衡量指标得分变动，相较中部其他省而言，幅度更大，其中尤以绿色投入和结构优化变动最为剧烈，但二者趋势明显不同，前者先降后升，2015 年和 2011 年相比数值差距不算大，略大于 4，但中间波幅较大，而后者则始终保持急速上升态势。2011 年仅

为 44.69，到 2015 年就已冲破 60 关口，达到 61.85，年均增幅达 8.5%。水资源利用指标 2011 年开始保持上升，2014 年达到最高点 59.27，而后降至 58.71，年均增长率为 3.99%，水生态治理指标得分以年均增速 4% 的速度基本保持匀速上升。创新驱动得分增加先慢后快，2011～2014 年增加较慢，得分从 42.30 增至 46.75，年均增速为 3.4%，然后以 11.7% 的增速，在 2015 年达到 52.23。开放协调指标和同为中部省份的安徽类似，2013 年之前增速较快，保持在 5.7%，其后年平均增速为 2.17%，明显减缓。绿色生活指标其中 2012 年为最高点，2011～2012 年增加，其后走出一个 "U" 字形曲线，总体年均增速仅为 0.76%。

从湖北省绿色发展二级指标的雷达图（图 5－12）中可以看出，依照本绿色发展体系衡量，湖北省 7 个二级指标相较同处于中部区域的其他三个省份，整体而言，均衡度最佳，在整个长江经济带 11 个省（市）中，各指标均处于中游位置。纵向观察，从 2011 年和 2015 年指标得分看绿色生活提升微弱，究其原因，是构成绿色生活的次级指标中建成区绿化覆盖率的得分持续小幅下降，城市空气质量优良率则大幅下降，从 2011 年的 0.7389 降至 2015 年的 0.2212，而万人拥有公共交通车辆（标台）得分小幅上升，生活垃圾无害化处理率大幅上升从 0 升至 0.7821，剩余的三个变量（包括森林覆盖率、建成区绿化覆盖率、突发环境事件次数）得分几乎

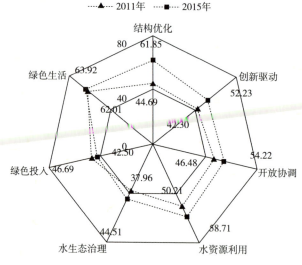

图 5－12　2011 年和 2015 年湖北省绿色发展二级指标对比

恒定。比较反常的是绿色投入指标，得分不升反降，而表征绿色投入的三个次级指标中水利环境固定资产投资占比与万人拥有环保人员数增幅微小，加之财政节能环保支出占比得分降幅较大，归一化结果从 2011 年的 0.6377 一直减小到 2015 年的 0.3801，几乎失分过半，这些变化的叠加消减了绿色投入总体指标变动幅度。但也拉低了绿色投入指标的总体得分。得分增幅最大的是结构优化指标，因为支撑它的四个次级指标中有三个在考察期间得分都将近翻了一倍，另一指标万元 GDP 能耗几乎提高两倍。说明湖北在结构优化方面是协调推进，总体提升。另外创新驱动、开放协调、水资源利用以及水生态治理指标得分均有明显提升，特别是创新驱动的技术市场成交额指标得分归一值从 0.1488 增加到 1，年均增幅达 61%，工业用水效率得分年均增速为 26.8%。从而在总体上保证了水资源利用指标年均 3.99% 的增速。充分表明湖北省将"创新湖北"作为"五个湖北"建设的关键，先后出台 30 余项政策文件，不断完善科技体制改革框架，持续为科技创新创业清障搭台，成果突出，实效显然。

（四）湖南省

湖南省 2011~2015 年的绿色发展总体水平指数如图 5-13 所示。

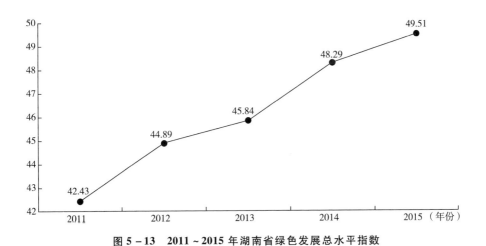

图 5-13　2011~2015 年湖南省绿色发展总水平指数

如图 5-13 所示，湖南省的绿色发展总水平指数最低点为 42.43，最高点为 49.51，整个考察期间平均年增速为 3.93%，其变化曲线呈现逐年快慢交替的折线上升。与三个次级指标绿色增长度、绿色承载力和绿色保障力的变化节律一致。

从一级指标柱状图（图5－14）中，很容易发现，绿色增长度指标得分增速最快，考察期间由40.18升至49.22，年均增速为3.9%，虽然其三个次级指标都呈上升趋势，但增速主要由结构优化所提供，其余二者增幅不大。绿色承载力和绿色保障力指标保持微幅增长，年均增幅分别为3.5%和2.2%。

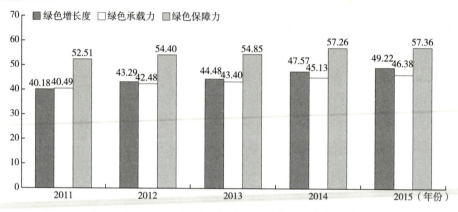

图5－14　2011～2015年湖南省绿色发展一级指标变化

2011～2015年湖南省绿色发展状况二级指标的衡量结果见表5－5展示。

表5－5　2011～2015年湖南省绿色发展二级指标变化

二级指标	2011年	2012年	2013年	2014年	2015年
结构优化	43.68	46.42	48.95	56.48	59.44
创新驱动	36.31	40.24	40.15	39.76	40.32
开放协调	43.07	44.29	45.81	47.23	48.57
水资源利用	47.31	51.21	53.56	56.05	57.73
水生态治理	36.93	37.93	38.10	39.44	40.46
绿色投入	40.98	43.09	44.92	45.83	46.24
绿色生活	70.56	72.12	70.40	75.16	74.76

从表 5-5 中可以看出，7 个指标的得分除了结构优化外，其他 6 个指标变幅均不大，尤其是开放协调和水生态治理，2015 年比 2011 年的指标值略有升高，二者变化形态也差异甚微，其曲线图表现平缓而稳定持续的增加，年均增幅分别为 3.05% 和 2.3%。创新驱动和绿色生活指标与开放协调和水生态治理相比虽然变动幅度也不大，年均增幅分别为 2.66% 和 1.46%；但曲线走向波动性明显，不像开放协调和水生态治理平缓，创新驱动的总体得分从 2011 年的 36.31 快速上升到 2012 年的 40.24 后，就始终以方差约 0.5 围绕 40 徘徊，而绿色生活得分的最低值是在 2013 年取得。水资源利用和绿色投入指标也均有不同程度的提升，年均增幅分别为 5% 和 3%，且增幅平稳。七个二级指标中当数结构优化升幅最大，年均增幅为 8%，从最低点 2011 年的 43.68 升至 2015 年的 59.44；其中以 2013~2014 年增幅最大，达 15.4%，与其间湖南省万元 GDP 能耗较大下降和工业劳动生产率指标明显趋优关系密切。

图 5-15 以雷达图的形式展示湖南省绿色发展二级指标。从中可以看出，表征湖南省绿色水平的 7 个具体方面都有不同程度的发展，但美中不足的是均衡度欠佳，今后尚有较大改进空间。总体而言，其中的亮点有：绿色生活指标一直得分较高，而且还在提升，虽然各年指标有升降波动，

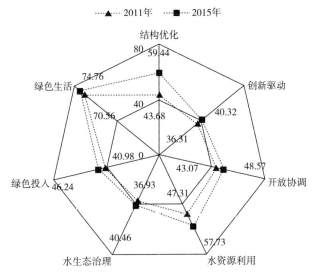

图 5-15　2011 年和 2015 年湖南省绿色发展二级指标对比

但总的趋势是在不断改进之中。从它的次级指标来看，森林覆盖率、生活垃圾无害化处理率和突发环境事件次数等指标均得分较高，其归一化值均在 0.75 以上，而且生活垃圾无害化处理率得分持续走高，2015 年达到 99.49%。结构优化和水资源利用指标均处于各省（市）中游水平，而且提升幅度较大，与 2011 年相比，湖南的结构优化指标得分 2015 年为 59.44，净增约 16 分，这主要其各项如人均 GDP、三产占比、能耗的次级指标均有较大改善，尤其是工业劳动生产率指标得分将近增加两倍，说明湖南的供给侧改革成效显著，结构更趋优化。水资源利用指标 2011 年与 2015 年指标得分提升幅度也较大，得分净增 10，年均增幅 5%，究其原因，是支撑水资源利用的次级指标中所有指标得分均有不同程度的提升，其中尤以万元 GDP 水耗得分将近增加一倍。年均增幅超过 17%。工业用水效率指标得分增加将近 57.5%，人均生活用水量则净增 16.6%。此外从数据和图形上看，绿色投入、水生态治理、开放协调、创新驱动等指标在考察期间得分均有一定程度的增加，但和发展较好的省份对比，则仍有一定的差距，也说明今后改进和发展仍有较大的空间。

湖南是全国唯一的"两型"社会试验区，在绿色发展方面进行了先行探索，积累了一批宝贵经验，这是湖南推进绿色发展的坚实基础，并为整个长江经济带中部区域绿色发展提供了鲜活的实践参照和借鉴。

三　中部区域绿色发展的主要问题

长江经济带中部区域的绿色发展总水平指数的水平值目前在三大区域板块中位居末位，但总水平指数的提升速度在三大板块中位列第二。其中绿色承载力指标增速雄列三大板块榜首，绿色增长度增速则位居第二。7 项二级指标中，中部板块的结构优化、创新驱动、开放协调、绿色生活等 4 项指标居于三大板块第二位，绿色生活指标江西省位居整个经济带 11 省（市）榜首，湖南位列第四。三级指标中，江西的森林覆盖率、建成区绿化覆盖率、突发环境事件次数（加权值）、单位耕地面积农药使用量单项指标均在整个长江经济带中取得过单项第一。说明中部区域特别是部分省份社会经济发展模式向绿色经济转型已经有所进展，提升速度较快，潜力巨大，但由于起点偏低，加之长期传统粗放式经济发展及梯度发展政策的影响，尤其是受国内外经济发展环境以及生态治理的区域格局影响，中部区域在绿色发展方面依然存在如下问题和挑战。

总体来看，中部区域绿色发展总体滞后于整个长江经济带的绿色发展水平，无论是总体指标的水平值还是年均增速，绝大多数指标都低于经济带的总体水平。与东部区域各项指标差距更大，尤其是水平值，无论是总水平指数，还是一级指标绿色承载力和绿色保障力，指标评分甚至低于西部区域的对应值，充分说明中部区域绿色的发展基点低抑或生态优势和自然禀赋相对欠缺，因此作为区域板块，整体绿色发展压力较大。

（一）开放协调与创新驱动仍是主要短板

中部区域增长类指标的绿色化程度提升，水平值高于西部区域，增速接近全经济带的水平。产业结构的优化进程加快，创新力度持续加大，科技投入有所增强，产出类指标维持持续走强状态，因受世界经济复苏前景不确定的影响，外商投资增速趋缓。2011～2015 年，首先，各项增长类指标的绿色化指标明显提升，已如前两节详细分析，尤其是产业结构调整加快，绿色化度明显提升，结构优化类指标对绿色增长度指标的总体贡献达到 47.63%，且以年均增速 6.07% 提升，但距东部区域各项同类指标仍有一定差距。其次，中部区域科技投入尚待加强，虽然科技创新的经费投入保障、人员投入强度均不断加大，2015 年的 R&D 经费投入强度和万人拥有科技人员数分别较 2011 年均有不同比例增加，科研产出类指标如万人发明专利授权量等人均科技成果也有所提升，新产品销售收入增速上升明显，可谓中部创新驱动发展的一大亮点，但技术市场成交额增速及信息产业占 GDP 比重却上下徘徊，创新驱动指标增速仅为 2.02%，对绿色增长度指标贡献为 39.7%，仍有较大提升空间。可见科技成果转化的活跃程度和科技创新效益尚需进一步提升，这才是创新驱动的持续推动力所在。整个中部区域可以借鉴推广湖北科技成果转化和科研政策管理的优秀经验。推动科技成果从实验室快速转变成真正具有市场潜力、消费者欢迎的现实产品，从而更好地成为现实生产力，以创新驱动来助推经济的高效化和绿色化。再次，开放协调方面是中部区域绿色发展的短板，其贡献度仅为 12.7%，2011～2015 年年均增速为 -0.37%，低于中部区域年均增速

1.31%；这其中固然有区位的原因，但低于西部区域 2.62% 的年均增速，可见并不是单纯用区位优势可以解释的了。鉴于此，应借助"一带一路"倡议的大好机遇，通过深度开放，积极开拓国际市场和国内市场，调配区域内外资源，推动区域均衡协调发展，通过外部借力，内部挖潜，让人民共享发展成果，凝集发展合力，补齐中部开放协调这一发展的短板。

（二）水资源利用和生态治理形势相对严峻

中部区域绿色发展的生态承载和资源利用情况总体向好。中部区域水资源利用效率持续提高，环境污染总体下降，但部分指标依旧逆行，治污能力有待加强。水生态治理依旧任重道远。中部区域属丰水区域，其绿色承载力有得天独厚的优势，加上中部区域特别是湖南在探索"两型"发展的经济社会绿色发展之路已积累丰富经验，因此中部区域绿色承载力指标年均提升速度位居三大板块之首，跑赢整个长江经济带。从水资源的利用效率来看，中部区域起点不高，但指标得分提升速度很快，年均增速为 4.87%，高于东、西部的 3.70% 和 4.47%。单位经济产出的水资源消耗量大幅度下降，万元 GDP 水耗、万元农业增加值水耗、万元工业增加值水耗均下降明显，"两型"和绿色发展的理念在生产部门得以贯彻，特别是工业发展中，单位经济产出的水耗持续大幅下降，农业在 2013 年出现万元增加值水耗升高，其后持续降低，因为农业受天气等诸多因素的影响，难免出现波动，人民生活用水在 2012 年出现下降以后，一直保持增加态势，原因之一是中部区域水资源丰富，水资源供应充足，难以在短期形成节水理念以及制度和资源的有效约束，另外，人们消费需求的上升也助推了生活用水量的增加。伴随经济社会的不断发展，人们对自身赖以生存的环境日益关注，环保意识的增强，防污治污设施的不断完善，加之经济和控污治污技术日渐提高，城市和工业污染治理能力逐步增强，具体表现为人均城市污水处理能力虽不同年份有所波动，但总体是在提升；化学需氧量及氨氮这两类总量控制水污染物的排放强度逐年持续下降。农业面源污染治理稍有滞后，污染性农业生产要素施用强度如农药用量已多年持续下降，但单位耕地面积化肥施用量在 2011～2014 年仍略有攀升，至 2015 年才出现降低。湿地面积占比略有增加，水生态治理指标得分年均增幅为 3.15%，在三大区域中位列第二，距东部区域尚有不小差距。同时也拉低了中部区域整个绿色承载力指标上行速度。总体而言，中部区域水生态保护和治理形势仍不容乐观。

（三）硬件投入与思想理念提升仍待同步发展

一个区域的绿色发展既要资金、人才方面的投入，又需对人们生活观念、行为的培育和引导，从两个方面形成了绿色发展的保障。首先，中部区域对绿色发展的各类要素总量上保持了较大投入力度，如水利环境固定资产投资占比在 2015 年较 2011 年上升了 27.6%，万人拥有环保人员数在 2015 年较 2011 年累计提高了 13.98 个百分点。虽然财政节能环保支出占比逐年下跌，但由于公共财政支出基数较大，而逐年提高不明显，故此财政节能环保支出绝对量仍在保持递增。这也表明随着环保基础设施的逐步完善，常年保持大规模环保设施投入的可能性不大，由于环境保护投资的外部性，亟须建立一个政府、市场、企业共同参与，互为补充的长效机制，改变由财政投入的单一资金来源，以及农村环保设施中重建轻管现状。借此改善基础设施的投入、运管和更新模式，形成富有活力和效率的环保市场，提供社会所需的环保服务和生态安全。其次，中部区域绿色消费理念已深入人心，绿色生活方式较为普及，整个区域生活垃圾无害化处理率急速提高，2011 年仅为 79.8%，2015 年即已上升到 96.4%，接近100%，公共交通覆盖率持续增加，突发环境事件次数有所上升，从一个侧面说明人们环保意识有所增强，森林覆盖率和建成区绿化覆盖率两项指标基本稳定，特别是森林覆盖率位列三大区域榜首。尤其是江西有多项指标高居整个经济带之首。但城市空气质量状况堪忧，大气污染形势严峻，并且近年有所恶化，严重地威胁到人们的身体健康。政府需要加强生态文明宣传教育引导，强化公民环境意识，推动形成绿色低碳、文明健康的生活方式和消费模式。

第六章

长江经济带西部区域
绿色发展评价

长江经济带西部区域包括四川、重庆、贵州和云南 4 省（市），属于全经济带社会经济欠发达的区域板块，有着良好的生态环境和自然禀赋，推进绿色发展具有得天独厚的优势，同时由于地处长江经济带上游，其绿色发展的进展和成效对中下游地区会产生非常重要的影响。本章对西部区域以及四川、重庆、贵州和云南 4 省（市）的绿色发展总指数、3 项一级指标、7 项二级指标和相应的三级指标在 2011～2015 年的变动趋势和特点进行了测评与分析，并在此基础上提出现阶段西部区域绿色发展面临的问题与挑战。

一 西部区域绿色发展总体评价

利用表 2-2 设计的评价指标体系，基于 2011～2015 年统计数据对长江经济带西部区域绿色发展指数进行了评价。2011～2015 年，西部区域绿色发展总指数和分项指数总体呈稳步上升趋势，部分指标部分年份出现一定幅度下滑。2015 年，西部区域的绿色发展指数低于长江经济带总体和东部区域，但高于中部区域；绿色保障力指数高于经济带平均值、东部区域和中部区域，绿色承载力指数高于中部区域但低于经济带总体和东部区域，绿色增长度指数位居三大区域最末。

（一）西部区域绿色发展总指数变化特征分析

2011～2015 年，长江经济带西部区域绿色发展总体水平呈稳步上升态势，从 2011 年的 46.74 升至 2015 年的 52.47，增长了 12.26%，年均增长 2.93%，其中 2011～2014 年指数增幅较大，为 1.65～1.85，2014～2015 年增幅较小，为 0.46（图 6-1）。从一级指标来看，绿色增长度和绿色承载力是总体指数增长的主要因素，2011～2015 年，绿色增长度和绿色承载力增幅分别为 5.46 和 7.19；绿色保障力增幅相比较小，为 3.12。与长江经济带总体和其他两大区域比较看，西部区域的绿色发展指数低于长江经济带总体和东部区域，但高于中部区域，在三大区域中处于中游水平，2015 年，西部区域绿色发展指数分别比长江经济带总体和东部区域低 3.88 和 9.32，比中部区域高 3.15。从一级指标的比较来看，绿色保障力表现最好，绿色承载力次之，绿色增长度最差，2015 年，西部区域绿色保障力指数分别比长江经济带总体、东部区域和中部区域高 2.19、1.88 和 3.55。

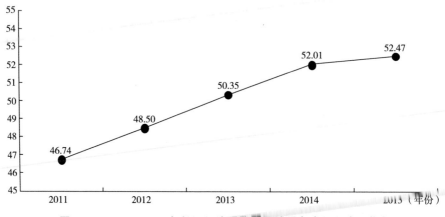

图 6 - 1　2011 ~ 2015 年长江经济带西部区域绿色发展总水平指数

（二）西部区域绿色发展分指数变化特征分析

2011 ~ 2015 年，西部区域绿色发展一级指标呈逐步上升态势，绿色增长度从 40.53 升至 45.99，增幅为 5.46，年均增长 3.21%；绿色承载力从 50.56 升至 57.75，增幅为 7.19，年均增长 3.38%；绿色保障力从 53.77 升至 56.89，增幅为 3.12，年均增长 1.42%（图 6 - 2）。绿色增长度指数的上升主要得益于结构优化指数的快速拉升，但由于创新驱动和开放协调指数上涨速度较慢，使得绿色增长度总体增幅小于绿色承载力；绿色承载力指数的增长得益于水资源利用和水生态治理指数的快速上升，其中水资源利用指数在较高水平上实现了快速增加，拉动作用更强。2011 ~ 2015 年，3 项一级指标总体呈上升态势，但 2014 ~ 2015 年的绿色增长度和 2012 ~ 2013 年的绿色保障力出现了小幅下滑，分别下降了 0.15 和 0.77。从三个指标的比较来看，绿色承载力和绿色保障力的表现更好，2011 ~ 2012 年，绿色保障力指数优于绿色承载力指数且差距较大，2013～2015 年，绿色承载力指数优于绿色保障力指数且差距较小，2015 年，绿色承载力指数和绿色保障力指数均在 55 以上，分别比绿色增长度指数高 11.76 和 10.9，绿色增长度指数仍有较大提升空间。

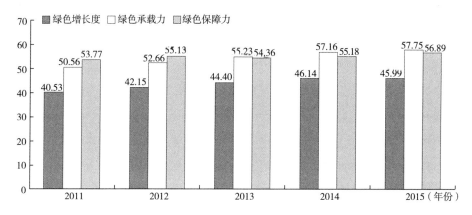

图 6 - 2　2011～2015 年长江经济带西部区域绿色发展一级指标变化

2011～2015 年，西部区域绿色发展二级指标总体呈上升态势，但部分指标部分年份出现了一定幅度下滑，其中，结构优化、开放协调和水生态治理指数实现了连续上涨，创新驱动、水资源利用、绿色投入和绿色生活指数为波动中上涨。2011～2015 年，西部区域结构优化指数从 42.45 提升至 53.02，年均增长 5.72%，增速在七项指标中排名第一；创新驱动指数从 38.83 提升至 40.02，年均增长 0.76%，总体趋势为逐步上升之后的下滑态势；开放协调指数从 40.55 提升至 44.98，年均增长 2.62%；水资源利用指数从 60.88 提升至 72.51，年均增长 4.47%；水生态治理指数从 45.18 提升至 50.06，年均增长 2.6%；绿色投入指数从 45.50 提升至 48.29，年均增长 1.5%；绿色生活指数从 66.74 提升至 70.36，年均增长 1.33%（表 6 - 1）。从指标的比较来看，水资源利用和绿色生活指数表现最好，2011～2015 年，绿色生活指数均在 65 以上，水资源利用指数均在 60 以上，且增长速度快于绿色生活指数。结构优化、水生态治理和绿色投入指数的表现也较好，2011～2015 年，水生态治理和绿色投入指数均高于 45，结构优化指数虽然起步阶段得分较低，但增速明显快于水生态治理和绿色投入指数。

表 6-1 2011~2015 年长江经济带西部区域绿色发展二级指标变化

二级指标	2011 年	2012 年	2013 年	2014 年	2015 年
结构优化	42.45	44.79	48.30	50.46	53.02
创新驱动	38.83	40.13	41.32	42.81	40.02
开放协调	40.55	40.95	42.92	44.26	44.98
水资源利用	60.88	64.79	69.06	72.83	72.51
水生态治理	45.18	46.34	48.02	49.00	50.06
绿色投入	45.50	46.44	45.70	45.88	48.29
绿色生活	66.74	68.75	67.93	69.76	70.36

2011~2015 年，西部区域绿色发展 7 项二级指标都出现了不同幅度增长，其中，水资源利用和结构优化指数增幅最大，分别为 11.63 和 10.57，水生态治理和开放协调指数的增幅也较大，分别为 4.88 和 4.42，绿色生活、绿色投入和创新驱动指数增幅较小，分别增加了 3.62、2.79 和 1.2（图 6-3）。从三级指标来看，2011~2015 年，结构优化指数的 4 项三级指标都实现了不同幅度优化，共同拉动指数的大幅提升；创新驱动指数的 6 项三级指标中，虽然万人拥有科技人员数和万人发明专利授权量实现了快速增长，2015 年相比 2011 年分别增长了 145.99% 和 48.28%，但由于技

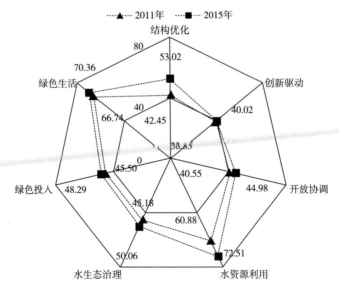

图 6-3 2011 年和 2015 年长江经济带西部区域绿色发展二级指标对比

术市场成交额增速由 2011 年的 5.6% 降至 2015 年的 -1.38%，加之信息产业占 GDP 比重和新产品销售收入增速两项指标提升幅度较小，导致创新驱动指数整体表现比较平缓；开放协调指数的 5 项三级指标中，城镇化率和城乡居民收入比两项指标表现最好，城镇化率由 2011 年的 41.38% 提升至 2015 年的 47.65%，城乡居民收入比从 2011 年的 3.39 降至 2015 年的 2.85，出口交货值相对规模和外商投资企业投资总额增速实现了小幅提升，使得开放协调指数实现了一定幅度拉升；水资源利用指数中，万元 GDP 水耗、万元农业和工业增加值用水量都实现了大幅下降，万元 GDP 水耗从 2011 年的 123.38 立方米/万元降至 2015 年的 84.72 立方米/万元，降幅达 31.34%，万元农业和工业增加值用水量分别降低了 98.77 立方米/万元和 27.02 立方米/万元，降幅分别为 19.78% 和 37.18%，3 项指标的大幅下降共同拉动了水资源利用指数的大幅抬升；水生态治理指数中，湿地面积占比实现了较大幅度增加，从 2011 年的 1.17% 增加至 2015 年的 2.41%，增长了 106.42%，化学需氧量排放强度和氨氮排放强度分别下降了 40.23% 和 40.19%，使得水生态治理指数也实现了较大幅度提升；绿色生活指数中，虽然城市空气质量优良率有一定幅度下滑，但生活垃圾无害化处理率的大幅增加以及突发环境事件次数的大幅降低共同拉动了绿色生活指数的抬升，2015 年相较于 2011 年，生活垃圾无害化处理率提升了 7.55 个百分点，突发环境事件次数下降了 43.66%。

二 西部区域分省（市）绿色发展评价

2011~2015 年，西部区域四省（市）绿色发展总水平指数均呈逐年递增态势，各分项指数呈波动上升态势。从四省（市）比较来看，重庆市表现最好，贵州省总指数、绿色承载力指数和绿色保障力指数均位居第 2 位，四川省绿色增长度指数位居第 2 位，云南省总指数、绿色增长度指数和绿色承载力指数位居第 4 位，绿色保障力指数位居第 3 位。从指标之间的比较看，绿色保障力指数总体表现最好，绿色承载力指数次之，绿色增长度指数位居末位，其他如水资源利用指数和绿色生活指数的表现也较好。

（一）重庆市

按照评价体系表 2 - 2，基于 2011~2015 年统计数据对重庆市绿色发展水平进行了测评，结果如图 6 - 4 所示。

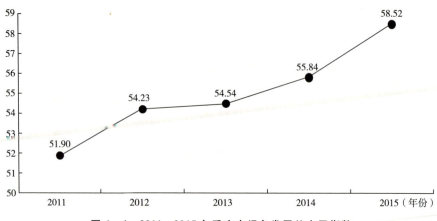

图 6 - 4　2011～2015 年重庆市绿色发展总水平指数

2011～2015 年，重庆市绿色发展总水平指数呈现稳步上升态势，从 2011 年的 51.90 增长至 2015 年的 58.52，增幅为 6.62，2015 年相比 2011 年增长了 12.75%，年均增长 3.05%，其中，2011～2012 年和 2014～2015 年增长较快，2012～2014 年增长较缓（图 6 - 4）。从一级指标看，绿色增长度和绿色承载力指数是总指数增长的主要拉动因素，2015 年相比 2011 年分别增长了 13.4% 和 18.77%，绿色保障力指数仅增长了 0.41%。从与其他省（市）比较看，2011～2015 年，重庆市绿色发展总水平指数仅落后于东部区域的上海、浙江和江苏，位居第 4 位，且与浙江和江苏差距不大，2015 年分别比浙江和江苏低 4.88 和 3.46；在西部区域中稳居第 1 位，且优势明显，2015 年分别比贵州、四川和云南高 4.26、6.82 和 8.87。

2011～2015 年，重庆市绿色发展一级指标呈现不同的变化态势，绿色增长度和绿色承载力指数呈逐年上升态势，绿色保障力指数呈冲高回落后的递增态势，绿色增长度指数从 46.15 增长至 52.33，涨幅为 6.19，年均增长 3.19%；绿色承载力指数从 52.80 增长至 62.71，涨幅为 9.91，年均增长 4.39%，涨幅和年均增长率均为三项指标最高；绿色保障力指数从 64.42 增长至 64.68，涨幅为 0.26，年均增长 0.1%。从西部区域四省（市）比较来看，除 2014 年和 2015 年绿色保障力指数低于贵州外，其他年份所有指标均领先于西部区域，绿色增长度和绿色承载力指数的优势都

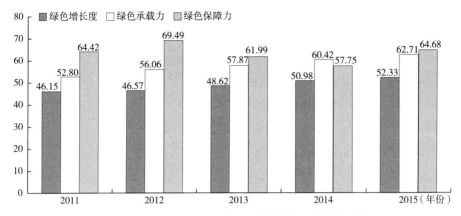

图 6－5 2011～2015 年重庆市绿色发展一级指标变化

较为明显，2015 年，重庆市绿色增长度指数分别比四川、贵州和云南高
3.94、9.4 和 9.88，绿色承载力指数分别比四川、贵州和云南高 7.8、
1.48 和 8.2，绿色保障力指数比四川和云南分别高 11.89 和 7.87，比贵州
低 2.5。从三项指标之间的比较来看，虽然绿色保障力指数没有实现逐年
上涨，但总体表现仍最好，除 2014 年比绿色承载力指数低 2.67 外，其他
年份均位居第 1 位；除 2014 年外，其他年份均在 60 以上，2012 年达到峰
值 69.49，分别比绿色承载力和绿色增长度指数高 13.43 和 22.92；2011～
2015 年，绿色承载力指数实现了较高水平上的稳定增长，5 年均高于 50，
2015 年达到峰值 62.71；相比于其他两项指标，绿色增长度指数较弱，未
来发展空间更大，除 2012 年相比上年增幅较小外，其他 4 年均实现了较快
增长。从二级指标来看，绿色增长度指数的逐年上涨主要得益于结构优化
指数的快速增长以及开放协调指数的逐年递增，2011～2015 年分别增长了
21.41% 和 8.54%；绿色承载力指数的快速上涨主要归因于水资源利用指
数和水生态治理指数的快速提升，2011～2015 年分别增长了 24.47%
和 14.43%。

表 6－2 2011～2015 年重庆市绿色发展二级指标变化

二级指标	2011 年	2012 年	2013 年	2014 年	2015 年
结构优化	52.50	55.36	57.63	60.58	63.73
创新驱动	40.39	38.60	40.64	42.85	42.67

续表

二级指标	2011 年	2012 年	2013 年	2014 年	2015 年
开放协调	46.61	47.15	48.51	49.47	50.59
水资源利用	66.57	72.46	74.12	79.04	82.86
水生态治理	45.62	47.51	49.40	50.73	52.21
绿色投入	58.68	65.92	55.36	49.18	59.30
绿色生活	73.40	75.08	72.37	71.16	73.11

　　2011～2015 年，重庆市绿色发展二级指标除绿色生活指数外，均为逐年上涨或波动中上涨态势，其中结构优化、开放协调、水资源利用和水生态治理指数均实现了逐年上涨，创新驱动和绿色投入指数为波动中上涨，结构优化指数从 52.50 增长至 63.73，年均增长 4.97%；创新驱动指数从 40.39 增长至 42.67，年均增长 1.38%；开放协调指数从 46.61 增长至 50.59，年均增长 2.07%；水资源利用指数从 66.57 增长至 82.86，年均增长 5.63%，位居第 1 位；水生态治理指数从 45.62 增长至 52.21，年均增长 3.43%；绿色投入和绿色生活指数变化幅度不大，绿色投入指数年均增长 0.26%，绿色生活指数年均小幅下降 0.1%。从指标之间的比较看，水资源利用和绿色生活指数的表现最好，结构优化和绿色投入指数的表现也

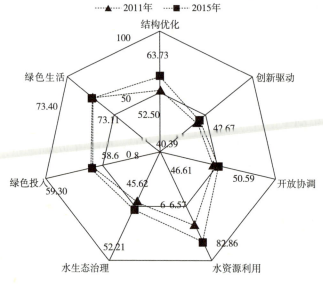

图 6-6　2011 年和 2015 年重庆市绿色发展二级指标对比

较好，2011～2015 年，水资源利用指数实现了高位水平上的快速增长，2015 年高达 82.86，仅次于浙江省，位居长江经济带第 2 位；绿色生活指数为高位水平上的波动态势，2011～2012 年高于水资源利用指数，5 年均高于 70；2011～2015 年，结构优化指数实现了较高水平上的快速增长，5 年均高于 50；绿色投入指数为较高水平上的波动态势，总体趋势为冲高回落后的快速递增，2012 年达到峰值 65.92，2015 年比 2014 年大幅增长了 10.12。

2011～2015 年，重庆市 7 项二级指标除绿色生活指数外，均实现了不同幅度增长，其中，结构优化指数增幅为 11.23，创新驱动指数增幅为 2.28，开放协调指数增幅为 3.98，水资源利用指数增幅高达 16.29，位居第 1 位，水生态治理指数增幅为 6.59，绿色投入指数上涨 0.62，绿色生活指数小幅下滑 0.29。从三级指标来看，2011～2015 年，结构优化指数中的 4 项指标均实现不同幅度优化，2015 年人均 GDP 和第三产业增加值占 GDP 比重分别比 2011 年增长了 51.66% 和 31.79%，万元 GDP 能耗下降了 20.04%，共同拉动了结构优化指数的大幅抬升；开放协调指数中，虽然地方财政住房保障支出比重从 2011 年的 6.13% 降到 2015 年的 2.27%，但城镇化率和出口交货值相对规模分别增长了 10.73% 和 84.11%，加之城乡居民收入比下降了 17.02%，使得开放协调指数总体实现了一定幅度增长；水资源利用指数中，4 项用水指标都实现了不同程度降低，其中万元 GDP 水耗降低了 42.04%，农业和工业用水效率分别降低了 19.8% 和 36.65%，2014 年农业用水效率为 223.74 立方米/万元，在 11 省（市）中效率最高，共同推动了水资源利用指数的大幅上涨；水生态治理指数中，2015 年湿地面积占比相比 2011 年大幅增长了 382.69%，化学需氧量排放强度和氨氮排放强度分别降低了 41.96% 和 41.98%，使得水生态治理指数的增幅也较高。

（二）四川省

按照评价体系表 2－2，基于 2011～2015 年统计数据对四川省绿色发展水平进行了测评，结果如图 6－7 所示。

2011～2015 年，四川省绿色发展总水平指数呈现稳步上升态势，从 2011 年的 46.17 增至 2015 年的 51.70，增幅为 5.53，年均增长 2.86%，

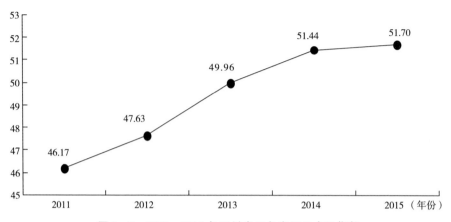

图6-7　2011~2015年四川省绿色发展总水平指数

其中，2011~2014年增长速度较快，2014~2015年增速放缓（图6-7），2011~2015年绝对值均低于西部区域绿色发展总指数。从一级指标来看，绿色增长度和绿色承载力指数是总指数增长的主要因素，2015年相比2011年分别增加了7.04和4.93，绿色保障力也提升了3.01。与其他省（市）的比较来看，2015年四川绿色发展总指数在11个省（市）中排名第7位，在西部区域中位居第3位，高于云南、湖南、安徽和江西，除2015年被湖北反超外，其他年份指数值均高于中部区域省份。

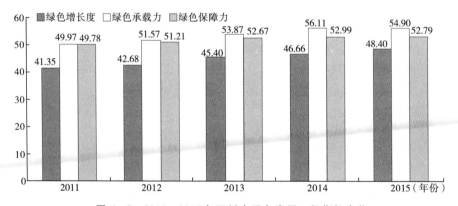

图6-8　2011~2015年四川省绿色发展一级指标变化

2011~2015年，四川省绿色发展一级指标总体呈逐步提升态势，除2015年绿色承载力和绿色保障力指数分别比2014年下滑了1.21和0.20外，其他年份相比上年均有一定幅度增长，其中绿色增长度指数从2011年的41.35增至2015年的48.40，年均增长4.01%，在3项指标中增速最快，绿色承载力指数从2011年的49.97增长至2015年的54.90，年均增长2.38%，绿色保障力指数从2011年的49.78增至2015年的52.79，年均增长1.48%。从西部区域四省（市）比较来看，2015年，四川绿色增长度指数位居第2，分别比贵州和云南高5.47和5.94，绿色承载力指数略高于云南位居第3，绿色保障力指数位居第4且差距较为明显。从3项指标之间的比较来看，绿色承载力指数表现最好，绿色保障力指数次之，绿色增长度指数排名第3，提升空间较大；2011～2015年，绿色承载力与绿色保障力指数之间的差距总体呈扩大趋势，从2011年的0.19扩大至2015年的2.11，与绿色增长度指数差距总体呈缩小趋势，从2011年的8.62缩小至2015年的6.51。从二级指标来看，绿色增长度指数的逐年增长主要归因于结构优化、创新驱动和开放协调指数的逐年递增，其中结构优化指数的增长幅度最大；绿色承载力指数的上涨主要归因于水资源利用指数的高位增长以及水生态治理指数的逐年上涨，但2014～2015年水资源利用指数从74.77降至69.43，导致绿色承载力指数出现一定幅度下滑；绿色保障力指数的上涨主要归因于绿色生活指数的高位增长以及绿色投入指数的逐年上涨。

表 6 - 3 2011～2015 年四川省绿色发展二级指标变化

二级指标	2011 年	2012 年	2013 年	2014 年	2015 年
结构优化	43.98	46.41	50.44	52.58	55.48
创新驱动	38.38	39.13	40.73	41.13	42.28
开放协调	43.77	43.59	46.16	47.66	47.74
水资源利用	65.14	67.22	70.92	74.77	69.43
水生态治理	42.07	43.42	44.99	46.38	47.34
绿色投入	41.56	42.55	44.29	43.96	43.73
绿色生活	62.65	64.76	65.81	67.14	67.00

2011～2015年，四川省绿色发展二级指标总体呈增长态势，其中，结构优化、创新驱动和水生态治理指数呈逐年上升态势，开放协调、水资源利用、绿色投入和绿色生活指数呈波动上升态势，2015年水资源利用指数相比上年有较为明显下滑。2011～2015年，四川省结构优化指数从43.98

增至 55.48，年均增长 5.98%，在 7 项指标中增长最快；创新驱动指数从 38.38 增至 42.28，年均增长 2.45%；开放协调指数从 43.77 增至 47.74，年均增长 2.2%；水资源利用指数从 65.14 增至 69.43，年均增长 1.61%；水生态治理指数从 42.07 增至 47.34，年均增长 2.99%；绿色投入指数和绿色生活指数年均分别增长 1.28% 和 1.69%。从指标的比较看，水资源利用和绿色生活指数表现最好，其他指标中，结构优化和开放协调指数表现也较好，2011～2015 年，水资源利用指数均在 65 以上，2014 年高达 74.77，绿色生活指数均高于 60，2015 年高达 67.00。

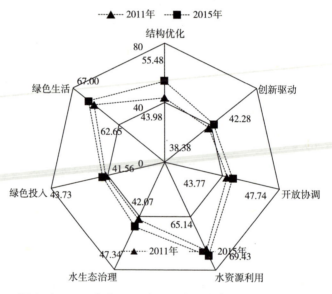

图 6-9　2011 年和 2015 年四川省绿色发展二级指标对比

相比于 2011 年，2015 年四川省绿色发展二级指标均有了不同幅度提升，结构优化、创新驱动、开放协调、水资源利用、水生态治理、绿色投入、绿色生活指数分别比 2011 年增加了 11.5、3.9、3.97、4.29、5.27、2.17、4.35，分别增长了 26.14%、10.17%、9.08%、6.58%、12.52%、5.21% 和 6.94%。从三级指标看，2011～2015 年，结构优化指数中的 4 项指标均有不同幅度优化，人均 GDP 和第三产业增加值占 GDP 比重实现较快增长，2015 年分别比 2011 年增加了 40.72% 和 30.95%，加之万元 GDP 能耗下降了 26.87%，共同拉动了结构优化指数的快速增加。2015 年，创新驱动指数中的六项指标相比 2011 年均有不同幅度增加，万人拥有科技人员数和万人发明专利授权量分别比 2011 年增加了 41% 和 124.05%，技术市场成交额相比 2011 年增长了 316.22%，信息产业占 GDP 比重和新产品销售收入增速分别提升了 1.02 个和 8.63 个百分点。2015 年，开放协调指数中的出口交货值相对规模、直接利用外资额和地方财政住房保障支出比重相比 2011 年均出现下滑，但由于降幅较小，加之城镇化率比 2011 年提升了 14.01%，城乡居民收入比下降了 12.44%，使得开放协调指数总体实现了一定幅度增长。2015 年，水资源利用指数中的人均生活用水量相比 2011 年增长了 23.9%，但万元 GDP 水耗、万元农业和工业增加值用水量分别比 2011 年降低了 20.44%、1.02% 和 26.22%，共同拉动水资源利用指数的抬升；2015 年，水资源利用指数中的 4 项耗水指标尤其是万元工业增加值用水量相比 2014 年均出现不同幅度增加，使得总指数出现较大幅度下滑。2015 年，水生态治理中的 6 项指标均优于 2011 年，湿地面积占比和人均城市污水处理能力均有了明显提升，分别比 2011 年增加了 82.32% 和 24.57%，化学需氧量排放强度和氨氮排放强度分别比 2011 年下降了 36.26% 和 36.02%，使得水生态治理指数实现了明显增长。2015 年，绿色生活指数中城市空气质量优良率相比 2011 年下滑了 34.47%，但公共交通覆盖率和生活垃圾无害化处理率分别增长了 7.3% 和 9.5%，加之突发环境事件次数大幅下降了 48.57%，使得绿色生活指数也实现了较大幅度增长。

（三）贵州省

按照评价体系表 2 - 2，基于 2011 ～ 2015 年统计数据对贵州省绿色发展水平进行了测评，结果如图 6 - 10 所示。

2011 ～ 2015 年，贵州省绿色发展总水平指数实现了较高水平上的逐年增长态势，从 47.65 增长至 54.26，增幅为 6.61，2015 年相比 2011 年增长了 13.88%，年均增长 3.3%，2011 ～ 2012 年和 2014 ～ 2015 年增长速度较慢，2012 ～ 2014 年增长速度较快。从一级指标看，绿色承载力和绿色保障力指数的快速增长是总指数提升的主要原因，2011 ～ 2015 年两项指数分别增长了 20.62% 和 24.15%，绿色增长度指数增长了 1.46%。从各省（市）比较看，2011 ～ 2015 年贵州绿色发展总指数表现较好，5 年均高于中部四

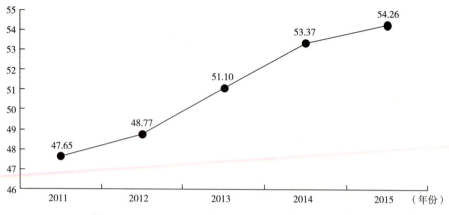

图6－10　2011～2015年贵州省绿色发展总水平指数

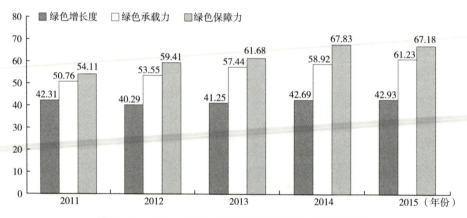

图6－11　2011～2015年贵州省绿色发展一级指标变化

省以及四川和云南，在长江经济带中排名第5，在西部区域中仅低于重庆市，位居第2位。

2011～2015年，贵州省绿色发展一级指标总体呈不断上升态势，其中绿色承载力指数呈逐年增长态势，绿色增长度和绿色保障力指数呈波动上涨态势，其中，绿色增长度指数从42.31增长至42.93，增幅为0.62，年均增长0.36%；绿色承载力指数从50.76增长至61.23，增幅为10.47，年均增长4.8%；绿色保障力指数从54.11增长至67.18，增幅为13.07，年均增长5.56%，增幅和年增长率均为三项指标最高。从西部区域四省（市）比较来看，绿色增长度指数除2011年高于四川位居第2外，其他年份均低于重庆和四川，位居第3位；2011～2015年绿色承载力指数均高于四川和云南，位居第 2 位；绿色保障力指数除 2011 年低于云南位居第 3 外，其他年份均高于四川和云南，位居第 2 位。从指标之间比较来看，绿色保障力指数表现最好，绿色承载力指数次之，绿色增长度指数发展空间最大，2011～2015 年，绿色保障力指数均位居第 1 位，2013～2015 年均高于 60，2015 年分别比绿色承载力和绿色增长度指数高 5.95 和 24.25。从二级指标来看，2011～2015 年，尽管结构优化和开放协调指数总体实现上涨，但创新驱动指数出现一定幅度下滑，使得绿色增长度指数总体提升幅度较小；2011～2015 年，水资源利用和水生态治理指数都实现了较快增长，尤其是水资源利用指数总体上涨了 37.55%，拉动绿色承载力指数的较快增长；2011～2015 年，绿色投入指数实现了快速增长，总体上涨了 38.52%，加之绿色生活指数也在波动中实现一定幅度上涨，使得绿色保障力指数总体实现了较大幅度增长。

表 6-4　2011～2015 年贵州省绿色发展二级指标变化

二级指标	2011 年	2012 年	2013 年	2014 年	2015 年
结构优化	38.00	40.07	41.78	43.68	45.63
创新驱动	47.77	41.68	41.17	41.04	40.16
开放协调	36.16	35.80	39.74	45.60	44.34
水资源利用	50.20	55.61	61.27	65.11	69.05
水生态治理	51.05	52.48	55.45	55.70	57.15
绿色投入	47.33	54.32	59.55	67.89	65.56
绿色生活	64.73	67.39	65.02	67.75	69.71

2011～2015 年，贵州省绿色发展二级指标除创新驱动指数外，均实现不同幅度上涨，但增长态势有所不同，结构优化、水资源利用和水生态治理指数为逐年上升态势，开放协调、绿色投入和绿色生活指数为波动中上升态势。2011～2015 年，结构优化指数从 38.00 增长至 45.63，增长了 20.07%，年均增长 4.68%；创新驱动指数从 47.77 降至 40.16，降低了 15.93%，最高值为 2011 年的 47.77；开放协调指数从 36.16 增长至 44.34，增长了 22.63%，年均增长 5.23%，最高值为 2014 年的 45.60；水资源利用指数从 50.20 增至 69.05，年均增长 8.3%；水生态治理指数从 51.05 增长至 57.15，增长了 11.95%，年均增长 2.86%；绿色投入和绿色

生活指数分别增长了 38.52% 和 7.69%，年均分别增长 8.49% 和 1.87%，其中绿色投入指数年均增长率为 7 项指标最高。从指标之间比较看，2011～2015 年，绿色生活指数的表现最好，5 年均高于 60，除 2014 年略低于绿色投入指数外，其他年份均位居第 1 位，2015 年达到最高值 69.71；水资源利用和绿色投入指数的表现也较好，水资源利用指数实现了较高水平上的逐年快速增长，5 年均高于 50，2015 年达到最高值 69.05，绿色投入指数实现了较高水平上的波动增长，除 2011 年外，均高于 50，2014 年达到最高值 67.89。

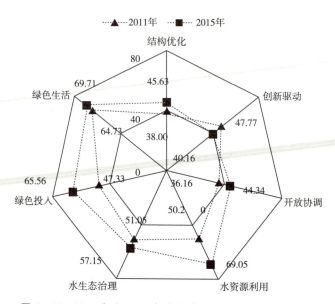

图 6－12　2011 年和 2015 年贵州省绿色发展二级指标对比

2011～2015 年，除创新驱动指数外，贵州省其他 6 项指数均实现不同幅度增长，其中结构优化指数增幅为 7.63，创新驱动指数降幅为 7.61，开放协调指数增幅为 8.18，水资源利用指数增幅为 18.85，为 7 项指标最高，水生态治理指数增幅为 6.1，绿色投入和绿色生活指数增幅分别为 18.23 和 4.98，绿色投入指数增幅位居第 2 位。从三级指标看，2011～2015 年，尽管第三产业增加值占 GDP 比重有所下降，但人均 GDP 和工业劳动生产率分别增长了 81.85% 和 29.38%，加之万元 GDP 能耗下降了 30.64%，共同拉动了结构优化指数的提升；创新驱动指数中，2015 年万人拥有科技人员数、万人发明专利授权量和技术市场成交额分别比 2011 年增长了 62.87%、309.66% 和 90.18%，但 R&D 经费投入强度、信息产业占 GDP 比重和新产品销售收入增速均出现不同幅度下降，导致创新驱动指数总体 呈下降态势；开放协调指数中，尽管 2015 年出口交货值相对规模相比 2011 年下降了 23.51%，但其他 4 项指标均实现不同幅度优化，尤其是直 接利用外资额和地方财政住房保障支出比重分别增长了 266.59% 和 40.08%，使得开放协调指数实现了较大幅度提升；2011~2015 年，水资 源利用指数中的 4 项指标除人均生活用水量出现小幅增长外，其他指标均 实现了较大幅度下降，万元 GDP 水耗、万元农业和工业增加值用水量分别 降低了 44.82%、51.64% 和 54.2%，共同推动了水资源利用指数的快速上 涨；绿色投入指数中，2015 年水利环境固定资产投资占比和万人拥有环保 人员数相比 2011 年均实现大幅提升，分别增长了 44.26% 和 27.27%，使 得绿色投入指数实现了明显增长。

（四）云南省

按照评价体系表 2-2，基于 2011~2015 年统计数据对云南省绿色发 展水平进行了测评，结果如图 6-13 所示。

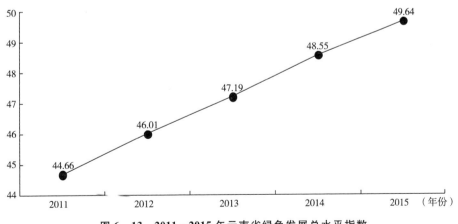

图 6-13 2011~2015 年云南省绿色发展总水平指数

2011~2015 年，云南省绿色发展总水平指数呈平稳递增态势，从 44.66 增长至 49.64，增幅为 4.98，2015 年相比 2011 年增长了 11.15%，年均增长 2.68%。从一级指标来看，绿色承载力和绿色增长度指数是总指数增长的主要因素，2011～2015 年，2 项指标分别增长了 14.31% 和 13.6%，绿色保障力指数增长了 0.97%。从各省（市）比较来看，2011～2015 年，云南绿色发展总指数除 2012 年高于湖北位居第 7 外，其他年份均居长江经济带第 8 位，居西部区域第 4 位，高于湖南、安徽和江西且差距较小，低于重庆、贵州和四川且差距较大，2015 年，云南绿色发展总指数分别比湖南、安徽和江西高 0.13、0.78 和 1.68，分别比重庆、贵州和四川低 8.87、4.62 和 2.05。

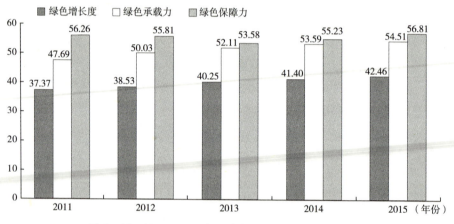

图 6-14　2011～2015 年云南省绿色发展一级指标变化

2011～2015 年，云南省绿色发展一级指标中绿色增长度和绿色承载力指数呈逐年增长态势，绿色保障力指数呈先降低后升高态势，绿色增长度指数从 37.37 增长至 42.46，涨幅为 5.09，年均增长 3.24%；绿色承载力指数从 47.69 增长至 54.51，涨幅为 6.82，年均增长 3.4%，在三项指标中增速最快；绿色保障力指数从 56.26 增长至 56.81，涨幅为 0.55，年均增长 0.24%。从西部区域四省（市）比较来看，2011～2015 年，绿色增长度和绿色承载力指数均位居第 4 位，2011 年绿色保障力指数高于贵州和四川位居第 2 位，其他年份高于四川位居第 3 位。从指标之间的比较看，绿色保障力指数表现最好，绿色承载力指数次之，绿色增长度指数与其他 2 项指标间有一定差距，2011～2015 年，绿色保障力指数均高于 50，绿色承载力指数除 2011 年外，其他年份也均高于 50，实现了较高位水平上的稳步增长。从二级指标来看，结构优化和开放协调指数是绿色增长度指数提升的主要因素，2011～2015 年分别增长了 28.66% 和 11.23%；水资源利用指数是绿色承载力指数提升的主要因素，2015 年相比 2011 年增长了27.29%；绿色生活指数是绿色保障力指数提升的主要因素，2015 年相比2011 年增长了 3.58%。

表 6 - 5　2011～2015 年云南省绿色发展二级指标变化

二级指标	2011 年	2012 年	2013 年	2014 年	2015 年
结构优化	38.86	40.57	45.44	47.20	50.00
创新驱动	36.31	36.66	35.81	36.84	36.28
开放协调	36.39	38.78	39.61	39.17	40.48
水资源利用	52.49	58.58	62.50	65.69	66.82
水生态治理	45.18	45.57	46.70	47.28	48.10
绿色投入	46.54	44.36	41.85	42.12	45.80
绿色生活	71.48	73.75	71.94	75.77	74.04

2011～2015 年，云南绿色发展 7 项二级指标总体呈现增长态势，其中，结构优化、水资源利用和水生态治理指数呈逐年递增态势，开放协调和绿色生活指数呈波动上升态势，创新驱动和绿色投入指数出现了小幅度下滑。2011～2015 年，结构优化指数从 38.86 增长至 50.00，增长了 28.66%，年均增长 6.50%，增速在 7 项指标中最高；创新驱动指数从 36.31 小幅下滑至36.28，下降了 0.08%；开放协调指数从 36.39 增长至 40.48，增长了11.23%，年均增长 2.70%；水资源利用指数从 52.49 增长至 66.82，增长了27.29%，年均增长 6.22%；水生态治理指数从 45.18 增长至 48.10，增长了6.45%，年均增长 1.57%；绿色投入指数从 46.54 降至 45.80，小幅下滑了1.58%；绿色生活指数从 71.48 增长至 74.04，增长了 3.58%，年均增长0.88%。从指标之间的比较看，绿色生活指数表现最好，水资源利用指数表现也较好，2011～2015 年，绿色生活指数实现了高位水平上的稳定增长，5年均高于 70.00，2014 年达到最高值 75.77，位居西部区域第 1 位，水资源利用指数实现了较高位水平上的快速增长，2011～2015 年均高于 50.00，2013～2015 年均高于 60.00，2015 年达到最高值 66.82。

2011～2015 年，云南省绿色发展二级指标除创新驱动和绿色投入指数

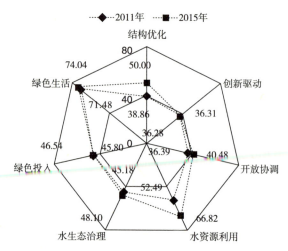

图 6-15　2011 年和 2015 年云南省绿色发展二级指标对比

出现小幅下滑外，其他指标均实现不同程度上涨，其中，结构优化指数上涨 11.14，开放协调指数上涨 4.09，水资源利用指数上涨 14.33，在 7 项指标中涨幅最大，水生态治理指数上涨 2.92，绿色生活指数上涨 2.56。从三级指标看，2011~2015 年，结构优化指数中的 4 项指标均实现不同幅度优化，其中，人均 GDP 增长了 49.53%，工业劳动生产率增长了 40.35%，万元 GDP 能耗下降了 29.11%，共同拉动了结构优化指数的快速上涨；2011~2015 年，尽管开放协调指数中的地方财政住房保障支出比重有所降低，但城镇化率上升了 17.78%，直接利用外资额上升了 72.04%，城乡居民收入比下降了 18.66%，3 项指标的优化使得开放协调指数实现了一定幅度增长；2011~2015 年，水资源利用指数中的 4 项指标均实现了较大幅度降低，万元 GDP 水耗降低了 33.23%，万元农业和工业增加值用水量分别降低了 25.28% 和 29.12%，人均生活用水量降低了 19.28%，使得水资源利用指数实现了较高位水平上的快速增长；绿色生活指数中，尽管城市空气质量优良率有所降低，突发环境事件次数有较大幅度上升，但公共交通覆盖率和生活垃圾无害化处理率均实现了较大幅度提升，2015 年相比 2011 年分别上升了 25.45% 和 21.46%，使得绿色生活指数总体实现了一定幅度上涨。

三　西部区域绿色发展的主要问题

2011~2015 年，西部区域绿色发展指数总体低于东部区域，高于中部区域，在长江经济带中处于中游水平，部分指标值如绿色保障力指数、水资源利用指数在长江经济带中处于领先水平。但是，一级指标中的绿色增长度指数仍处于较低水平，指数中的 3 项二级指标值均不高，明显落后于东部区域，与中部区域也有一定差距，同时，部分省份的部分指标值出现下滑或处于低水平波动状态，对西部区域的绿色发展提出了一定挑战，究其原因，主要有以下几点。

（一）发展与保护的矛盾突出

长江经济带西部区域的经济发展相对落后，2016 年，除重庆外，四川、贵州和云南三省的人均 GDP 分别为 39835 元、33247 元和 31359 元，分列全国 31 个省份第 24、29 和 30 位。2015 年，重庆、四川、贵州和云南城镇化率分别为 60.94%、47.69%、42.01% 和 43.33%，除重庆外，其他三省均明显落后于全国 56.1% 的平均水平；2015 年，重庆、四川、贵州和云南农村居民人均可支配收入分别为 10504.7 元、10247.4 元、7386.9 元和 8242.1 元，分别为全国平均水平的 92%、89.7%、64.7% 和 72.2%。但同时，西部区域地处长江经济带上游，其绿色发展的进展和成效会对中下游地区产生非常深远的影响，国家和四省（市）为此出台了一系列政策文件加强对这一地区的资源环境保护和生态文明建设。相对落后的经济发展水平制约了西部区域生态环境的建设和投入，使得绿色投入指数长期徘徊在较低水平，而对资源环境保护的高要求又对产业发展形成了一定的限制，进一步减缓了未来经济的发展速度。因此，如何通过转变经济发展方式、调整优化产业结构、创新体制机制等途径，变"绿水青山"为"金山银山"，切实化解发展与保护之间的深层次矛盾，是这一地区绿色发展与生态文明建设需要解决的首要问题。

（二）经济结构调整优化不足

受地理区位和历史发展基础等因素影响，长江经济带西部区域经济发展的质量和效益较低，资源密集型和劳动密集型企业众多，多处于产业价值链的低端，服务业占比偏低，开放型经济发展不足，城乡之间、区域之间、产业之间的发展也很不平衡。2015 年，长江经济带西部区域第三产业增加值占 GDP 比重为 45.05%，落后于经济带整体和东部区域；重庆、四川、贵州和云南第三产业增加值占 GDP 比重分别为 47.7%、43.7%、44.9% 和 45.1%，均低于全国平均水平。2015 年，西部区域开放协调指数为 44.98，明显落后于其他两大板块。西部区域矿产资源非常丰富，多年来已经建立起一套资源导向型的产业体系，但受资金和技术水平所限，科技含量明显不足，加工方式较为粗放，产品附加价值较低。2015 年，西部区域工业劳工生产率为 12.14 万元/人，略低于经济带总体，明显低于东部区域。2015 年，西部区域创新驱动指数仅为 40，在 7 项二级指标中排名最末；R&D 经费投入强度、万人拥有科技人员数和万人发明专利授权量分别为 1.35%、23.96 名/万人和 6.65 件/万人，R&D 经费投入强度和万人发明专利授权量落后于东部和中部区域，万人拥有科技人员数落后于经济带整体和东部区域。

（三）生态污染和破坏较为严重

改革开放后，为了改善并提升长江上游生态环境质量，国家陆续实施了"天然林资源保护工程""长江中上游防护林体系""退耕还林工程"等重大项目，但由于缺乏系统科学的指导，加之维护资金投入不足和滥砍乱伐现象严重，使得部分地区的森林覆盖面积大幅度降低，森林的涵养功能快速减弱，导致自然灾害频发。2015 年，长江经济带西部区域绿色投入指数为 48.29，在 7 项二级指标中排名靠后，森林覆盖率和建成区绿化覆盖率分别为 40.78% 和 38.41%，森林覆盖率低于经济带整体和中部区域，建成区绿化覆盖率低于东部和中部区域；湿地面积占比为 2.41%，分别比东部和中部区域低 18.44 个和 3.06 个百分点。同时，西部区域的生态环境污染状况也相当严重，农药化肥的大量使用以及生产生活污水、废弃物的随意丢弃和排放使得土壤肥力下降，土壤污染物富集，河流、湖泊和地下水污染严重，造成了生态环境急剧恶化。2015 年，西部区域万元 GDP 能耗为 0.64 吨标准煤/万元，高于中部区域，明显高于东部区域；化学需氧量和氨氮排放强度分别为 3.43 千克/万元和 0.39 千克/万元，高于经济带总体，明显高于东部区域。

（四）环境保护意识和体制机制不够完善

长江经济带西部区域部分政府职能部门的环保意识较为落后，对事关人民群众生命财产安全的环保问题敏感性与主动性不够，相当一部分群众也未能充分意识到环保的重要性，环境保护的整体意识需要快速提升。同时，西部区域的环境保护体制机制建设也较为滞后，主要表现为人员配备不足，环保制度不健全，管理滞后，环境治理效果差等方面。2015 年，西部区域人均城市污水处理能力为 1323 立方米/（万人·日），分别比东部和中部区域低 1695 立方米/（万人·日）和 443 立方米/（万人·日），差距较为明显，生活垃圾无害化处理率均低于其他两大区域；公共交通覆盖率低于经济带总体和东部区域；万人拥有环保人员数为 16.27/万人，明显落后于东部区域。

第七章

长江经济带核心城市
绿色发展研究

长江经济带的核心城市包括上海和重庆 2 个直辖市，南京、杭州、合肥、南昌、武汉、长沙、成都、昆明、贵阳等 9 个省会城市，核心城市与外围城市共同构成了较为合理的城镇体系。本章构建了长江经济带核心城市的绿色发展指标体系，试图从绿色城市角度定量分析各核心城市的绿色发展程度，并提炼各城市在绿色发展过程中所面临的主要挑战，为各城市实现绿色发展提供思路。

一　长江经济带城市绿色发展程度分析

随着世界经济的复苏和城市化的迅速发展，日趋严重和复杂的城市问题使得越来越多的城市开始摒弃以传统褐色经济为基础的城市发展道路，转而探索一条绿色可持续的城市发展道路，即城市绿色发展道路。长江经济带作为国务院依托长江黄金水道打造的以城市群为主体形态的中国经济新支撑带，地跨东、中、西三大地区，是世界上人口最多、产业规模最大、城市体系最完整的流域经济带，是国家产业结构转型升级和经济发展转型战略的重要阵地，也是城市环境、热岛效应、能源供需矛盾等问题比较突出的地区，城市转型发展成为必然选择。

（一）城市绿色发展评价指标体系设计

"绿色城市"是一个综合概念，是以人为主体，以环境为依托，以经济为命脉，以社会体制为保障，以生态环境动态平衡、经济高效持续发展、资源节约集约等为标志的综合城市体系[1]，包括人与自然健康发展、资源能源清洁高效、自然环境健康宜人、基础设施完善舒适、社会环境和谐文明等方面。《国家新型城镇化规划（2014～2020 年）》指出，应顺应现代城市发展新理念新趋势，推动城市绿色发展，提高智能化水平，增强历史文化魅力，全面提升城市内在品质。基于此，依据科学性、生态性、可持续性等原则，借鉴中国绿色指数年度报告研究方法，建立包含绿色增长度、绿色承载力和绿色保障力 3 个一级指标、6 个二级指

标和 19 个三级指标（基础指标）的长江经济带核心城市绿色发展综合
指标体系（表 7-1）。据此反映、考核和评价长江经济带城市绿色发展
的综合情况。

表 7-1　长江经济带城市绿色发展评价指标体系

总目标	一级指标	二级指标	三级指标
绿色发展水平总指数	绿色增长度	结构优化	1. 人均 GDP
			2. 第三产业从业人员比重
			3. 第三产业增加值占 GRP 比重
		创新驱动	4. R&D 经费投入强度
			5. 万人发明专利授权量
		开放协调	6. 城镇化率
			7. 城乡居民收入比
			8. 外资利用水平
			9. 房地产开发投资占固定资产投资比重
	绿色承载力	资源利用	10. 万元 GDP 全社会用电量
			11. 万元 GDP 供水总量
		生态治理	12. 工业废水排放量
			13. 工业二氧化硫排放量
			14. 工业烟（粉）尘排放量
	绿色保障力	绿色保障	15. 建成区绿化覆盖率
			16. 一般工业固体废物综合利用率
			17. 污水处理厂集中处理率
			18. 公共交通覆盖率
			19. 生活垃圾无害化处理率

（二）评价方法

　　灰色系统理论在解决部分信息未知的"小样本""贫信息"不确定性
系统评价时非常有效，其基本思想是：在客观世界中存在千变万化的各种
现象，对于其中一部分现象，人们能够知道它们发生、发展的过程（白色
系统），对于另外一些现象，人们一点也不了解其发生、发展的过程（黑
色系统），但对于大量现象而言，人们往往知道部分信息（灰色系统）。因

此，灰色系统理论通过对"部分"已知信息的获取，实现对系统运行行为、深化规律的正确描述和有效监控，使系统由"灰"变"白"[2]。

灰色系统理论中应用最为广泛的是灰色关联度分析，该方法反映了被评价对象对理想（标准）对象的接近次序，即被评价对象的优劣次序。其基本思想是通过一定的方法，寻求系统中各子系统（或因素）之间的数值关系，对于两个系统之间的因素，若两个因素变化趋势具有一致性，则二者关联程度高，反之则较低。从几何上看，比较若干数列所构成的曲线列与理想数列所构成的曲线几何形状的接近程度，关联度越大，则数据越接近理想状态，评价对象越佳。

传统灰色关联度没有考虑比较数列和理想数列中各指标的重要程度，可能得出错误结论，对此，本研究对传统灰色关联模型进行了改进。一是采用多层次、多因素的评价指标体系以反映评价各城市的实际特性；二是运用主观评价层次分析法（AHP）对城市和权重进行赋权；三是将 AHP 与灰色关系分析法相结合，采用实际方案序列与参考序列（理想方案）的综合关联度来分析各城市绿色发展水平。其步骤分为四步。

（1）确定比较数列（评价标准）和参考数列（被评价对象）。

（2）求关联系数。

（3）用层次分析法（AHP）确定评价指标权重向量 W。

（4）建立评判矩阵 R。

（三）评价结果

1. 二级指标层综合评价

若不考虑各指标的权重，则各城市的灰色关联度如表 7 - 2 所示，该计

表 7 - 2 不考虑指标权重的长江经济带城市绿色发展灰色关联度

城　市	灰色关联度	城　市	灰色关联度	城　市	灰色关联度
上　海	0.714	南　昌	0.634	成　都	0.720
南　京	0.660	武　汉	0.719	昆　明	0.607
杭　州	0.721	长　沙	0.781	贵　阳	0.580
合　肥	0.685	重　庆	0.575	—	—

表7-3 长江经济带主要指标灰色关联系数及AHP权重

指标体系		上海	南京	杭州	合肥	南昌	武汉	长沙	重庆	成都	昆明	贵阳	AHP权重 三级	二级	一级
绿色增长度 结构优化	1. 人均GDP	0.608	0.687	0.765	0.599	0.515	0.713	1.000	0.446	0.582	0.509	0.467	0.164		
	2. 第三产业从业人员比重	1.000	0.505	0.639	0.611	0.573	0.734	0.844	0.474	0.543	0.844	0.477	0.297	0.466	
	3. 第三产业增加值占GRP比重	1.000	0.524	0.646	0.401	0.371	0.501	0.499	0.395	0.445	0.490	0.574	0.539		
创新驱动	4. R&D经费投入强度	0.745	0.825	0.986	0.821	0.502	1.000	0.625	0.495	0.572	0.488	0.458	0.333		
	5. 万人发明专利授权量	0.927	0.966	1.000	0.525	0.583	0.658	0.614	0.439	0.543	0.471	0.456	0.667	0.539	0.200
开放协调	6. 城镇化率	0.924	1.000	0.658	0.375	0.490	0.524	0.427	0.517	0.479	0.445	0.478	0.271		
	7. 城乡居民收入比	0.667	0.654	1.000	0.893	0.671	0.896	0.464	0.568	0.971	0.485	0.687	0.423		
	8. 外资利用水平	0.694	0.467	0.500	0.462	0.458	0.484	1.000	0.541	0.512	0.471	0.451	0.162	0.164	
	9. 房地产开发投资占固定资产投资比重	0.415	0.750	0.461	0.699	1.000	0.561	0.827	0.784	0.552	0.474	0.486	0.144		
绿色承载力 资源利用	10. 万元GDP全社会用电量	0.525	0.623	0.476	0.780	0.687	0.678	1.000	0.579	0.878	0.742	0.504	0.500		
	11. 万元GDP供水总量	0.519	0.506	1.000	0.586	0.485	0.395	0.597	0.733	0.663	0.487	0.603	0.500	0.250	
生态治理	12. 工业废水排放量	0.632	0.562	0.420	0.884	0.492	0.685	1.000	0.539	0.784	0.323	0.872	0.411		0.400
	13. 工业二氧化硫排放量	0.868	0.677	0.785	0.769	0.771	0.814	0.897	0.454	1.000	0.583	0.559	0.328		
	14. 工业烟（粉）尘排放量	0.776	0.592	0.740	0.421	0.638	0.900	1.000	0.480	0.952	0.221	0.646	0.261	0.750	
	15. 建成区绿化覆盖率	0.495	0.861	0.607	1.000	0.686	0.801	0.421	0.629	0.608	0.712	0.511	0.180		
	16. 一般工业固体废物综合利用率	0.783	0.697	0.714	0.758	0.846	0.898	0.780	0.784	1.000	0.445	0.529	0.303		
绿色保障力 绿色保障	17. 污水处理厂集中处理率	0.696	0.333	0.774	0.711	0.895	0.810	1.000	0.813	0.862	0.863	0.990	0.222		
	18. 公共交通覆盖率	0.565	0.571	0.761	0.940	0.580	0.769	0.963	0.459	0.744	1.000	0.718	0.074	1.000	0.400
	19. 生活垃圾无害化处理率	0.732	0.732	0.774	0.789	0.810	0.838	0.879	0.793	1.000	0.485	0.546	0.222		

算结果表明，长沙市灰色关联度排名第一，其绿色发展水平最高，杭州、成都次之，灰色关联度最低的为重庆，其次为贵阳和昆明。由于该方法对各指标均赋同等权重，无法体现指标之间的重要性，因此，采用层次—灰色关联分析法进一步对指标体系进行探索。

采用灰色关联分析法和 AHP 分析法，可计算长江经济带主要指标灰色关联系数及 AHP 权重，如表 7 – 3 所示。该表是计算长江经济带主要城市绿色发展水平的重要依据。

（1）结构优化程度：以上海最佳，长沙、杭州次之。

通过结构优化的矩阵，进一步计算关联度，其结果如表 7 – 4 所示，长江经济带城市中结构优化最好的城市为上海市，该市市辖区人均 GDP 达到 105669 元，高于南昌、重庆、成都、昆明、贵阳等城市，且上海第三产业从业人员比重高达 65.59%，为所有核心城市中最高，第三产业增加值占 GRP 比重为 67.82%，同样高于其他城市。其次为长沙和杭州，这两座城市的共同特点是市辖区人均 GDP 水平较高，但杭州第三产业从业人员比重仅达到 47.58%，长沙第三产业增加值占 GRP 比重仅为 56.48%。结构优化程度最差的城市为重庆，该市人均 GDP 仅为 62269 元，第三产业从业人员比重为 20.97%，其次为南昌和合肥，两市第三产业从业人员比重均在 40% 左右。

表 7 – 4　长江经济带核心城市结构优化的灰色关联度

城　市	关联度	城　市	关联度	城　市	关联度
上　海	0.312	南　昌	0.152	成　都	0.165
南　京	0.182	武　汉	0.202	昆　明	0.199
杭　州	0.221	长　沙	0.228	贵　阳	0.176
合　肥	0.165	重　庆	0.142		

（2）创新驱动程度：杭州、南京、上海、武汉名列前茅。

长江经济带各核心城市创新驱动的灰色关联度如表 7 – 5 所示，杭州、南京、上海、武汉分别居于创新驱动前 4 位，贵阳最低，其次为重庆。杭州市 R&D 经费投入占公共财政支出的比重达 5.27%，是所有城市中最高，南京则为 4.97%，上海达 4.34%，武汉达 4.78%，R&D 经费支出比重最低的是贵阳，仅占 0.18%，其次是昆明 0.56%、重庆 0.72%、南昌 1.23%。发明专利授权量最高的城市为南京，达 12.65 件/万人，其次为上海 12.2 件/万人、杭州 11.47 件/万人、武汉 7.24 件/万人，发明专利授权量最低的城市是重庆，仅 1.18 件/万人，其次是贵阳 2.4 件/万人、昆明 2.61 件/万人。

表 7-5　长江经济带核心城市创新驱动的灰色关联度

城　市	关联度	城　市	关联度	城　市	关联度
上　海	0.433	南　昌	0.278	成　都	0.276
南　京	0.460	武　汉	0.386	昆　明	0.238
杭　州	0.498	长　沙	0.309	贵　阳	0.228
合　肥	0.312	重　庆	0.229		

（3）开放协调程度：杭州、南京、上海、成都位居前列。

长江经济带核心城市开放协调的灰色关联度如表 7-6 所示，杭州、南京、上海、成都分别居于开放协调前 4 位，最低为昆明，其次为贵阳。杭州市城乡居民收入比最低，仅为 1.88，南京为 2.37、上海为 2.28、成都为 1.89。上海市利用外资总量最多，达 184.6 万亿美元，其次为成都 75.2 万亿美元、杭州为 71.1 万亿美元、南京为 33.35 万亿美元。开放协调水平最低的城市为昆明，其次为贵阳、重庆，三地城乡居民收入比均较高，城镇化水平较低，除重庆外的几大城市外资利用水平均较低。

表 7-6　长江经济带核心城市开放协调的灰色关联度

城　市	关联度	城　市	关联度	城　市	关联度
上　海	0.176	南　昌	0.159	成　都	0.176
南　京	0.183	武　汉	0.170	昆　明	0.110
杭　州	0.187	长　沙	0.148	贵　阳	0.141
合　肥	0.164	重　庆	0.145		

（4）资源利用程度：长沙最高，成都、杭州、合肥分列其后。

长江经济带核心城市资源利用的灰色关联度如表 7-7 所示，长沙、成都、杭州、合肥分别居于资源利用前 4 位，上海最低，其次为武汉。表明这几个城市能耗较低，如长沙市万元 GDP 全社会用电量达 0.03 千瓦时、成都达 0.04 千瓦时、杭州达 0.05 千瓦时。资源利用水平最低的城市为上海，其次为武汉、贵阳和南京，其中，上海万元 GDP 全社会用电量达 0.06 千瓦时、贵阳达 0.08 千瓦时、南京为 0.05 千瓦时。此外，上海万元 GDP 供水总量为 12 吨、贵阳为 11 吨、南京为 13 吨，相对其他城市均较高。

表 7-7　长江经济带核心城市资源利用的灰色关联度

城　市	关联度	城　市	关联度	城　市	关联度
上　海	0.261	南　昌	0.293	成　都	0.385
南　京	0.282	武　汉	0.268	昆　明	0.307
杭　州	0.369	长　沙	0.399	贵　阳	0.277
合　肥	0.341	重　庆	0.328		

（5）生态治理程度：长沙、成都、武汉、上海分居前4。

长江经济带核心城市生态治理的灰色关联度如表 7-8 所示，长沙、成都、武汉、上海分别居于生态治理前 4 位，表明这几个城市近年来生态治理成果显著，长沙市万元 GDP 工业废水排放量为 0.6 吨、工业 SO_2 排放量为 0.006 吨，成都市万元 GDP 工业废水排放量为 1.06 吨、工业 SO_2 排放量为 0.0003 吨，武汉市万元 GDP 工业废水排放量为 1.42 吨、工业 SO_2 排放量为 0.0007 吨，上海市万元 GDP 工业废水排放量为 1.87 吨、工业 SO_2 排放量为 0.0004 吨。资源利用水平最低的为重庆市，其万元 GDP 工业废水排放量达 2.26 吨、工业 SO_2 排放量为 0.0027 吨，其次为南京和南昌，南京市万元 GDP 工业废水排放量达 2.39 吨，南昌达 2.5 吨。

表 7-8　长江经济带核心城市生态治理的灰色关联度

城　市	关联度	城　市	关联度	城　市	关联度
上　海	0.249	南　昌	0.207	成　都	0.300
南　京	0.203	武　汉	0.261	昆　明	0.239
杭　州	0.208	长　沙	0.322	贵　阳	0.237
合　肥	0.242	重　庆	0.165		

（6）绿色保障程度：成都、武汉、合肥、南昌分居前列。

长江经济带核心城市绿色保障的灰色关联度如表 7-9 所示。

表7-9　长江经济带核心城市绿色保障的灰色关联度

城　市	关联度	城　市	关联度	城　市	关联度
上　海	0.137	南　昌	0.160	成　都	0.176
南　京	0.129	武　汉	0.168	昆　明	0.127
杭　州	0.145	长　沙	0.160	贵　阳	0.129
合　肥	0.162	重　庆	0.148		

如表7-9所示，成都、武汉、合肥、南昌分别居于绿色保障前4位，其中，成都市建成区绿化覆盖率为39.8%，一般工业固体废物综合利用率为96.06%，武汉市建成区绿化覆盖率为42.54%，一般工业固体废物综合利用率为91.65%，合肥和南昌这两项数据均较高。相比之下，绿色保障水平最低的为昆明，其次为贵阳和南京，昆明一般工业固体废物综合利用率仅36.36%，南京为90.5%，但南京污水处理厂集中处理率较低。

2．一级指标层综合评价

（1）绿色增长度程度：上海、杭州和武汉位居前3，重庆最低。

长江经济带核心城市绿色增长度的灰色关联度如表7-10所示，上海、杭州、武汉和南京位居绿色增长度前4位，这四大城市的结构优化、创新驱动和开放协调水平均较高，加权计算后，上海结构优化程度居全部核心城市首位，杭州创新驱动居全部核心城市首位，如杭州已成为创业热土，活跃着浙大系、阿里系、浙商系和海归系四大创业群体，杭州市政府也给创业者减轻了不少负担，在硬件上，很多创业园为创业者免费提供办公场所，铺设高速宽带。在软件上，政府采购项目要留一部分采购比例给本地高科技创业公司。而重庆、南昌、昆明和贵阳等城市绿色增长度位于后4位，南昌、重庆的结构优化指数排名最后二位，贵阳的开放协调水平也很

表7-10　长江经济带核心城市绿色增长度的灰色关联度

城　市	关联度	城　市	关联度	城　市	关联度
上　海	0.279	南　昌	0.189	成　都	0.225
南　京	0.224	武　汉	0.225	昆　明	0.193
杭　州	0.259	长　沙	0.221	贵　阳	0.195
合　肥	0.210	重　庆	0.181		

低，因此，中西部城市绿色增长度还有较大的改善空间。

（2）绿色承载力程度：长沙、成都、武汉最高，重庆最低。

长江经济带核心城市绿色承载力的灰色关联度如表 7-11 所示，长沙、成都、武汉和合肥的绿色承载力较高，加权计算后，长沙的资源利用水平排名长江经济带第一位，成都居第二位，生态治理方面，长沙同样居第一位，成都居第二位，武汉居第三位。重庆、南京、南昌和杭州的绿色承载力较低，如南京绿色承载力居倒数第二位，杭州、南昌、南京、重庆居生态治理水平后四位，2017 年中央环保督查组向重庆反馈情况时指出，重庆市发展与保护矛盾突出，一是环境保护压力存在逐级衰减现象，部分地区和部门环境保护责任落实不到位；二是水环境保护工作存在薄弱环节，存在重干流轻支流、重城市轻农村、重岸上轻水上等问题；三是自然生态和饮水水源保护有待加强，国家三峡后续规划 575 个生态环保项目中，有131 个尚未完成。

表 7-11　长江经济带核心城市绿色承载力的灰色关联度

城　市	关联度	城　市	关联度	城　市	关联度
上　海	0.345	南　昌	0.306	成　都	0.433
南　京	0.298	武　汉	0.361	昆　明	0.346
杭　州	0.326	长　沙	0.462	贵　阳	0.336
合　肥	0.357	重　庆	0.268		

（3）绿色保障力程度：成都、武汉、合肥最高，昆明最弱。

长江经济带核心城市绿色保障力的灰色关联度如表 7-12 所示，成都、武汉、合肥、南昌等城市的绿色保障力较强，2017 年，成都编制了"生态建设与生态修复"专项规划，提出了成都生态修复策略和总体目标，强调要在市域内构建"两山两环、两网六片"的生态安全格局，加快推进中心城市环城生态区建设、城市水系保护、环境保护、生态修复等重点任务。武汉"十三五"规划也提出，要坚持绿色富市、绿色惠民，将生态文明建设放在更加突出的战略地位，切实改善生态环境质量，建设蓝天常在、青山常在、绿水常在的环保模范城市。而昆明、南京、贵阳和上海等城市的绿色保障力稍弱，昆明主要是一般工业固体废物综合利用率较低，仅为

36.36%，贵阳主要是建成区绿化覆盖率较低，仅为36.08%，南京和上海主要是公共交通覆盖率和建成区绿化覆盖率较低。

表7-12　长江经济带核心城市绿色保障力的灰色关联度

城　市	关联度	城　市	关联度	城　市	关联度
上　海	0.685	南　昌	0.800	成　都	0.880
南　京	0.644	武　汉	0.838	昆　明	0.637
杭　州	0.725	长　沙	0.800	贵　阳	0.646
合　肥	0.811	重　庆	0.741		

3. 目标层综合评价

综合各城市的绿色增长度、绿色承载力和绿色保障力及相应的 AHP 评价权重，可计算各城市的绿色发展水平总指数关联度矩阵。

长江经济带核心城市绿色发展水平的灰色关联度如表7-13所示，成都、长沙、武汉和合肥等城市的绿色发展水平较高。如近年来，长沙一方面不断加大绿化建设投入，城市绿化面积大幅增加，城市环境明显改善，"两型"理念不断深入人心；另一方面，结合国家自主创新示范区建设，长沙以科技含量高、资源消耗低、环境污染少的生产方式发展绿色经济，并采取分类退出、政策引导、经济补偿等措施，关停了大量"两高"企业和"五小"企业。重庆、南京、昆明和贵阳等城市的绿色发展水平较弱，如贵阳绿色发展还面临政策缺乏延续性、项目实施不到位、生态文明教育投入少、学科设置不健全、公共服务和基础设施不完善、外来务工人员生态与环保意识有待提高等问题。进一步分解各指标，加权计算后，各城市绿色增长度差别不

表7-13　长江经济带主要城市绿色发展水平的灰色关联度

城　市	关联度	城　市	关联度	城　市	关联度
上　海	0.239	南　昌	0.226	成　都	0.278
南　京	0.210	武　汉	0.253	昆　明	0.216
杭　州	0.235	长　沙	0.274	贵　阳	0.215
合　肥	0.245	重　庆	0.206		

大，但长沙、成都、武汉和合肥的绿色承载力位居长江经济带核心城市前四位，而南京和重庆位居后两位，成都、武汉、合肥的绿色保障力位居长江经济带核心城市前三位，长沙与南昌并列第四位，而昆明、贵阳、南京和上海位居后四位。

二 长江经济带城市绿色发展主要挑战

绿色发展以追求社会和环境的可持续发展为目标，以生产生活方式的低消耗、低排放、低污染或无污染为特征，以实现人的全面发展为中心。其中，让人民生活得更健康、更幸福、更美好，是城市建设之本。但目前长江经济带城市群绿色发展还面临城市协同水平不高、城市绿色增长差距较大、城市绿色承载能力弱、城市绿色保障能力不足等问题，进而影响到城市绿色发展之"本"。因此，长江经济带各城市需从生态文明角度，重新审视自己，算清楚城市发展的"空气之账""水源之账""生态之账""环境之账"等"大账"，让城市走上绿色、生态、永续发展之路。

（一）城市协同发展水平不高的挑战

城市间的协同发展指区域内两个或多个城市突破城市行政区划的限制，使发展要素和资源在各城市间自由流动和优化配置，使社会经济更加紧密融合，形成优势互补和共同繁荣的整体效应，城市间的协同发展有利于提升区域整体竞争力[4]。对此，本研究引用物理学中较为常见的传统引力模型来解释长江经济带核心城市绿色发展过程中的联系过程①。

———————————

① 引力计算公式为：

$$R_{ij} = \frac{G_i \times G_j}{D_{ij}^2} \tag{1}$$

式中，R_{ij} 表示 i 城市与 j 城市之间的绿色发展联系强度，G_i、G_j 分别表示 i 城市与 j 城市的绿色关联度，由本章第一部分计算所得，D_{ij} 为 i 城市与 j 城市之间的最短交通距离，本研究采用高铁时间距离来衡量。此外，绿色发展联系隶属度也是衡量区域协同发展的重要指标，指区域内较低一级城市对其周边高级中心城市的辐射接受程度，其计算公式为：

$$F_{ij} = \frac{R_{ij}}{\sum_{j=1}^{n} R_{ij}} \tag{2}$$

式中，F_{ij} 为绿色发展联系隶属度，表示为 j 城市与 i 城市的绝对联系量在 i 城市与所有城市的绝对联系总量中所占比重，R_{ij} 表示 i 城市与 j 城市之间的绿色发展联系度。

长江经济带核心城市之间的绿色联系中，上海与南京、杭州的联系较高，南京与上海、杭州、合肥的联系度较高，杭州与上海、南京、合肥的联系较强，合肥主要与南京、杭州和武汉之间有较高的联系，武汉、长沙与南昌之间的相互联系较密切，且武汉与东部的合肥有较强联系，南昌与东部杭州联系密切，成都与重庆联系密切，昆明与贵阳的联系密切，而长江经济带中下游城市与上游城市之间联系不够，如重庆、贵阳等城市均与中下游城市之间较少联系。

从隶属度看，如表7-14所示，上海辐射范围包括杭州、南京、合肥等长三角城市，南京的辐射范围包括合肥、上海、杭州，杭州的辐射范围有上海、南京、南昌、合肥，合肥的辐射范围有南京和武汉，但密切程度不如长三角内部的城市，南昌的辐射范围有长沙、武汉，武汉的辐射范围有长沙、南昌、合肥、贵阳，起到中心城市的作用，长沙的辐射范围有武汉、南昌、贵阳、昆明，重庆与成都之间相互辐射，两市与其他地区的联系均较弱，昆明与贵阳之间相互辐射，两市与其他城市之间的联系均很弱。

表 7-14　长江经济带核心城市绿色发展的隶属度

隶属度	上海	南京	杭州	合肥	南昌	武汉	长沙	重庆	成都	昆明	贵阳
上　海	0.000	0.285	0.524	0.090	0.042	0.023	0.023	0.003	0.003	0.003	0.005
南　京	0.275	0.000	0.268	0.371	0.018	0.040	0.016	0.004	0.003	0.002	0.003
杭　州	0.521	0.276	0.000	0.075	0.075	0.019	0.020	0.002	0.002	0.003	0.006
合　肥	0.122	0.525	0.104	0.000	0.030	0.149	0.048	0.008	0.006	0.003	0.005
南　昌	0.086	0.039	0.155	0.044	0.000	0.149	0.471	0.007	0.006	0.013	0.030
武　汉	0.039	0.070	0.033	0.185	0.123	0.000	0.470	0.018	0.013	0.015	0.031
长　沙	0.034	0.024	0.031	0.052	0.341	0.410	0.000	0.008	0.007	0.024	0.069
重　庆	0.012	0.016	0.009	0.025	0.016	0.047	0.025	0.000	0.828	0.005	0.019
成　都	0.013	0.016	0.010	0.019	0.013	0.032	0.022	0.858	0.000	0.006	0.011
昆　明	0.023	0.017	0.028	0.017	0.051	0.073	0.130	0.006	0.011	0.000	0.645
贵　阳	0.027	0.019	0.034	0.019	0.076	0.106	0.250	0.023	0.011	0.436	0.000

总体而言，长江经济带绿色发展存在区域性的协同，如长三角城市

群、长江中游城市群、成渝城市群和滇黔城市群之间的协同度高，但城市群之间的协同制度还没有建立起来，各城市群之间的协同作用还较弱。

（二）城市绿色增长收敛不显著的挑战

由城市发展评价指标体系数据可知，东部地区的 GDP、R&D 经费投入强度、公共财政支出、城乡居民可支配收入等指标均有明显优势。长江经济带 11 个核心城市中，GDP 水平东部地区最高，其次为以重庆为中心的周边地区，武汉城市圈次之，其他地区的 GDP 水平较低。整体上看，2015年，上海市辖区 GDP 达到 24838.4 亿元，而最低的城市贵阳仅为 2227.6亿元，上海是贵阳的 11 倍。人均 GDP 方面，长江下游地区普遍比中上游城市要高，如杭州市人均 GDP 达 12.2 万元，是重庆市 6.2 万元的 2 倍。

从经济指标看，如表 7 - 15 所示，R&D 经费投入强度上，上海、南京、杭州和合肥优势明显，而西部地区的重庆、昆明等城市较弱；公共财政支出方面，上海市最高，达 6028.2 亿元，而昆明市仅为 202.1 亿元，上海是昆明的 29.8 倍；城镇居民人均可支配收入方面，上海市达 52962 元，而重庆仅 27239 元，上海是重庆的 1.94 倍，农村居民人均可支配收入方面，杭州市达 25719 元，长沙仅 10291 元，杭州是长沙的 2.5 倍。整体而言，长江经济带下游城市的生产效率高于上游城市，经济发展水平呈明显的区域差异。

表 7 – 15　长江经济带核心城市部分经济指标情况

	上海	南京	杭州	合肥	南昌	武汉	长沙	重庆	成都	昆明	贵阳
R&D 经费投入强度（%）	4.34	4.98	5.28	4.09	1.23	4.78	2.18	0.72	1.78	0.56	0.18
公共财政支出（亿元）	6028.2	1045.6	1023.5	521.4	407.3	1080.2	642.9	1972.9	785.5	202.1	262.5
城镇居民人均可支配收入（元）	52962	46104	48316	31989	26500	36436	31195	27239	33476	33955	27214
农村居民人均可支配收入（元）	23205	19483	25719	15733	11139	17722	10291	10505	17690	11444	11918

进一步选择评价指标中的经济数据，比较各地区的泰尔系数，2011 ~

2015 年的 5 年时间内，长江经济带经济发展的差距基本保持不变或呈弱收敛趋势。如图 7 – 1a 所示，2011 年，长江经济带 11 个城市人均 GDP 的泰尔系数为 0.11，2012 年为 0.07，略有下降，但 2013 年又略有上升，到 2015 年，11 个城市的泰尔系数为 0.09，相比 2011 年，没有明显下降，无明显收敛趋势。图 7 – 1b 表明，各城市 GDP 呈收敛趋势，但收敛幅度较小，2011 年，11 市的泰尔系数为 0.30，2015 年为 0.24，年均下降 6%。

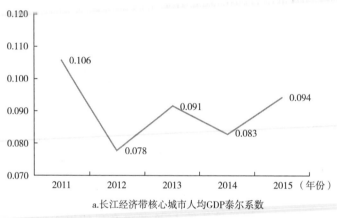

a.长江经济带核心城市人均GDP泰尔系数

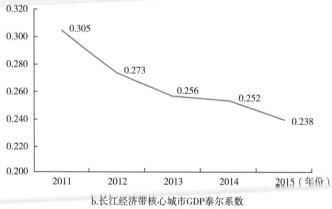

b.长江经济带核心城市GDP泰尔系数

图 7 – 1　长江经济带核心城市泰尔系数

（三）城市绿色承载能力较弱的挑战

生态风险问题已成为长江经济带特别是沿岸城市绿色发展的重大挑战。由评价指标可知，沿线城市绿色承载力的绿色关联度均较低，最高的城市为长沙市，仅为 0.462，而最低的重庆仅为 0.268，表明沿线城市绿色发展问题突出，具体表现在以下几方面：一是长江经济带的土地开发强度高于全国平均水平 2.5 个百分点，能源消费量占全国能源消费总量的 36.4%，用水总量、工业用水总量分别占全国总量的 47.3% 和 60.8%。二是长江沿线污染企业密集。据调查，长江沿线有化工企业约 40 万家，其中规模以上的排污口 6000 多个，此外，长江经济带还分布有宝山钢铁公司、南京钢铁公司、马鞍山钢铁公司、武汉钢铁公司、重庆钢铁公司五大钢铁基地，七大炼油厂，以及上海、南京、仪征等石油化工基地[5]。化工产业对于长江岸线的侵占在下游尤其明显。仅南京到上海的长江沿岸就有 8 个大型临港化工区，在江苏省境内化工园区尤为密集，仅苏州市下属各区就建有 9 家大型化工园区，每个园区内又有数十家化工企业。三是长江沿线水体质量较差，富营养化现象严重，长江已形成近 600 千米的岸边污染带，其中包括 300 余种有毒污染物[6]。2014 年长江流域的 60 个湖泊共评价水面面积 12575 平方千米，水质符合Ⅰ～Ⅲ类标准的水面面积占评价面积的 23.4%；Ⅳ类占 55.5%；Ⅴ类占 14.8%；劣Ⅴ类占 6.3%。从营养状态看，长江流域的重度富营养湖泊有 12 个，轻度富营养湖泊有 25 个，中度富营养湖泊有 23 个，分别占评价湖泊总数的 20%、41.7% 和 38.3%。

沿江大量工业园建设，特别是重化工业企业的建设，不仅造成了沿线河湖湿地生态破坏和岸线污染，而且导致突发环境事件频发，严重威胁到所在地区及下游地区的供水安全。仅 2014 年，长江经济带 11 省（市）共发生环境污染事件 256 起，约占全国突发环境事件总次数的 54%，其中上海 2014 年共发生 108 件环境污染事件，居全国首位[7]。

（四）城市绿色保障能力不足的挑战

长江经济带主要城市均受不同程度的污染，其中，成都市污染最严重，其次为武汉、南京、合肥等地区，上海、南昌、杭州、上海等城市空气质量较好，昆明和贵阳空气质量最佳。特别是沿江城市群及中下游地区大气污染相对严重，长三角地区、成都平原是我国霾日数最高的地区之一，长三角地区大部分城市、成都市及周边地区的霾日数在 50 天以上，江苏及浙北部分城市霾日数超过 100 天。

进一步分析可知，长江经济带污染主要集中于省会城市及工业较发达城市。如表 7 - 16 所示，按环境空气质量综合指数评价，11 个城市环境空气质量较差的城市依次是成都、武汉、南京和合肥，城市环境空间空间质量较好的城市依次为昆明、贵阳、南昌和上海。各指标分析表明，长三角地区 25 个城市优良天数比例范围为 65% ~ 95.4%，平均为 76.1%，比 2015 年上升 4.0 个百分点，平均超标天数比例为 23.9%，其中轻度污染为 19%，中度污染为 3.9%，重度污染为 0.9%。超标天数中以 PM2.5、O_3、PM10 和 NO_2 为首要污染物的天数分别占污染天数的 55.3%、39.8%、3.4% 和 2.1%，上海市出现重度污染 2 天。

表 7 - 16　2016 年长江经济带核心城市环境空气质量指数等指标

城 市	综合指数	最大指数	主要污染物
上 海	4.8	1.29	PM2.5
南 京	5.58	1.37	PM2.5
杭 州	5.24	1.4	PM2.5
合 肥	5.56	1.63	PM2.5
南 昌	4.7	1.23	PM2.5
武 汉	5.69	1.63	PM2.5
长 沙	5.06	1.51	PM2.5
重 庆	5.24	1.54	PM2.5
成 都	6.38	1.8	PM2.5
昆 明	3.71	0.8	PM2.5
贵 阳	4	1.06	PM2.5

与此同时，尽管长江经济带环境污染治理投资量呈逐年增加趋势，从投资总额看，区域之间仍有较大差异。上海、南京等经济实力强人，环境污染治理资金投放较多，上海在"十三五"期间，将在环保上投入约 4400 亿元，比"十二五"期间增加 37.5%，南京 2017 年环境治理预算安排为 60.86 亿元，相比 2016 年的 35.5 亿元，提高了 25.36 亿元。而南昌、成都等中西部城市环境污染治理资金投入较少，从投资力度看，位于长江下游长三角的城市环保投资额占 GDP 的比重较高，而中上游城市环保投资比重较弱，但各地区中 GDP 最高的地区环保投资占比不一定最高，也表明环境

污染治理的规模与经济发展水平还不协调，环保投资力度有待进一步加强。

三 长江经济带城市绿色发展实现路径

基于对长江经济带核心城市绿色发展的评估结果，长江经济带城市发展还存在过度关注经济增长，忽略发展质量，进而影响城市可持续发展等问题。随着国家"十三五"规划、《国家新型城镇化规划（2014～2020年)》、《城市适应气候变化行动方案》的出台，长江经济带主要城市管理者需要遵循重视发展质量的原则，改变传统城市发展模式，确保建设包容、安全、有恢复力、可持续的城市。长江经济带主要城市需进一步发挥辐射带动作用，创新绿色协调发展机制，加强城市污染治理，提升城市自身发展质量，将发展经验推广至中小城市，推动城市在自身环境承载力范围内规划并调整可持续发展战略，优化自身可持续发展路径。

（一）加快城市群绿色协作平台建设

长江经济带绿色发展水平还停留在区域性协同水平，全流域协同水平不高，各省区市缺乏全局发展观念，都力求使各自现有的资源要素优势实现利益最大化，从而导致区域内部不同地区之间的协调成本较高。因此，长江经济带各城市的发展需要不断打破行政区划界限和市场分割的制约，着力消除区域间的发展机制壁垒，推动区域在资源、要素、产业等方面合理配置和优化升级，创新协调发展机制，实现政府、市场等多方协同。

（1）建立国家层面的城市群绿色发展领导机构。为改变长江经济带生态环境领域国家部门"九龙治水"的机构分立局面，长江经济带各区域有必要从顶层设计出发，建立国家层面的城市群绿色发展领导机构，如设立长江经济带流域生态环境治理跨部门工作组，由中央政府牵头，与沿线9省2市政府共建长江经济带建设委员会。由其负责组织拟定长江经济带绿色发展规划和重大政策，指导长江经济带绿色发展体制机制创新，规划长江经济带重大项目布局、重大工程建设及行政区划的适当调整，确定经济带阶段性工作计划和合作重点，定期组织长江绿色发展论坛，制订经济带绿色发展一体化的方针、政策与法律法规，代表长江经济带开展对外合作，协调处理经济带各省市合作中遇到的问题。

（2）建立城市群绿色发展决策、协调、执行三个层次的协调机构。一是在决策层重视城市群协同发展的顶层设计，成立由长江经济带各省市主要领导组成的"长江经济带绿色发展协调委员会"，设置办公室管理日常工作，每年定期举行一次联席会议，负责协调长三角、长江中游、成渝、滇黔等城市群之间跨界合作遇到的障碍，对长江经济带重大基础设施建设、重大战略资源开发、生态环境一体化建设、跨区域生产要素流动等重大问题进行协调和决策。二是在协调层成立由各省市政府秘书长组成的"长江经济带秘书长协调委员会"，负责协调推进合作事项的进程，组织有关单位联合编制绿色发展合作的专项规划，并向各省市党政领导联席会议提交区域合作进展情况报告和建议。三是在执行层成立由各省市有关主管部门主要领导组成的"长江经济带部门协调委员会"，主要负责各部门间的协商与衔接，对城市群间的具体合作项目提出工作措施，制订详细计划。

（3）探索一种能统筹区域间节能减排、绿色发展的多中心协调发展策略。以"全面绿色发展"为目标，构建以省会城市为核心，以特色绿色群簇带动长三角、长江中游城市群、成渝城市群、滇黔城市群发展。以长三角、长江中游、成渝等跨区域城市群为主体，黔中、滇中等区域性城市群为补充，促进城市群之间、城市群内部的产业分工协作和有序转移，构建五大城市群多中心发展策略。一是长三角城市群，以上海为核心，依托南京都市圈、杭州都市圈、合肥都市圈、苏锡常都市圈、宁波都市圈，改造提升传统产业，建设具有全球影响力的科技创新高地、全球重要的现代服务业和先进制造业中心。二是长江中游城市群以武汉、长沙、南昌为中心，依托武汉城市圈、长株潭"3＋5"城市群、环鄱阳湖城市群，推动石油化工、钢铁、有色金属产业等传统产业的转型升级，建设具有全球影响的现代产业基地和全国重要创新基地。三是成渝城市群，提升重庆和成都双核带动功能，依托成渝发展主轴、沿江城市带和成德绵乐城市带，积极发展高技术服务业和科技服务业，打造全国重要的先进制造业和战略性新兴产业基地、长江上游地区现代服务业高地。四是黔中城市群，增强贵阳产业配套和要素集聚能力，打造国家重要能源资源深加工、特色轻工业基地和西部地区装备制造业、战略性新兴产业基地。五是滇中城市群，提升昆明面向东南亚、南亚开放的中心城市功能，改造升级烟草、冶金化工等传统优势产业，打造面向西南开放重要桥头堡的核心区、国家现代服务业基地和先进制造业基地。

（4）完善城市群协同发展的市场机制。一是通过市场机制，促进长江沿线产业结构优化，发展节源、节能产业，加快高耗能、高消耗产业技术改革，降低高耗能产业的比重，以此降低区域发展的代价。二是引入更多的环境保护的市场工具，借助上海崇明世界级生态岛建设经验，在环保部统筹协调及 UNEP 等组织协调下，建立具有国际水准的监测网络，在探索并实施跨界生态补偿的同时，充分发挥碳交易市场的作用（上海、重庆、武汉），建立产业生态化、生态产业化的推进机制，挖掘年超千亿元产业潜力。三是支持企业间进行碳交易，构建低碳技术创新平台，扶持一批低碳技术研发和扩散中心，推动区域绿色合作，及时了解跟进国内外相关低碳绿色技术标准、设备、产品的最新发展状况。四是创新可再生能源体系，提高新能源和可再生能源的使用效率，对目前的有排污、废气、城镇废弃物现象的企业和个人进行有效治理和整合，完善环保税的征收标准，提升环境保护和生态修复理念，破除先污染后治理的错误理念。五是在《联合国气候变化框架公约》框架内，推动建立以发达国家政府开发的垃圾处理、水体污染、土壤污染治理技术为基础的国际绿色技术共享机制，鼓励企业开展长江经济带绿色技术转移，降低长江经济带沿线城市污染治理成本。六是由国务院牵头构建长江流域 11 个省（市）水环境合约组织与横向交易平台，以断面水质考核指标为测算系数，确定省际生态补偿标准，实现污染省（市）向非污染省（市）支付生态补偿金。

（二）构建结构功能合理的绿色城镇体系

党的十八大报告强调，要坚持节约资源和保护环境的基本国策，着力推进绿色发展，实现新型城镇化建设，加快建立生态文明制度。从国内外形势看，节能减排、生态保护都是我国城市发展的必然道路。长江经济带上、中、下游地区资源禀赋、经济基础等条件存在很大差异，各地区均面临优化发展质量、增强环境承载力、提升绿色保障等绿色发展问题，该区域核心城市作为城市集群发展的增长点和辐射点，担负着示范和带动其他城市发展转型的重要责任。以区域核心城市为依托，通过区域核心城市的绿色转型带动经济腹地的城市绿色转型，从而形成合理、紧密相关的城市绿色转型带，是长江经济带城市发展转型的必然选择。

（1）加强中心城市绿色发展的辐射带动功能。中心城市在城市群中起核心和支撑作用，是区域发展的增长极。长江经济带东部地区应以上海、南京为国家或区域中心城市，中部以武汉、长沙为国家或区域中心城市，上游以重庆、成都为国家或区域中心城市，提升城市中心功能，充分发挥国家或区域中心城市的辐射、带动和引领作用，在完善节能减排标准体系、优化现有节能标准，推进节能环保和循环经济试点，实施工业能效赶超行动等方面先行先试，提供示范。进一步提升贵阳、昆明、南昌、合肥、杭州等中心城市和副中心城市绿色发展水平，由点到轴、连轴到面，形成以特大城市为中心，大中小城市协调发展、等级完整、分工协作，资源节约与环境友好有效整合的现代化城镇网络体系。

（2）构建沿江绿色产业发展轴。以长江黄金水道为依托，发挥上海、武汉、重庆的核心支撑功能，以南京、南通、镇江、扬州、芜湖、安庆、九江、黄石、鄂州、咸宁、岳阳、荆州、宜昌、万州、涪陵、江津、泸州、宜宾等沿江城市为重要节点，优化沿江产业布局。一是引导资源加工型、劳动密集型和以内需为主的资本、技术密集型产业向中上游有序转移，推进绿色循环低碳发展。二是引导各城市深入贯彻落实《中国制造2025》，深入实施绿色制造工程，促进城市制造业绿色升级，重点在机械、电子、化工、食品、纺织、家电、大型成套装备等行业，围绕绿色设计平台建设、绿色关键工艺突破、绿色供应链系统构建三个方向，推进绿色制造系统集成工作，构建绿色沿江产业发展轴。到2020年，长江经济带绿色制造水平明显提升，产业结构和布局更加合理，传统制造业能耗、水耗、污染物排放强度显著下降，清洁生产水平进一步提高，绿色制造体系初步建立。长江经济带危险化学品重点搬迁改造项目全面完成，一批关键绿色制造技术实现产业化应用，打造和培育500家绿色示范工厂、50家绿色示范园区，推广5000种以上绿色产品，绿色制造产业产值达到5万亿元。

（3）优化城镇化空间格局。一是抓住城市群这个重点，以长江为纽带和集聚轴线，以长三角城市群为龙头，以长江中游和成渝城市群为支撑，以黔中和滇中两个区域性城市群为补充，以沿江大中小城市和小城镇为依托，形成区域联动、结构合理、集约高效、绿色低碳的新型城镇化格局。二是以绿色发展为理念，加大对沿江小城市、县城和重点小城镇的支持力度，将生态文明建设融入城镇经济、政治、文化、社会建设各方面和全过程，制定和实施县城规划，调整优化乡镇布局，统筹规划各类工业园区、商贸园区、居民社区等，着力推进绿色发展、循环发展、低碳发展，增强小城镇特色产业和人口集聚能力，着力提高县域绿色发展水平。

（4）推动城镇高效集约发展。一是在长江经济带各城市实施更加严格的区域产业环境准入标准，提高各类重点生态功能区中城镇化、工业化和资源开发的生态环境准入门槛。二是突出绿色发展在城镇总体布局中的贯穿性，把生态文明理念全面融入城镇化进程，在城镇开展"碧水工程"、"蓝天工程"、"绿化工程"、"节能减排工程"、"创卫工程"等活动。三是完善县和乡镇公共服务设施配套，提升小城镇公共服务和居住功能，促进农业转移人口全面融入城镇，引导重点生态功能区城镇化发展，以现有城镇布局为基础，实施集约开发、集中建设，有步骤地引导生态移民向中小城市和重点小城镇集中，实现高质量的城镇化。四是强化城镇环保基础设施建设，提升城镇污水处理水平，加大污水管网建设力度，推进雨、污分流改造，加快县城和重点建制镇污水处理厂建设。五是在城市管理上融入"智慧"元素，努力让市民居住得更环保节约，生活得更加幸福美满。六是遵循产业集聚、资源节约、生态环保的原则，积极推动区域产业分工和协同发展，引导城镇企业向园区、向城镇集中，带动农村人口向城市和城镇转移。

（5）加强城镇生态文明建设。一是制定各城市的环境发展规划，加强区域环境治理，提升城镇环境质量，根据自身发展实际，有针对性地制定相应的环境保护政策。二是推进城市绿色空间再造。鼓励城市从传统的平面绿化模式向地下、地面和空中三部分相结合的综合绿化模式转变。严格城市"三区四线"规划管理，合理安排生态用地，合理控制建筑物高度，适度扩大城市生态空间，推广绿色开发模式，发展绿色能源，推广绿色建筑，构建绿色交通体系，加快建设海绵城市、森林城市和绿色生态城区。

四是拓展现代城市林业，营造城市特色景观，积极推动城乡绿化一体化，创造一个整体连贯，并能在生态上相互作用的开放式城市绿色空间网络，提高城市宜居水平。五是选择一批自然景观和田园风光宜人、村镇风貌和基本格局特色鲜明、居住环境和公共设施配套优良、传统文化和乡村要素保护良好、经济发展水平较高的村镇，重点建设一批主题鲜明、形式多样、产业旅游文化"三位一体"、生态与生产和谐发展的特色小镇。六是倡导生活方式低碳化。培育生态文化，引导绿色消费，鼓励低碳出行，倡导简约适度、绿色低碳、文明节约的生活方式。推行"个人低碳计划"，开展"低碳家庭"行动，推进低碳社区建设。

（6）积极推进城市产业转型升级。一是在长江中上游地区大力建设承接产业转移平台，以开发区、产业园区等为载体，支持下游地区到中上游地区共建产业园区，发展"飞地经济"。二是立足当地资源环境承载能力，借鉴负面清单管理模式，严格审核城镇承接产业，防止出现污染转移和环境风险聚集，进一步严格城镇工业项目环境准入，防止城市和工业污染向农村转移。严格控制产业进入退出机制，重视生态文明、绿色环保问题，对资源消耗量大的、环境污染严重的产业要严格把关，每个城市根据自身资源禀赋、产业结构、区位条件等因素制定相应的产能消耗和污染排放标准，避免产业的过度污染造成环境的破坏。三是推动产业节能减排等绿色技术的应用。加快城市能源结构转换，支持新能源技术的研发。进一步提高资源能源利用效率和净化率。鼓励企业进行业务流程再造，减少各个生产流程的能源消耗，挖掘降耗减排潜力，广泛推广碳中和、清洁煤等环保节能技术，提高煤炭净化比重。推进从单纯鼓励转向鼓励与强制实行并重，对可促进产业发展的绿色技术如风能发电、光伏发电、电动汽车等已采取价格补贴等鼓励政策。四是推动城镇循环经济发展，加大对城镇节能环保和循环经济的评价力度，引导企业履行社会责任、促进节能减排，实现产品从摇篮到摇篮，创造一批新的绿色增长点。五是促进"产城"融合，一方面，充分发挥市场的基础性作用，吸引生产要素和人力资本向具有区位优势和产业基础、交通便捷的中小城市集聚；另一方面，发挥政府的引导作用，改革户籍制度，改善营商环境，探索建立土地流转和人地挂钩机制，消除制约产城融合发展的制度障碍，着力提高城镇发展的包容性。六是推进城市产业园区循环化和生态化，以国家级和省级产业园区为重点，推进循环化改造和生态化升级，实现土地集约利用、废弃物交换利用、能量梯级利用、废水循环利用和污染物集中处理，深入推进园区循环化改造试点和生态工业示范园区建设。

（三）加强城市群环境综合整治和生态保护

长江经济带城市绿色发展既要保证高标准的城市规划与建设管理，还需要高起点的环境综合整治与生态保护，既要做好城市水环境、大气环境、声环境等方面的治理，也要处理好城市带大环境的生态规划，促进区域生态环境良性循环。

（1）进行流域大环境生态规划。一是加强水资源保护。对于沿线城市的资源利用与保护，要联合沿江各省市环保、水务等部门，加强对各江段环境容量的研究与监测，严格划定集中式饮用水源保护区，严格控制水体污染。二是加强岸线资源开发与保护，切实加强岸线资源的保护与管理，推动长江沿岸防护林、荒山造林、血防林等体系建设，实现沿江岸线绿色全覆盖。三是以城市为中心，以城市内部的各类公园、街头绿地、保护绿地等公共绿地为点，以城市内各种沿道路、江河、铁路等各类型绿带为线，以城市大片绿地为面，构筑完整的城市绿地系统。四是以"生态优先、流域互动、集约发展"为主思路，构筑"一轴、两翼、三极、多点"的格局，"一轴"即以长江黄金水道为依托，发挥上海、武汉、重庆的核心作用，构建沿江绿色发展轴，"两翼"即沪瑞和沪蓉南、北两大运输通道，增强南、北两侧腹地重要节点城市人口和产业集聚能力。"三极"即长三角、长江中游和成渝三大城市群，发挥中心城市的辐射作用，打造三大增长极。"多点"即发挥三大城市群以外地级城市的支撑作用，加强中心城市的经济联系与互动，带动地区经济的发展。五是把保护和修复长江生态环境摆在首要位置，共抓流域大保护，不搞大开发，全面落实主体功能区规划，明确生态功能分区，划定生态保护红线、水资源开发利用红线和水功能区限制纳污红线。

（2）协调构建区域生态安全格局。一是加强长江生态功能分区政策管控，强化长江流域生态保护，依法划定生态保护红线，科学划定生态保护区、生态缓冲区和生态开敞区，实行整体控制、分区管理、分类引导。二是加强沿线港口各类污染防治，实行港区污水分类处理，实施严格的长江水系船舶排放控制管理，加强港区气体污染控制和码头污染物、煤炭粉尘防治，强化危险化学品运输、装卸安全管理，强化港口固体废弃物、噪声污染等其他污染防治工作。

（3）加强城市环境污染治理。一是加强城市水环境治理。加强内河河道水环境的治理对城市水网连通、促进水体交换、提高水体自净能力及美化净化城市环境有着至关重要的作用。沿线城市应进一步加强污水治理，削减污染排放量，适当调整产业结构，限制高能耗、高污染、高排放的企业，特别是加强对长江沿岸重化工企业的监控，不断发展、促进、鼓励、推广清洁生产工艺，加强水源地保护，彻底改善城市水环境。二是加强大气污染治理，各城市在节能降耗提高综合效益的同时，大力发展清洁能源，降低煤炭在能源结构中的比重，并进一步提高城市民用燃料气化率，进一步加强烟尘治理，特别是针对成都、武汉、南京、合肥等空气污染较为严重的城市，不断巩固提高原有烟尘控制区水平，创建新的烟尘控制区，加强工业废气治理，减少工业废气排放量。三是加强城市噪声污染控制。各城市考虑开辟自行车专用道，并进一步提高公交出行比例，对现有噪声源，根据扰民严重程度执行限期治理。

（4）加强城镇生态环境管理。一是建设生态文明，把生态文明建设的理念和原则全面融入城镇建设、城市运行和城市管理的各个方面和环节，尊重城市自然格局，增强城市内部布局的合理性，提高城镇化的绿色水平。二是加强对环境突出问题的治理，抓住影响城镇发展和居民生活的突出问题进行重点治理，逐步推进，确立区域治理的理念，实行跨行政区治理，在长江经济带建立环境污染联防联控机制。三是加强社会力量和公众监督绿色城镇化的力度。建立渗透绿色城镇化建设整个过程的公众参与机制，从城市规划到规划执行及环境的保护等流程，听取公众的意见，尊重公众的意愿。构建对生态环境违法行为舆论监督机制，定期发布绿色城镇化建设评估报告，保障公众应有的知情权、监督权和表达权。引导环保义务监督员、环保志愿者等民间力量和社会组织积极参与绿色城镇化建设。

（四）强化绿色发展的政策与制度保障

长江经济带生态环境保护是一项系统工程，各城市应充分发挥政府的主体作用，加大绿色发展投入力度，以重大项目为支撑，推动地区间、上下游生态环境联防联治，探索人与自然和谐发展的有效模式。

（1）完善生态保护监管机制。一是严格执行《中华人民共和国环境保护法》和《中华人民共和国环境影响评价法》等法律法规，严格流域项目论证审核和土地、环保准入。二是完善环境保护监管机制，推动建立沿江岸线资源使用权交易制度和岸线使用权回收机制。三是建立环境效益评估考核机制，建立低碳评估、核算及考核制度，增加绿色GDP考核指标，纳入各级政府和干部考核评价体系。四是建立自然资源保护管理制度，分区段编制长江自然资源资产负债表，对长江经济带自然生态、自然资源、环境质量、开放强度等进行损益核算，建立相应的资产损益评估考核机制。

（2）促进流域上、下游城镇生态环境共治，建立生态保护补偿机制。一是深入探索建立长江干流上中下游地区、支流上中下游、相邻省（市）、关联产业、受益地区和生态保护地区等之间的横向生态补偿机制，建立11个省（市）生态保护补偿资金池，按照生态地位重要性和生态保护成本等因素进行分配。二是建立负面清单管理制度，按全国主体功能区规划要求，建立生态环境硬约束机制，明确各地区环境容量，制定负面清单，强化日常监测和监管，严格落实责任追究问责制。三是加强流域环境污染联防联控，完善长江环境污染联防联控机制和预警应急响应体系，建立健全跨部门、跨区域、跨流域突发环境事件应急响应机制。

（3）注重区域法制建设。一是建设长江经济带绿色发展城市协商制度，通过内部成员的协商共同制定一些规则来推进绿色城镇化建设，探讨长江经济带环保立法的可行性。二是沿江各省（市）根据自身特点和生态环境保护的需要，在充分协商前提下，制定和完善生态环境保护地方性法规。三是加大沿江环境执法监督力度，推进环境联合执法、区域执法、交叉执法，强化执法监督和责任追究，加强环保、水利、公安、检察等部门和机关的协作，健全行政执法和刑事司法的衔接机制，完善案件移送、受理、立案、通报等规定。

（4）加强重大项目支持。一是地方政府发挥信息通报、决策建议、项目配套等功能，向中央推荐本地区流域外部性的重大生态环境建设项目，在财政支出上，将相对有限的资金投入流域外部性弱的生态环境问题的解决上。进一步强化政府对绿色城镇化的引导作用，逐步把生态文明建设作为公共财政支出的重点，加大投入力度，确保公共财政每年用于环境保护和生态建设支出的增幅高于经济增长速度和财政支出增长幅度。二是注重发挥市场机制作用，实行财政支持政策，吸引银行等金融机构支持环境保护项目。加强与产业基金、投资公司、政策性银行等机构对接，总结绿色信贷的成功经验，拓展支持领域，为绿色制造专项提供支撑。三是构建多元投入机制。探索绿色产业发展的 PPP 模式，细化和落实支持民间资本进入城市污水处理、空气污染治理、城市园林绿化行业领域条款，通过放宽准入、减免税收、补贴和土地政策等措施来支持绿色产业基金的发展，支持生态环保类企业上市融资，提高社会资本参与城镇化进程的积极性。以互联网＋绿色金融创新将互联网金融与地方政府绿色基础设施建设项目有效对接，减轻政府公共财政举债压力，破解地方政府融资难问题。四是围绕落实绿色制造工程重点任务，在长江经济带部分城市开展绿色制造试点示范，创建一批特色鲜明的绿色示范工厂。

（5）建立绿色生活及绿色消费方式推广机制。一是完善绿色消费制度，引导消费者转变消费观念，将绿色的生活理念与消费理念贯穿到提高城镇化发展质量的进程中，通过制定约束与奖励机制，促使消费者形成绿色消费理念，认识到自己的主体角色，自觉采用绿色消费、绿色出行、绿色居住，营造一个有序的、规范的绿色市场氛围。二是合理调整消费结构，增加社会对绿色产品的消费，抵制过度包装的产品，限制一次性产品的使用，广泛使用节能灯、太阳能热水器等节能节水型设备，鼓励公众形成健康绿色的生活习惯。三是制定政府采购绿色产品清单，对列入清单的产品，财政部门可给予优先审批采购计划，优先安排采购资金等多项鼓励措施，引导更多社会资金在采购中注重产品的节能环保能力，推动绿色产品技术进步。四是加强长江经济带沿线城市传统绿色文化的挖掘和时代特色绿色文化培育，一方面加强地方特色的绿色文化的提炼、整理、保护和弘扬，将绿色文化在全社会进行广泛、全面传播，另一方面开展多种形式的绿色文化教育，利用学校、企业、党政机关等各种平台，把绿色行政意识、绿色经济意识、绿色法制意识、绿色道德意识、绿色科学意识有机结合起来，开展专项宣传、职前培育、继续教育等多种形式的绿色教育活动，培养一批具有绿色发展理念和绿色发展技能的高素质人才。形成一批"绿色企业"、"绿色社区"、"绿色城市"、"绿色学校"等绿色文化宣传教育基地。五是创新多样化的绿色文化传播形式，培育体现时代特征的绿色文化，如绿色企业文化、绿色制度文化等，鼓励企业将绿色文化的理念渗透到绿色营销、绿色媒介、绿色服务等各个环节，重视公益广告、移动通信、网络微博等新兴媒体的作用，以多种形式提高绿色文化普及的可达性，向公众传播绿色理念、传递绿色信息。

主要参考文献

[1] 赵景柱：《社会—经济—自然复合生态系统持续发展评价指标的理论研究》，《生态学报》1995 年第 3 期，第 327 ~ 330 页。

[2] 肖新平、宋中民、李峰：《灰技术基础及其应用》，科学出版社，2005。

[3] 王丽：《基于 AHP 的城市旅游竞争力评价指标体系的构建及应用研究》，《地域研究与开发》2014 年第 4 期，第 105 ~ 108 页。

[4] 王士君：《城市相互作用与整合发展》，商务印书馆，2009。

[5] 蒋洪强：《加快推进重大政策和重大项目落地，确保生态环境质量总体改善——〈"十三五"生态环境保护规划〉解读》，《中国环境管理》2016 年第 6 期，第 9 ~ 11 页。

[6] 王依、臧宏宽、孙钰如：《从〈"十三五"生态环境保护规划〉看环境监管的转变》，《中国环境管理》2017 年第 2 期，第 80 ~ 85 页。

[7] 雍阳仁：《以环境保护大数据促进供给侧管理》，《中国环境管理》2016 年第 4 期，第 109 页。

第八章

长江经济带产业

绿色发展研究

随着资源环境对经济增长的约束越来越明显，发展绿色产业对原有经济系统进行绿色化或生态化改造，寻求生态效益和经济效益的平衡点，是我国经济转型战略始终关注的焦点。长江经济带的人口和经济总量均占到全国的四成，是我国经济社会发展最具活力和潜力的重点区域。因此，加快长江经济带传统产业的绿色改造升级，加大新兴绿色产业的扶持培育，构建科技含量高、资源消耗低、环境污染少、绿色环保的产业结构和产业体系，对促进长江经济带绿色、协同发展，进而支撑中国经济持续增长具有十分重大的战略意义。

一 长江经济带产业绿色发展的基础与挑战

长江经济带横跨我国东、中、西三大区域 11 个省（市），全域人口众多，资源相对丰裕，发展基础较好。2015 年，长江经济带各省（市）地区生产总值总计 28.85 万亿元，占全国的 39.91%。但产业绿色转型面临着区域性、累积性、复合性等一系列生态环境问题的严峻挑战。同时，沿江各省市经济综合发展水平存在较大落差，特别是部分省（市）的产业结构重型化格局难以在短期内取得根本性转变，部分资源型、传统型、重化工型产业的绿色投资和技术创新不足。总体来看，长江经济带产业的绿色发展水平和发展空间仍需要进一步提升。

（一）长江经济带产业发展的现状特征

1. 工业化水平不断提升，但省域间差异大

工业是能源资源消耗和污染排放的主体，也是推行产业绿色转型的主阵地。长江经济带是我国工业发展重地，上海市已经完成工业化，正打造服务型产业体系；此外，江苏、浙江、江西、安徽、湖北 5 个省（市）工业比重高于全国平均水平，工业化水平也不断提升。2015 年，长江经济带各省（市）全部工业增加值总计 10.79 万亿元，占地区生产总值的

37.40%，占全国工业增加值的39.21%。但区域内部差异较大，其中东部区域板块3省（市）、中部4省和西部4省（市）地区生产总值分别占长江经济带的47.87%、33.69%和18.44%，工业增加值分别占长江经济带的48.56%、35.87%和15.57%，整体表现为长江两端地区较低而中部地区较高的倒"U"形态势。东、中、西部区域板块平均工业比重分别为37.92%、39.78%和34.00%，也就是说，东部地区工业化程度最高，工业比重已处于稳中趋降阶段；西部地区工业化程度最低，工业比重尚处于低位爬升阶段；中部地区工业化程度居中，工业比重处于高位并仍有上升空间，见表8-1。

表8-1 长江经济带各省（市）经济发展和工业化水平（2015）

	地区生产总值		工业		工业增加值占地区生产总值（%）	人均地区生产总值（万元）
	数量（万亿元）	占全国（%）	工业增加值（万亿元）	占全国（%）		
全国	72.28	100	27.51	100	38.06	5.26
长江经济带	28.85	39.91	10.79	39.21	37.40	5.32
东部	13.81	19.11	5.24	19.04	37.92	8.67
上海	2.51	3.48	0.72	2.60	28.51	10.40
江苏	7.01	9.70	2.80	10.18	39.93	8.79
浙江	4.29	5.93	1.72	6.26	40.15	7.74
中部	9.72	13.45	3.87	14.05	39.78	4.16
江西	1.67	2.31	0.69	2.51	41.37	3.66
安徽	2.20	3.04	0.93	3.37	42.10	3.58
湖北	2.96	4.09	1.15	4.19	39.03	5.05
湖南	2.89	4.00	1.09	3.98	37.87	4.26
西部	6.99	9.67	2.38	8.64	34.00	3.59
重庆	1.57	2.17	0.56	2.02	35.36	5.21
四川	3.01	4.16	1.10	4.01	36.73	3.66
贵州	1.05	1.45	0.33	1.21	31.57	2.98
云南	1.36	1.88	0.38	1.40	28.26	2.87

2. 用电用地效率较高，但呈耗水型产业特征

比较而言，长江经济带各省（市）整体用电效率较高。2015 年，全经济带用电量 21394.57 亿千瓦时，占全国用电量的 51.49%，比其地区生产总值占全国的比重高 11.58 个百分点；每万元 GDP 用电 741.64 千瓦时，比全国低 46.07 千瓦时，除云南、贵州、安徽和浙江外，其余省（市）均低于全国平均水平。同时，长江经济带各省（市）整体用地效率也较高。2015 年，全经济带建设用地 1464.43 万公顷，占全国建设用地的 37.95%，比其地区生产总值占全国的比重低 1.96 个百分点；每亿元用地 50.76 公顷，比全国少 2.64 公顷。但是，从区域内部看，上海、浙江、江苏等长三角地区和重庆市用地效率较高，单位 GDP 用地显著低于全国水平，而其他省份单位 GDP 用地则均高于全国水平。

长江经济带水资源较为丰富，由此也形成了耗水型经济和产业结构。2015 年，长江经济带各省（市）用水总量 2622.7 亿立方米，占全国用水量的 42.97%，每万元 GDP 用水 90.92 立方米，比全国平均水平高 6.48 立方米，其中，工业用水量 830.2 亿立方米，占全国工业用水量的 62.19%，比其工业增加值占全国的比重高近 23 个百分点，每万元工业增加值用水 76.96 立方米，比全国平均水平高 28.44 立方米，除浙江省外，其余省（市）单位工业增加值用水量均高于全国平均水平。从区域看，长江经济带每万元 GDP 用水强度也表现为由东向西的倒 "U" 形特征，也就是东部和西部地区用水强度较低，而中部地区用水强度最高，这一态势与工业比重指标的变化基本一致，见表 8 - 2。

3. 废气排放强度较低，但废水排放不容乐观

长江经济带废气排放强度总体水平低于全国平均水平，2015 年，长江经济带每亿元 GDP 二氧化硫、氮氧化物和烟（粉）尘排放量分别为 22.01 吨、20.51 吨和 14.74 吨，也均显著低于全国平均水平。从区域排放总量看，中西部地区是排放主力，东、中、西部二氧化硫排放量分别占长江经济带的 24.32%、33.94% 和 41.74%，氮氧化物排放量分别占 33.4%、37.61% 和 28.99%，烟（粉）尘排放量分别占 25.99%、45.33% 和 28.68%。

表 8-2　长江经济带各省（市）用水、用电、用地效率（2015）

	用　水				用　电		用　地	
	用水总量（亿立方米）	单位 GDP 用水（立方米/万元）	工业用水（亿立方米）	单位工业增加值用水（立方米/万元）	电力消费量（亿千瓦时）	单位 GDP 用电（千瓦时/万元）	建设用地（万公顷）	单位 GDP 用地（公顷/亿元）
长江经济带	2622.7	90.92	830.2	76.96	21394.57	741.64	1464.433	50.76
东部	864.4	62.58	355.2	67.82	10074.15	723.34	385.993	27.94
上海	103.8	41.32	64.6	90.19	1405.55	559.46	30.713	12.22
江苏	574.5	81.94	239	85.37	5114.70	729.46	227.08	32.39
浙江	186.1	43.39	51.6	29.97	3553.90	828.68	128.20	29.89
中部	1166.2	120.00	338.6	87.58	5839.83	600.92	656.92	67.60
安徽	288.7	172.63	93.5	135.15	1639.79	980.51	198.08	118.44
江西	245.8	111.70	61.6	66.49	1087.26	494.08	127.24	57.82
湖北	301.3	101.96	93.3	80.90	1665.16	563.50	169.60	57.40
湖南	330.4	114.32	90.2	82.41	1447.63	500.87	161.99	56.05
西部	592.1	84.72	136.4	57.40	5480.59	784.15	421.52	60.31
重庆	79.0	50.26	32.5	58.48	875.37	556.95	65.98	41.98
四川	265.5	88.34	55.4	50.19	1992.40	662.96	180.90	60.20
贵州	97.5	92.83	25.5	76.91	1174.21	1118.02	68.12	64.86
云南	150.1	110.21	23	59.77	1438.61	1056.31	106.52	78.21
长江经济带占全国%	42.97	—	62.20	—	37.58	—	37.95	—
全　国	6103.2	84.44	1334.8	48.52	56932.99	787.71	3859.33	53.40

从排放强度看，呈现下游长三角地区较低而中上游地区较高的局面，具体而言，贵州、云南、安徽、江西省由于资源型重化产业比重较大，废气主要污染物排放强度较高。

由于经济和产业发展方式较为粗放，长江经济带污染排放形势不容乐观，特别是长江经济带废水排放强度高于全国平均水平。2015 年，长江经济带各省（市）每万元工业增加值废水排放 8.24 吨，比全国平均水平高0.99 吨。其中，每亿元工业增加值化学需氧量排放 10.73 吨，比全国水平高 0.06 吨；每亿元工业增加值氨氮排放 0.80 吨，比全国水平高 0.01 吨。

比较而言，经济较为发达的下游长三角地区污染排放强度较低，处于快速工业化阶段的中上游地区排放强度则较高，东部3省（市）废水及主要污染物排放强度均低于全国平均水平，而中西部省（市）则普遍高于全国平均。由于地处中上游，中西部地区废水排放可能对长江流域生态环境产生更大的负面影响。未来随着工业化继续推进，中上游地区所产生的废水排放压力可能进一步增大，见表8-3。

表8-3 长江经济带各省（市）废水、废气等主要污染物排放强度（2015）

地　区	单位地区生产总值废水排放			单位地区生产总值废气排放（吨/亿元）		
	废水总量（吨/万元）	化学需氧量（吨/亿元）	氨氮（吨/亿元）	二氧化硫	氮氧化物	烟（粉）尘
长江经济带	11.05	28.12	3.46	22.01	20.51	14.74
东部	9.26	14.02	2.02	11.18	14.31	8.00
上海	8.92	7.91	1.69	6.80	11.97	4.80
江苏	8.86	15.04	1.96	11.91	15.23	9.33
浙江	10.12	15.93	2.30	12.54	14.17	7.70
中部	11.65	38.90	4.60	22.17	22.90	19.84
安徽	16.78	52.08	5.79	28.71	43.11	32.64
江西	10.14	32.52	3.84	24.00	22.39	21.84
湖北	10.62	33.37	3.87	18.66	17.41	15.13
湖南	10.87	41.79	5.23	20.60	17.19	15.73
西部	11.12	34.26	3.90	37.92	24.54	17.45
重庆	9.53	24.16	3.19	31.55	20.41	13.30
四川	11.37	39.48	4.37	23.88	17.50	13.73
贵州	10.74	30.31	3.47	81.21	39.91	27.19
云南	12.73	37.47	4.03	42.86	33.00	22.95
全　国	10.17	30.76	3.18	25.72	25.61	21.28
地区	单位工业增加值废水排放			单位工业增加值废气排放（吨/亿元）		
	废水总量（吨/万元）	化学需氧量（吨/亿元）	氨氮（吨/亿元）	二氧化硫	氮氧化物	烟（粉）尘
长江经济带	8.24	10.73	0.80	51.15	34.99	35.35
东部	7.65	7.25	0.49	27.18	25.47	19.76

续表

地　区	单位工业增加值废水排放			单位工业增加值废气排放 （吨/亿元）		
	废水总量 （吨/万元）	化学需氧量 （吨/亿元）	氨氮 （吨/亿元）	二氧 化硫	氮氧 化物	烟（粉） 尘
上海	6.55	3.17	0.22	14.64	16.96	15.55
江苏	7.37	7.19	0.48	28.38	26.92	21.87
浙江	8.56	9.04	0.60	30.43	26.64	18.07
中部	7.90	10.81	1.18	49.72	36.23	44.35
安徽	10.33	11.98	0.96	60.72	70.61	69.09
江西	8.25	9.93	0.97	55.66	30.16	48.14
湖北	7.01	10.31	1.01	40.81	27.66	32.79
湖南	7.02	11.33	1.68	47.14	28.66	37.68
西部	7.67	15.17	0.65	91.41	43.79	44.78
重庆	6.39	9.06	0.59	76.80	28.63	35.34
四川	6.49	9.19	0.48	56.39	29.74	34.02
贵州	8.80	18.70	0.96	180.63	90.41	69.55
云南	11.94	38.12	0.95	136.10	65.80	67.92
全　国	7.25	10.67	0.79	56.58	42.92	44.80

（二）长江经济带产业绿色发展面临的主要挑战

1. 整体：产业布局不尽合理，资源环境负载较重

首先，产业布局与资源错配加大了环境承载的压力。目前长江经济带产业布局与资源、市场脱节，如煤炭等能源基地主要集中在中西部地区，而钢铁、石化、建材等耗能型企业则多集中在东部地区；大量的进口油从东部上岸后往返运输中西部加工；东部地区轻工、纺织等产业外向型特征明显，而棉、毛、麻、丝等天然纤维原料需要从中、西部地区调运。产业布局与资源错配导致的大规模资源、产品跨区域流动加大了环境的承载压力。

其次，产业布局过度集中和雷同导致主要污染物排放总量超过环境承

载能力。长江沿岸布局了大量重化工企业，有五大钢铁基地、七大炼油厂以及上海、南京等大型国有化工基地，且众多产业项目和园区之间的上、下游梯度产业链条不明显，存在雷同现象，沿江产业布局过度集中和雷同导致主要污染物排放总量超过环境承载能力。同时，一些污染型企业距离居民区和江边过近，水源的安全保护距离很难得到保障，部分企业对环境风险认识不足，风险防范应急预案措施不具体，加大了环境突发污染事故的风险。

2. 东部：经济下行弱化企业节能减排意愿，企业污染治理投资不足

受国内外环境影响，目前长江经济带东部省（市）仍未完成产业结构的调整与转型，化学原料与化学品制造、纺织、黑色金属冶炼与压延加工业仍是部分省（市）的支柱产业，进入新常态，经济下行压力不断加大，劳动力成本优势不断削弱，企业盈利能力受到很大影响。同时，部分工业行业产能过剩现象依然严重，特别是钢铁、建材、有色等行业尤为突出，制造业产品价格和行业利润普遍处于低位，利润不足、效益下滑导致企业节能减排的投入意愿不高，抉择和权衡产业绿色转型与保持经济稳定增长的关系成为重要挑战。

国际经验表明，当污染治理投资占国民生产总值的比例达到 1% ~ 1.5% 时才能基本控制环境污染，提高到 2% ~ 3% 时才能改善环境质量。近年来，随着污染排放形势加剧和绿色发展理念的提升，长江经济带东部各省（市）逐步加大了对污染治理的重视程度和投资力度，但仍显不足。2015 年，长江经济带东部地区环境污染治理投资占 GDP 比重为 1.17%，低于全国平均水平 0.05 个百分点，低于长江经济带平均水平 0.11 个百分点；工业污染治理投资占工业增加值比重为 0.27%，低于全国平均水平 0.01 个百分点。东部三省（市）中，仅有江苏省环境污染治理投资占 GDP 比重超过全国平均水平和长江经济带平均水平，且仅有 1.36%，低于 1.5% 的国际惯例。此外，治理固体废物、噪声和其他污染物投资强度均低于全国平均水平，显然较低的环保投资难以适应未来产业绿色转型发展的需要。参见表 8 - 4。

表 8 - 4　长江经济带环境污染治理投资情况（2015）

地　区	环境污染治理投资总额（亿元）	其中工业污染治理投资额（亿元）	环境污染治理投资占 GDP（%）	工业污染治理投资占工业增加值（%）
长江经济带	3705.4	266.7	1.28	0.25
东部	1612.5	142	1.17	0.27
上海	220.3	21.2	0.88	0.30
江苏	952.5	62.2	1.36	0.22
浙江	439.7	58.6	1.03	0.34
全　国	8806.4	773.7	1.22	0.28

3. 中部：重化工业占主导，产业绿色转型压力大

由于历史发展原因，为了加速由农业大省向工业大省的发展，中部的湖南省、湖北省、江西省纷纷选择了加快发展重化工业，形成了重化工业占主导的产业体系。2016 年，湖南省六大高耗能行业（化学原料及化学制品制造业、非金属矿物制品业、黑色金属冶炼及压延加工业、有色金属冶炼及压延加工业、石油加工炼焦及核燃料加工业、电力热力的生产和供应业）增加值占规模以上工业的比重为 30.6%，比 2015 年提高 0.3 个百分点；江西省六大高耗能行业增加值占规模以上工业的 36.0%，比 2015 年下降 1.8 个百分点。

重化工业的发展迅速提高了中部省份的工业化水平，但是也带来了资源环境的巨大压力。以江西省为例，"两高一资"行业产能的迅速扩张加大了江西省节能减排和工业污染治理压力和难度，加大了环境污染风险。从 2010 年重点调查工业企业"三废"排放情况来看，13 个"两高一资"行业工业废水、工业固废、工业废气、工业 SO_2、工业烟尘和工业粉尘排放量分别占工业行业排放总量的 87.62%、94.94%、95.72%、95.83%、91.04% 和 97.96%。特别是非金属矿物制品业、黑色金属冶炼和压延加工业、有色金属矿采选业、有色金属冶炼和压延加工业、化学工业、电力热力的生产工业等六大行业是江西省工业污染物排放的主要来源行业，应该作为江西省工业污染控制和绿色转型的重点行业。

江西省高能耗行业主要包括黑色金属冶炼及压延加工业，非金属矿物制品业，交通运输、仓储和邮政业，电力、热力的生产和供应业，有色金属冶炼及压延加工业，化学原料及化学制品制造业，煤炭开采和洗选业，石油加工及炼焦业。2000～2011 年，伴随着产能的迅速扩张，这八大行业能源消费总量由 1564.70 万吨标准煤增加到 4715.01 万吨标准煤，能源消费量占江西省全社会能源消费总量的比例由 62.46％ 增加到 74.19％。尤其是黑色金属冶炼及压延加工业和非金属矿物制品业，近十年来能源消耗量急剧增加，应该作为江西省工业节能和绿色发展的重点行业。

4. 西部：绿色制造技术装备和创新能力较弱，配套产业和服务体系发展滞后

首先，长江经济带西部四省（市）产业层次依然偏低，低端产业、低附加值产品、低技术装备为主的产业结构特征明显，以技术和品牌为主导的竞争优势还没有形成。特别是高消耗、高污染的低端技术装备和产品仍占据一定的比例，生产制造过程中的物耗、能耗和废弃物排放严重，主要行业能源资源利用效率与国际先进水平仍有差距，绿色制造技术、工艺和装备水平亟待提高。

其次，节能环保产业和服务体系不适应产业绿色转型升级需要。机械装备及产品的绿色设计能力及其软件支持工具薄弱，废旧家电、汽车、工程机械等产品和机械装备资源再利用率较低、附加值低，二次污染问题严重，难以满足日益快速增加的报废处理和资源循环再利用需求。相关节能环保企业规模普遍偏小，产业集中度低，龙头骨干企业带动作用有待进一步提高。节能环保服务体系仍不健全，节能环保产业公共服务平台建设亟待加强。

二 长江经济带产业绿色发展的战略与路径

产业是长江经济带建设的核心和灵魂。在对长江经济带产业发展的现状特征和绿色发展面临的主要挑战进行全面客观分析的基础上，探求新常态下中国经济"新支撑带"产业绿色转型发展之路，有利于长江经济带资源配置空间的拓展和产业竞争力的提升，有利于我国经济持续健康发展，

实现更高水平的供需平衡。

（一）长江经济带产业绿色发展的战略思路

1. 强化创新驱动，促进产业绿色化

推进长江经济带重点制造企业开展生态设计、研发推广核心关键绿色工艺技术及装备、发展循环经济，加快形成绿色化的生产方式。强化企业的科技创新主体地位，引导创新资源向企业集聚，培育一批具有自主品牌、核心技术能力强的绿色领军企业。

加大沿江有色金属、化工、造纸、印染等排污企业环境隐患排查和集中治理力度，全面推进钢铁、有色、化工、建材、轻工、印染等传统产业绿色改造，有序推进城市钢铁、有色金属、化工企业环保改造和环保搬迁。大力研发推广应用余热余压回收、水循环利用、轻量化、低功耗、易回收等绿色工艺技术装备，加大企业技术改造力度，扩大固定资产加速折旧实施范围。全面推行清洁生产，提高资源利用效率，强化产品全生命周期绿色管理，鼓励企业进行工艺技术装备的清洁更新，推行企业循环式生产、产业循环式组合、园区循环式改造。

积极推进四川成都、重庆、武汉东湖、湖南长株潭、安徽合芜蚌、江苏苏南、浙江杭州、上海张江等国家自主创新示范区建设，推进攀西战略资源创新开发，发挥上述示范区的引领示范作用，提高产业自主创新能力和绿色可持续发展能力。

2. 加快"两化"融合，促进产业高端化

推进长江经济带工业化和信息化深度融合，运用信息技术特别是新一代信息通信技术改造传统产业、发展新兴产业，加快产业转型升级，是实现长江经济带绿色化和现代化的必然选择。目前，上海、浙江、安徽、湖北、重庆、四川、云南等省（市）均已明确提出了传统产业的智能化转型思路，其中，上海市提出了"改造提升传统优势制造业，实施'＋互联网'行动，推动传统制造业拥抱互联网，实施设施装备智能化改造，加快生产方式向数字化、网络化、智能化、柔性化转变"。安徽省提出了"大

力发展智能制造，推动生产方式向柔性、智能、精细转变，提高企业数字化、网络化、信息化水平，突破一批智能制造技术和关键产品，在劳动强度和安全风险大、作业环境恶劣、加工精度高等制造环节，组织实施'机器换人'计划，加快建设数字化车间，建设一批智能制造试点示范基地"。四川省提出"加快工业化与信息化深度融合，大力推进生产设备数字化自动化、制造过程智能化、制造体系网络化。推动个性化定制与规模化生产相结合，促进生产型制造向服务型制造转变"。

紧抓新兴绿色产业发展契机和产业结构调整机遇，以研发设计、公共服务、市场营销、金融物流等生产性服务为重点，推动产业发展向绿色产业链高端攀升，向绿色产业服务化、高端化发展，是长江经济带产业绿色发展的战略重点。应根据绿色产业发展需要，建设一批绿色产业科技研发机构、孵化器和区域性绿色产业综合服务平台，推动绿色科技研发服务业发展，加快推进"数字绿色"工程，加大长江经济带经济监测与评估系统建设力度。建立绿色产业空间基础地理信息系统，积极发展绿色产业工程维护、绿色产业综合调查与测绘、绿色产业教育、绿色产业科普与文化传播等新兴服务业。

3. 加快淘汰落后产能，培育新兴绿色产业

加快冶金、建材、化工、轻工、纺织、制药等传统产业技术改造，淘汰落后产能，积极探索产能置换指标交易，按照企业主体、政府推动、市场引导、依法处置的办法，建立以能耗、环保、质量、安全等为约束条件的退出机制，积极稳妥处置"僵尸企业"，按照限量、重组、转移、退出四种途径积极稳妥化解过剩产能。

构筑长江经济带现代绿色产业体系就是要以开发新兴绿色产业技术为核心，以市场需求为导向，加快推动新兴绿色产业技术成果产业化，强化产品全生命周期绿色管理，包括支持企业推行绿色设计、开发绿色产品、建设绿色工厂、发展绿色工业园区、打造绿色供应链等，显著提高长江经济带绿色产业发展的科技贡献率，逐步形成具有世界先进水平的技术创新体系和对长江经济带有重要支撑和带动作用的绿色产业新增长点。

长江经济带的各省（市）都具有自己的特色和特点，都有自己的战

略取向和行动计划，以及生产基地等。江苏提出要"加快培育大数据、工业机器人等新增长点，建设一批战略性新兴产业集群"。湖北表示"要充分发挥长江经济带产业基金引导作用，支持武汉建设具有全球影响力的产业创新中心"。湖南提出"重点发展先进轨道交通装备、大功率半导体器件、先进硬质材料、航空动力、卫星导航、工程装备、电动汽车、海工装备等产业基地建设"。四川强调"启动实施制造业创新中心建设、高端装备创新研制及智能制造等一批重大工程，加快推进五大高端成长型产业发展"。

（二）长江经济带传统产业绿色转型的路径选择

从长江经济带各省（市）来看，由于传统产业的层次高低不同，各省（市）转型升级的重点产业和路径也不尽相同，如表8-5所示。

表8-5　长江经济带传统产业绿色发展的重点与路径

重　点		路　径
钢铁产业	产业升级	依托上海、湖北、四川、重庆等地的大型龙头钢铁企业，加大兼并重组力度，淘汰沿江各省产能过剩、高污染高能耗的小型、低端钢铁制造企业
	高端装备研发	依托重庆、湖南、上海、江苏、安徽等地的冶炼装备产业基础，加快提升基础制造能力，推动复杂装备、复杂工艺等关键技术突破，提升钢铁产业高端装备研制造能力
	信息化提升	依托上海、湖北、重庆、四川、湖南等大型钢铁生产企业，部署物联网、工业互联网、云计算等新一代信息技术应用，加快企业能源管理中心建设，实现能耗实时监控、过程智能管控
有色金属产业	深加工基地建设	以江西、湖南、云南、四川、贵州等为重点，建设铅锌有色金属深加工基地。建设安徽、江西、湖北等铜深加工基地
	循环经济示范	在下游地区利用进口铜、镍等矿产原料，适度建设冶炼产能，规模化发展再生利用产业
石化产业	石油炼化	推动上海、浙江、江西、湖南、安徽、湖北、重庆、云南等地现有石化企业挖潜改造，加快炼化一体化进程，建设千万吨级智慧炼厂，扩大炼油和乙烯生产能力，延伸发展合成树脂、合成橡胶、聚酯、聚氨酯、特种纤维、聚碳酸酯等高端产品

续表

重 点		路 径
石化产业	化工	依托江西、重庆、四川、安徽、湖北等地资源优势，重点提升精细化工产品、化工新材料、基础化工材料、农用化学产品
	页岩气	以四川、云南、贵州、重庆、湖南、安徽、湖北等页岩气蕴藏丰富地区为重点，推动信息技术在页岩气勘探开发中的应用
纺织产业	高端品牌培育	以浙江、江苏、上海等地为龙头，大力推进纺织智能制造，打造设计、研发与贸易、展销有机结合的特色服装设计制造中心，提升高端服装设计创新能力
	绿色生产	以江西、湖南、四川等地为重点，加强产业整合，全面推进清洁印染生产，推行节能降耗技术

从整体来看，长江经济带传统产业绿色转型的重点是钢铁、有色、石化、纺织等行业领域。

1. 钢铁

长江经济带历来是我国钢铁产业发展的核心区域，沿江分布着上海、马鞍山、武汉、攀枝花等大型钢铁企业，形成了全流域大规模的钢铁产业带。但目前长江流域钢铁产业发展面临着前所未有的困境。在绿色发展方面：一是技术水平低，生产设备落后，能源效率不高。与国外先进水平相比，每吨钢材生产的能耗多 9.9% ~ 17.2%。二是环境污染问题严重，治理成本高。近一半企业的生产设备比较陈旧，生产过程中的二氧化硫、烟尘等污染物不经过专业化处理直接通过烟囱排放到大气中，同时单个钢铁集团每年需要处理的工业用水达到十几亿吨，水污染严重。三是前些年地方政府"唯 GDP 论"，造成"未批先建"环评违法钢铁产能占比高达 51.7%，这些违法项目的存在，直接导致企业间缺乏公平竞争，"劣币驱逐良币"现象明显。

加快长江经济带钢铁产业绿色转型发展，国家层面提出了"推动沿江钢铁企业加快兼并重组步伐，推动钢铁制造向高端方向发展，以数控技术为依托，提升钢铁制造柔性生产装备研发制造能力，重点实现产业优化、关键技术突破、智能化能力提升"的宏观思路与方向。江西省提出"以结构调整、转型升级、做精产品、做强企业为主要思路，支持和推进钢铁企业兼并重组，发展钢材精深加工业，鼓励钢铁产业向沿江布局，打造全国重要的新型钢铁产业基地"。湖南省提出"推动钢铁行业减量增效和节能降耗，加快调整产品结构，积极发展电商、物流等新业态，提高非钢业务比重"。湖北省提出"推进钢铁、有色等产业提升产品质量、优化产品结构，提高节能、环保技术水平，在保持总产量不变甚至减少的情况下实现增长，满足汽车、装备等行业升级对金属材料的需求"。四川省提出"加强钒钛、稀土重大产业技术攻关和应用技术研究，加快新技术、新产品的产业化，引导和支持钒钛钢铁及稀土行业兼并重组，提高产业集中度"。

案例1 宝钢、武钢合并与绿色转型

2017年2月27日，宝钢股份吸收合并武钢股份上市仪式在上海证券交易所举行，宝钢、武钢两大钢铁巨头完成合并，钢铁产业超级"钢铁航母"正式起航。联合重组后，宝武集团拥有员工22.8万人，资产总额约为7300亿元，营业收入将达3300亿元。宝武集团拥有普碳钢、不锈钢、特钢三大系列产品，年产粗钢规模位居中国第一、全球第二，成为中国乃至全球钢铁行业最具影响力的企业之一。

合并后的宝武钢铁，着眼于大城市复杂环境资源风险约束下的生存与可持续发展，明确了"打造精品钢铁制造为核心的升级版绿色工厂，构建都市生态和谐为基础的示范型城市钢厂"的规划目标和"百余项目、百亿投资"的实施路径，坚持走可持续发展之路，注重创新能力的培育，积极寻求整个产业链的绿色发展和低碳解决方案，并与地方"十三五"规划充分对接，在资源共享、产业衔接、生态环境共建等方面取得广泛共识。一是专注生产高技术含量、高附加值的碳钢薄板、厚板与钢管等钢铁精品，打造以高等级汽车板、高效高牌号无取向硅钢和低温高磁感取向硅钢、镀锡板包装材为代表的世界级绿色产品群。二是坚持资源利用效率优先和循环利用"3R"（减量化、再利用、再循环）原则，实现钢铁生产全过程的节能减排，以最低的消耗和最小的排放完成钢铁产品的生产过程。同时结合碳减排试点机

制，寻求持续改善的低碳工艺路径。在副产资源利用方面，工业固废利用和处置工作在源头减量化、返生产利用、末端分选及合规性处置方面均按计划推进，资源综合利用率达到99.4%，副产资源返生产利用率达到26.9%。三是公司不断加强危险废弃物管理，所有危险废弃物报当地政府环保管理部门备案，做到所有危险废弃物安全处置的可追溯。同时，公司做好对危废合规化处置的政策对接和处置单位调研，及时调整公司危废处置合作单位，并开展社会危废的研究、试验及处置工作，探索利用钢铁冶炼设备妥善处置危险废物的途径，充分开发城市钢厂废弃物资源消纳的功能，推进城市与钢厂的和谐共存。四是加快节能环保技术创新，支撑城市钢厂建设。作为国内钢铁行业节能环保的领先者，宝钢坚持绿色制造，走可持续发展之路。近些年，宝钢在一系列节能、环保以及资源循环利用技术的研究以及产业化方面持续进步，如焦炉煤气显热回收，酸洗废水、含油废水资源化回收，轧钢恶臭处理等，这些技术促进了传统钢铁制造业环保水平的进步，为整个行业的可持续发展做出了巨大贡献。

2. 有色

长江流域拥有丰富的有色金属资源，湖南被誉为"有色金属之乡"，江西被称"世界铜都"和"世界钨都"，钨、铋、锑、锡、铅、锌、钒、镉等有色金属的保有储量在全国乃至世界都位居前列。依托资源谋发展，有色产业已经成为湖南、江西、湖北、安徽等省份的支柱产业。但是，不容否认的是，由于发展方式粗放，长江经济带有色产业与资源环境的矛盾日益凸显。一是产品结构调整优化任重道远。长期以来以资源消耗大的初级产品为主，中间产品发展严重滞后，精深加工业及高附加值产品少而散，以致在资源能源消耗严重的同时，企业效益低。二是环境治理力度仍需加大。部分矿山废水、固体废弃物污染严重，部分企业还存在资源综合利用率低、能耗高的问题，冶炼小企业的废气、废水、固体废弃物污染有待治理。2015年，湖南有色金属行业能耗占全省工业能耗的13.8%，但工业增加值只占全省的7.2%。三是技术创新能力亟待提高。高端科技人才缺乏，核心技术研发投入较少，创新资源分散，自主创新能力不强。

加快推动长江经济带有色产业绿色转型发展，国家层面提出了"适度控制资源开发强度，积极利用低温低压电解、强化熔炼、生物冶金等先进适用技术提高资源利用水平，以轻质、高强、大规格、耐高温、耐腐蚀、低成本为方向，积极发展精深加工产品，重点实现优化产能布局、发展循环经济、延伸产业链"。江西省提出"以终端产品为主攻方向，推动铜、钨和稀土等产业链条拓展延伸，提高技术含量、产品附加值和回收利用比例"。湖南省提出"加强有色行业资源整合和环保治理，大力发展精深加工，推动主导产品转换"。四川省提出"加强钒钛、稀土重大产业技术攻关和应用技术研究，加快新技术、新产品的产业化，引导和支持钒钛钢铁及稀土行业兼并重组，提高产业集中度"。

案例2 湖南、江西省推动有色产业绿色发展

（1）湖南发展有色循环经济

"十三五"期间，湖南发展有色金属循环经济主要包括：低品位、难选冶矿及冶炼废渣等资源的综合利用；历史沉积的采矿废石、选矿尾砂等的再生利用；铜、铝、铅等再生金属规模化利用；推进循环经济"保税区""无水港"建设，联手制造企业，发展废旧机电产品回收利用和大型废旧金属拆解回收利用产业。湘南以郴州市为核心，构建资源开发区，对矿产资源进行梯级开发和循环利用；湘中以长株潭三市为核心，构建循环利用先进技术成果孵化器，形成低碳环保的精深加工产业圈；湘北以汨罗市为核心，构建集回收、拆解、加工、研发、交易为一体的有色金属再生资源集散中心。湖南宝山有色金属矿业公司就是特色发展的生动示范。近些年来，宝山矿业向矿床深边部找资源，在科技创新中增效益，从运营管理上挖潜力，利用生态修复率先成功创建中南地区首家"4A"级矿山公园。近8年共实现利润总额4.23亿元，从一家曾经濒临关闭破产的企业，华丽变身为省属有色行业为数不多的持续盈利企业。

（2）江西鼓励打造"三废"产业链

江西省政府鼓励企业围绕资源的科学勘探、集约开采、综合回

收、深度加工、清洁生产、循环利用、节能环保等环节，打造"三废"产业链。江西铜业形成废渣选铜、废水提铜、烟气制酸、余热发电、湿法堆浸等多条"三废"循环利用可持续发展产业链。

废渣选铜——冶炼厂里有"矿山"。每年从闪速炉渣及转炉渣中回收铜金属9000多吨，相当于中国一座中型铜矿山全年的金属产量。

废水提铜——废水池中出精铜。每年从废水中回收1000多吨铜金属，且每天净化处理废水20000多吨。

烟气制酸——废气其实并不废。为中国最大冶炼烟气制酸工厂，总硫利用率达97%以上，达目前世界顶尖水平。

余热发电——余热"蒸"出发电厂。烟气余热资源全面综合回收利用，每年余热发电2亿度以上，发电量可供应一座50余万人口规模城镇全年的生活用电。

废石堆浸——矿山可以"浸"出来。建成国内首家废石堆浸—萃取—电积工厂，每年回收铜金属1000余吨。

工业水循环——每周节用一"西湖"。年工业总用水量为56000万吨，工业用水循环使用率达92%以上，每周节约用水相当于一个西湖。

3. 石化

长江经济带是我国石化产能最为集中的区域，拥有长三角石化工业群和武汉、成都、昆明等内陆石化工业集中区。石化产业具有产业链长、产品众多、技术密集、关联度大、支撑作用强的特点，也是传统的"两高一低"产业，目前长江经济带石化产业绿色发展的形势非常严峻。一是产业结构仍不合理。高消耗、粗加工、低附加值产品比重较高，高附加值、多功能、精细化产品比重较低。二是节能减排的任务较重。除了大型石化企业和上市公司外，大部分企业规模偏小，生产方式仍处于低级水平，且缺乏足够的资金对现有装备和生产工艺进行升级，导致企业单位能耗和资源消耗较高，污染排放也无法达标。

加快推进石化产业绿色化转型，国家提出"加快推进炼化一体化项目，扩大炼油和乙烯生产能力，延伸发展合成树脂、合成橡胶、聚酯、聚氨酯、特种纤维、聚碳酸酯等产业链，完善石化生产力布局，重点提升大型炼化能力、做精做优化学工业、页岩气产业化"。湖北省提出"推进石化化工产业绿色发展，重点发展炼化一体的石油化工行业、精细化工和化工新材料，做精做强磷化工，加强煤、盐化工的循环经济和清洁生产改造"。湖南省提出"推进炼化一体化，延伸石化深加工产业链，扩大精深加工规模，支持城区老工业区企业搬迁改造"。四川省提出"发展精深加工，推动天然气化工、石化下游、盐磷硫化工等产业优化发展，着力提高其大型化、一体化和基地化发展水平，实现低耗能、低排放和安全高效生产"。云南省提出"以建设新兴石油炼化基地为契机，采用清洁先进技术，加快建设石化深加工核心项目，耦合发展煤化工、盐化工、磷化工、生物化工，以合成树脂、合成纤维、专用化学品和基本有机原料为重点，推动延伸精细化学品、纺织品等终端产品，形成规模超千亿元的石化产业链"。

案例3 湖北省推进石化产业绿色发展

湖北省人民政府办公厅关于促进全省石化产业转型升级绿色发展的实施方案

一个思想

深入贯彻党的十八大和十八届三中、四中、五中、六中全会精神，牢固树立创新、协调、绿色、开放、共享发展理念，围绕全省石化产业供给侧结构性改革重点领域，着力去产能、补短板、调布局、降消耗、减排放、保安全，加快推进优势传统产业转型升级，培育壮大先进化工新材料和高端化学品产业；优化产业布局，促进产业集聚；加强节能减排，发展循环经济；实现"两化"融合，推动全省石化产业调整改造、转型升级、提质增效和绿色可持续发展，产业迈向中高端水平。

五大任务

1. 加快推进产业转型升级

一是改造提升优势传统产业，优化发展石油化工产业，促进化肥产业提档升级，改造提升磷盐化工产业，优化生产控制技术，推动氯碱、纯碱、电石、聚氯乙烯等产品原料和技术路线向节能、清洁、低成本方向发展，实现清洁生产和节能减排。二是培育壮大新兴产业。加快发展精细化工，积极开发高性能、专用性、绿色环保的精细化工产品，提高精细化工产品在石化产业的比重，培育壮大先进化工新材料。

2. 实现产业集聚发展

一是优化石化产业园区布局。严禁在生态红线区域、自然保护区、饮用水水源保护区、基本农田保护区以及其他环境敏感区域内建设化工园区。提高项目入园门槛，注重项目工艺先进性、安全环保可靠性和投入产出效率，提高项目质量。二是规范石化产业园区建设。园区建设应实现原料互供、资源共享、土地集约和"三废"集中治理。三是建立石化产业园区产业升级与退出机制。全面清理整顿沿江（长江、汉江、清江）及其主要支流和城镇人口密集区、环境敏感区的石化产业园区和化工企业。

3. 推进危险化学品企业搬迁改造

一是认真开展摸底排查工作。认真组织开展沿江、城镇人口密集区及环境敏感区内危险化学品生产企业布局情况摸底排查，确定搬迁改造、转产或停产关闭企业。二是制订搬迁改造规划和实施方案。依据地方国民经济和社会发展规划、城乡规划、土地利用总体规划、环境保护规划等，科学制订辖区内城镇人口密集区及环境敏感区危险化学品生产企业的搬迁改造规划和实施方案。三是组织实施搬迁改造。出台相关支持政策，加快审批进程，积极协助企业尽快实施搬迁改造、转产或停产关闭。

4. 促进绿色安全发展

一是加强节能减排。强化生态环境保护责任制，坚持源头预防、过程控制、综合治理。全面开展行业能源审计和能效对标活动，实施能效领跑者制度，完善节能标准体系。二是坚决遏制重特大安全生产事故发生。强化安全生产责任制，加强危化品源头管理，建立高风险危险化学品全程追溯系统，完善化工园区监控、消防、应急等系统平台，实施石化行业责任关怀及健康、安全和环境三位一体的管理体系

（HSE 管理体系）。

5. 完善技术创新体系

一是健全产学研用协同创新体系。整合高校、科研院所和重点企业的技术中心、工程研究中心、重点实验室、工程实验室等研发平台，开展行业关键共性技术攻关，加快科技研发及成果转化。引导和支持行业重点企业与国内外科研院所联合，加快行业重大技术、装备的消化吸收与再创新。二是实施石化品牌发展战略。强化企业品牌建设，制定和实施品牌管理体系。在石化行业开展增品种、提品质、创品牌"三品"专项行动，打造具有自主知识产权的石化名牌产品。三是深入推进"两化"融合。以信息技术推广应用、智能工厂（车间）试点示范、智慧化工园区和石化电商平台建设为着力点，推动工业互联网、信息物理系统、电子商务和智慧物流应用，实现石化产业全链条的智能化。

四项措施

1. 加强组织领导，健全协调推进工作机制

各市州人民政府、省直各部门要高度重视、统一认识，进一步明确任务目标，完善政策措施，正确引导舆论，切实履行职责，确保各项工作落到实处。各市州人民政府要结合本地实际制订具体推进方案，切实抓好组织落实。省经信委、省发展改革委要会同省直有关部门加强对地方政府的督促指导，省直有关部门要根据职责分工抓紧完善配套政策，统筹推进各项工作。

2. 严格产业政策，加强执法监督

强化政策约束和激励机制，严格石化产业投资目录管理规定和石化产品行业准入条件，防止低水平重复建设。加大安全、环保、质量、节能等执法检查力度，加强污染物在线监测和联网管理，落实企业安全生产主体责任，严格执行危险化学品登记管理和项目建设"三同时"制度，依法责令不符合安全环保生产条件的企业停产整顿、关闭退出。严厉打击以次充好、假冒伪劣、偷税漏税等违法行为，维护公平市场环境。

3. 完善政策配套，加大财政金融支持力度

实行有扶有控的财政金融政策。利用省级股权投资引导基金等政

府性投资基金和银行贷款，加大对石化产业技术改造、高端产品研发、绿色安全生产、智能制造、危险化学品企业搬迁、公共服务平台建设以及科技研发的支持力度。按照深化税制改革的要求，加快化学矿资源税从价计征，清理规范相关收费基金。探索通过保险补偿机制支持化工新材料首批次应用。大力发展能效信贷、合同能源管理未来收益权质押贷款、排污权抵押贷款、碳排放权抵押贷款等绿色信贷业务。推动重点石化企业与发电企业直接交易，支持符合条件的石化企业开展区域电网试点和增量配电业务。石化企业自备燃煤发电机组符合环保等要求的，在按规定承担并足额缴纳政府性基金、政策性交叉补贴和系统备用费的条件下，其自用有余的上网电量可与公用燃煤发电机组同样享受超低排放电价支持政策。

4. 发挥行业协会作用，引导企业加强自律

完善行规行约，加强行业自律。引导企业遵纪守法、规范经营、诚实守信、公平竞争。发挥协会熟悉行业、贴近企业的优势，及时反映企业合理诉求，反馈相关政策落实情况。

4. 纺织

无论是从规模、利润、投资，还是从出口和产业集群等方面来看，长江经济带纺织服装产业都占据了全国纺织服装产业的半壁江山，是增强我国纺织产业创新能力和国际竞争力、推动纺织大国向纺织强国转变的重要阵地。但目前存在一些不容忽视的问题。一是用水总量大，用水效率偏低。二是废水总量及污染物排放量大，在全国工业中排在第三位，企业亟须配套经济适用的废水治理技术应对未来的环保要求。

加快纺织产业绿色化转型，国家提出"加强纺织行业整合能力，加快纤维新材料开发应用，培育高端产业用纺织品，推行节能降耗技术，全面推进清洁印染生产，提高服装材料技术含量，重点加强品牌建设、结构优化、绿色生产"。湖北省提出"推进冶金、建材、轻纺等产业淘汰落后产能、兼并重组和技术改造，提高在细分市场的占有份额"。云南省提出"支持冶金、化工、轻纺等企业淘汰老旧设备，进行设备更新和升级换代，

提升装备水平，推动产品升级换代，促进传统产业提质增效"。江西省提出"以服装、棉纺、麻纺、针织、化纤及特色家纺为重点，加快产品和技术升级换代，推进产业在线协同设计和电子商务等应用，培育一批国内服装知名品牌和驰名商标"。

案例4　江苏盛泽镇推动纺织产业绿色发展

2011年，盛泽获批吴江高新技术产业园。2015年，全镇各企业有无梭织机13万多台，年产各类纺织品130亿米，具有480万吨纺织能力、40亿米印染后整理能力，已形成一条从原料、织造、印染、织物后整理、深加工到服装、服饰、家纺产品的完整纺织产业链，以及集研发、生产、市场、物流、服务为一体的纺织产业体系。

盛泽镇大力推进纺织产业绿色发展的主要做法如下。

1. 坚持生态环保发展理念，从活动开展上引导绿色发展

以"生态环保""绿色时尚"为目标，注重"低碳清洁"与"社会责任"的培育，积极打造可持续发展的区域品牌，树立领衔高端的行业地位，成功举办了首届全国生态环保面料设计大赛，通过企业参与产品创新，提升了产品价值，促进盛泽纺织产业与生态环保的有效融合，起到以点带面的作用。

2. 以节能减排为主要抓手，从生产源头上推进绿色发展

一是坚决取缔"三无三废"企业。组织了联合执法，取缔"三无三废"企业，同时加强巡查力度，做到"存在一家、发现一家、取缔一家"。二是淘汰燃煤小锅炉。对辖区内燃煤锅炉进行调查，要求企业按时淘汰燃煤锅炉，2014年共拆除燃煤锅炉28台。三是开展大气污染治理专项整治。目前重点区域印染企业的定型机已经全部安装好尾气处理装置，所有安装的定型机尾气处理装置均符合环保、质监、安监等部门规范规程，并达到装置到位、安装规范、净化达标三个标准。安装后废气收集率达到90%以上，总颗粒物的去除率达到80%，油烟去除率达到75%。同时积极开展涂层行业大气污染专项整治行动，目前全镇已安装了219套DMF废气回收装置、194套甲苯回收装置和18套DOP回收装置。

3. 加大环境执法力度，从倒逼机制上推进绿色发展

以印染喷织废水达标排放为重点，加大对印花、炼白等环境违法行为的执法力度，努力保持交界断面水质稳定。打击和取缔了一批环境违法行为。2014 年共检查企业 13238 厂次，夜间检查 3946 厂次，分析水样 35076 个，采集分析涂层胶样品 932 个，共开具行政处理通知书 571 份，责令停产企业 161 家，责令整改企业 410 家，实施行政处罚企业 167 家。

4. 加大生态环保奖励力度，从政策扶持上推进绿色发展

近几年，镇政府每年出台《关于推进企业转型升级的实施意见》，其中对纺织企业在生产过程中开展的能源审计、技改节能、循环示范、清洁生产、减排增效等方面出台了相应的细则进行奖励，奖励资金超过 1000 万元。

（三）长江经济带新兴绿色产业培育的主攻方向

近年来，沿江各省（市）以重大技术突破和重大发展需求为基础，促进绿色科技与新兴产业深度融合，积极推进现代产业走廊建设，取得重大进展（图 8 - 1）。

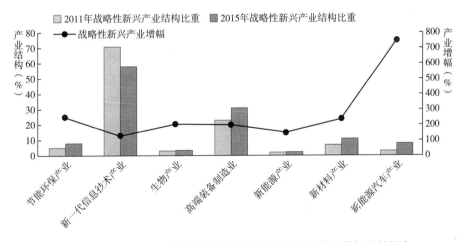

图 8 - 1 2011～2015 年长江经济带绿色新兴产业结构份额与增长幅度

目前，节能环保产业主要集中在长江下游和中游地区，信息技术产

业、生物产业、高端装备制造业的分布比较分散，新能源产业主要分布在长江上游和下游地区，新材料产业主要集中在上海、江苏、浙江、贵州、湖北、四川、重庆等省（市），新能源汽车产业主要分布在上海、浙江、湖北、湖南、重庆、四川等省（市），（表8-6）。

表8-6　长江经济带战略性新兴产业分布

产业类型	产业项目集聚的省份	领军企业及生产基地
节能环保产业	上海、江苏、浙江、江西、重庆、湖北	中国节能环保集团、宝钢集团公司、中国华电集团
新一代信息技术产业	上海、江苏、浙江、安徽、湖北、江西、湖南、云南、四川、重庆	中国联合网络通信集团、中国航天科工集团、中国电子信息产业集团
生物产业	上海、江苏、浙江、湖北、云南、四川、贵州、湖南	上海国家生物医药基地、泰川国家生物医药高新区、武汉国家生物医药基地
高端装备制造业	上海、江苏、浙江、湖南、湖北、江西、重庆、贵州	中国中车集团（湖南）、中国船舶工业集团、徐州工程机械集团
新能源产业	安徽、湖北、上海、江苏、浙江、贵州、云南、重庆	中国石油天然气集团、中国东方电气集团、中环股份公司
新材料产业	上海、江苏、浙江、贵州、湖北、四川、重庆	安泰科技公司、博威合金材料公司、光伏产业基地（江苏）、光伏和海上风电基地（浙江）
新能源汽车产业	上海、浙江、湖北、湖南、重庆、四川	上海汽车工业集团、东风汽车集团、长安汽车股份

资料来源：赛迪顾问《大型国有企业战略性新兴产业空间布局战略研究2011》、国家发改委网站、作者整理。

未来长江经济带新兴绿色产业发展的主攻方向有以下几点。

1. 引导新兴绿色产业合理布局

立足长江上、中、下游地区的比较优势和资源环境承载能力，科学引导新兴绿色产业合理布局，推进两江新区、贵安新区、天府新区、湘江新区等国家新区建设，加强成渝城市群、长江中游城市群与长三角城市群的广泛合作，推动长江经济带转型发展、创新驱动发展，加快培育新兴绿色产业新增长点。

发挥东部地区辐射引领作用，引导长江经济带东部地区产业有序向中西部地区转移，重点推进沿江省（市）国家级开发区转型发展和国家级承接产业转接示范区（安徽皖江城市带承接产业转移示范区、湖北荆州承接产业转移示范区、重庆沿江承接产业转移示范区等）建设，增强长江中上游地区承接产业转移的吸引力和承载力，创建一批承接产业转移示范园区。推动长江经济带发展成为东、中、西互动合作的协调发展带。

2. 打造新兴绿色产业集群

以沿江国家级、省级高新技术产业园区、高技术产业基地和新型工业化产业示范基地为载体，围绕培育发展新兴绿色产业，突破核心关键技术，培育知名自主品牌，打造具有区域特色和国际水平的绿色产业集群，重点促进沿江高端装备制造、电子信息、家电、汽车等发展壮大成为具有国际先进水平的世界级绿色制造业集群，建设具有国际先进水平的长江口造船基地和长江中游轨道交通装备、工程机械制造基地。选择具备条件的开发区开展城市功能区转型试点，以大型企业为骨干，提高产品的国际市场占有率，引导产业和城市同步融合发展，促进生产性服务业与制造业融合发展，积极推动创新型产业集群发展。

三 推进长江经济带产业绿色发展的政策建议

长江经济带作为一个整体，在推动产业绿色发展的机制上与单独的省份或者一个区域有所不同，在构建政策体系时，不光要立足于促进绿色创新发展、加大财税支持、完善市场环境等一系列政策的设计，更重要的是从整个经济带的角度出发，通过构建联动发展机制、发挥园区主阵地作用、加快补齐设施短板、加快提升信息化水平、强化生态法治保障五个方面的政策，进一步完善促进长江经济带产业绿色发展的政策体系。

（一）构建联动协调发展机制

加快自然资源及其产品价格改革，按照"谁受益谁补偿"的原则，探索建立横向生态补偿试点，尤其是长江下游地区对长江中上游省份的生态补偿，激发保护生态环境的内生动力。加强生态保护区域合作，建设生态经济合作区，建立跨区域、跨流域的综合协调治理机制，建立统一高效、联防联控、严格问责、终身追责的生态环境监管机制，严控跨区域转移项目，对造纸、焦化、有色、印染、化学等产业的跨区域转移进行严格监督，对承接项目的备案或核准，实施最严格的环保、能耗、水耗、安全、用地等标准。发挥国家产业转移信息服务平台作用，不断完善产业转移信息沟通渠道。认真落实长江经济带产业转移指南，依托国家级、省级开发区，有序建设沿江产业发展轴，合理开发沿海产业发展带，重点打造长江三角洲、长江中游、成渝、黔中和滇中五大城市群产业发展圈，大力培育电子信息产业、高端装备产业、汽车产业、家电产业和纺织服装产业五大世界级产业集群，形成空间布局合理、区域分工协作、优势互补的产业发展新格局。

（二）发挥产业园区的主阵地作用

继续推进园区绿色化转型升级，推动沿江城市建成区内现有钢铁、有色金属、造纸、印染、电镀、化学原料药制造、化工等污染较重的企业有序搬迁、改造或依法关闭。全面推进新建工业企业向园区集中，加大对造纸、食品、印染等涉水类园区循环化改造力度，依法同步开展规划环评工作，适时开展跟踪评价，科学确定区域风险等级和风险容量，对化工企业聚集区及周边土壤和地下水定期进行监测和评估，对不符合规范要求的园区实行依法退出，建设专业化、清洁化的绿色园区，使其成为长江经济带产业绿色转型升级的主阵地。推动园区产业由制造业为主向制造业和服务业融合转变，依托制造业基础，加快推进研发设计、金融保险、现代物流等生产性服务业发展，充分发挥生产性服务业对制造业发展的引领、支撑、带动作用，让产业园区成为推动制造业向服务型制造转变的主体。完善园区水处理基础设施建设，强化环境监管体系和环境风险管控，加强园区基础设施建设和服务功能完善，推动园区功能由生产功能向生产生活生态"三生协调"功能转变。

（三）加快补齐设施短板

抓紧推进已纳入各领域"十三五"专项规划和长江经济带发展的铁

路、公路、机场、水利、能源等重大设施项目建设，为产业绿色转型发展夯实基础。加快长江经济带高速铁路网建设和既有铁路扩能改造。研究建设新的特高压电力外送通道，支持多元化投资主体参与抽水蓄能电站建设。制订电力体制改革专项工作方案，切实降低企业用电成本。扩大电能替代试点范围，全面实施风电清洁供暖工程，在有条件的地区开展光伏暖民示范工程。支持湖北、湖南、江西、安徽等省份开展可再生能源就近消纳试点，加快全光纤网络城市建设和无线宽带网络建设。对老旧产区节能综合改造、重点城市"煤改气"和燃煤机组改造等给予倾斜支持，推动长江经济带煤炭消耗量大的城市实施煤炭清洁高效利用行动计划，以焦化、煤化工、工业锅炉、工业炉窑等领域为重点，提升技术装备水平、优化产品结构、加强产业融合，综合提升区域煤炭高效清洁利用水平，实现减煤、控煤、防治大气污染。在钢铁和铝加工产业集聚区，推广电炉钢等短流程工艺和铝液直供，积极推进利用钢铁、化工、有色、建材等行业企业的低品位余热向城镇居民供热，促进产城融合。

（四）加快提升智能化水平

推进石化、钢铁、有色、稀土、装备、危险化学品等重点行业智能工厂、数字车间、数字矿山和智慧园区改造，在有一定基础、地方政府积极性高的地区，探索建设智能制造示范区，鼓励中下游地区智能制造率先发展，重点支持中上游地区提升智能制造水平。在数控机床与机器人、增材制造、智能传感与控制、智能检测与装配、智能物流与仓储五大领域突破一批关键技术和核心装备，在流程制造、离散型制造、网络协同制造、大规模个性化定制、远程运维服务等方面开展试点示范项目建设，制（修）订一批智能制造标准。大力发展生产性服务业，引导制造业企业延伸服务链条，推动商业模式创新和业态创新。实施中小企业清洁生产水平提升计划，构建"互联网＋"清洁生产服务平台，鼓励各地政府购买清洁生产培训、咨询等相关服务，探索免费培训、义务诊断等服务模式，引导中小企业优先实施无费、低费方案，鼓励和支持实施技术改造方案。

（五）强化生态法治保障

发挥地方立法引领和保障作用，制定和完善与之相配套的地方性法规、单行条例和政府规章，为长江经济带生态保护和绿色发展提供法制保障。各级人大及其常委会要加强法律监督和工作监督，推动水污染防治、大气污染防治、土壤污染防治等法律法规的有效实施，倒逼传统产业和企业的绿色转型。各级行政机关和审判机关、检察机关要严格执法、公正司法，坚决查处和严厉打击企业生产过程中各类破坏生态环境的违法犯罪行为。加强环境保护执法队伍建设，完善环境保护执法体制机制，推进环境保护综合行政执法，建立环境保护行政执法与刑事司法衔接机制。加强环境保护公益诉讼，推进生态长江司法建设和司法协作，依法依规淘汰落后和化解过剩产能。结合长江经济带生态环境保护要求及产业发展情况，依据法律法规和环保、质量、安全、能效等综合性标准，淘汰落后产能，化解过剩产能。严禁钢铁、水泥、电解铝、船舶等产能严重过剩行业扩能，不得以任何名义、任何方式核准、备案新增产能项目，做好减量置换，为新兴产业腾出发展空间。

第九章

长江经济带绿色消费发展研究

　　绿色消费是经济社会绿色发展的客观要求，通过绿色消费的发展可以进一步倒逼生产方式的绿色转型，繁荣绿色消费市场，满足人们日益凸显的绿色消费需求，实现经济社会生态的和谐发展。要实现长江经济带绿色发展，更离不开绿色消费发展，尤其是居民绿色消费生活方式的建构。因为长江经济带人口稠密，在占全国 21.4% 的国土面积上，集聚了全国 42.7% 的人口，以及 41.2% 的 GDP，长江经济带居民绿色消费生活方式建构是推动我国绿色消费发展的重要力量。2017 年 5 月 27 日，习近平主席在中共中央政治局第四十一次集体学习时，强调推动形成绿色发展方式和生活方式，要倡导推广绿色消费。可见，推进居民绿色消费发展是促进长江经济带绿色发展的一条重要路径。

一　长江经济带绿色消费发展概况

　　绿色消费是以保护生态需要为出发点，以保护消费者健康权益为主旨，符合人的健康和环境保护标准的各种消费行为和消费方式的统称。绿色消费的内容非常宽泛，不仅包括绿色产品，还包括物资的回收利用、能源的有效使用、对生存环境和物种的保护等，涵盖生产行为、消费行为的方方面面。近些年，在国家高度重视生态文明建设，大力发展低碳经济、绿色经济的战略支持下，长江经济带各省（市）在绿色消费发展上取得一定的成绩，主要表现在以下四个方面。

（一）绿色消费生活环境有明显改善

　　从长江经济带全流域看，近五年来，居民绿色消费生活环境有明显改善，森林覆盖率保持稳定状态，城区绿化率、公共交通覆盖率、生活垃圾与无害化处理率逐步提升，只有城市空气质量优良率有所下降，这也反映了雾霾天气较多的基本现实。但从突发环境事件次数上看，近两三年国家高度重视环境整治，效果比较明显，突发环境事件大幅度减少，如表 9 - 1、9 - 2 所示。

表 9 - 1　长江经济带全流域居民绿色消费生活环境状况（2011～2015 年）

项　目	2011 年	2012 年	2013 年	2014 年	2015 年	min 值	max 值
森林覆盖率	41.52	41.52	41.52	41.52	41.52	10.7	60
建成区绿化覆盖率	39.56	39.99	39.95	40.05	40.23	32.3	46.8
城市空气质量优良率	90.75	90.88	59.17	65.77	72.55	38.08	100
公共交通覆盖率	11.39	11.63	12.34	12.82	13.08	8.56	15.99
生活垃圾无害化处理率	84.89	90.16	94.61	96.75	97.21	61	100
突发环境事件次数	99.09	104.72	131.18	79.09	39.27	3	759

表 9 - 2　长江经济带各省（市）绿色消费生活发展指数（2011～2015 年）

区　域	2011 年	2012 年	2013 年	2014 年	2015 年
长江经济带全流域	63.93	66.04	63.43	68.06	71.52
上海	43.21	48.02	44.91	58.15	68.62
江苏	66.07	62.04	56.77	61.21	70.40
浙江	76.42	81.81	77.75	79.25	80.55
安徽	63.32	65.07	68.66	69.77	71.48
江西	86.18	85.51	79.87	82.18	82.90
湖北	62.01	64.08	61.42	61.72	63.92
湖南	70.56	72.12	70.40	75.16	74.76
重庆	73.40	75.08	72.37	71.16	73.11
四川	62.65	64.76	65.81	67.14	67.00
贵州	64.73	67.39	65.02	67.75	69.71
云南	71.48	73.75	71.94	75.77	74.04

资料来源：《中国统计年鉴》（2012～2016）、《中国环境统计年鉴》（2012～2016）。

从长江经济带各省（市）居民绿色消费生活环境的比较看，近 5 年内上海和江苏的居民绿色消费生活改善显著，江西省居民绿色消费生活状况虽略有下降，但绿色消费生活主体水平仍是最高的，其他省（市）则保持稳定上升的状态。长江经济带各省份居民绿色消费生活环境的改善离不开一系列战略举措的实施，主要表现在以下三个方面。

1. 全面推进城乡生态文明建设

长江经济带的各省份都十分注重绿色消费生活环境的改善，将生态文明理念全面融入城乡建设，取得了比较明显的进步。生态资源比较丰富的贵州、云南等西部省份利用其特有的优势，全面推进城乡生态文明建设，积极打造绿色家园。贵州省立足本省实际，走山地特色新型城镇化路子，大力营造山水城市、打造绿色小镇、建设美丽乡村、构建和谐社区，实现山水、田园、城镇、乡村各美其美、美美与共，让居民望得见山、看得见水、记得住乡愁。云南省大力实施石漠化综合治理工程，绿化面积大大增加。2015 年森林覆盖率提高了 2.8 个百分点，达到 55.7%，森林面积增加174.67 万公顷。云南省共实施封山育林育草 395117.14 公顷，人工造林130062.95 公顷，草地建设 17807.91 公顷。国家公园、森林公园、自然保护区的数量分别达到 8 个、27 个和 158 个，保护面积占全省国土总面积的8.5%。生物多样性保护体系基本建立，90% 的典型生态系统和 85% 的重要物种得到有效保护[1]。

2. 大力发展生态环保产业

长江经济带各省份积极发展生态环保产业，通过循环经济促进绿色发展改善生态环境。如作为农业大省，安徽省是全国较早生产燃料乙醇的省份之一，也是国家确定的定点推广乙醇汽油的省份。依托燃料乙醇产业发展，安徽省在推广燃料乙醇的过程中，实现了生态环境的改善，十年间实现碳减排数百万吨。近几年来，湖南环保产业的年均增长都在 25% 以上，居全国前十位。2015 年环保生产总值达 1600 亿元。2016 年，湖南环保产业产值达 1900 亿元[2]。此外，湖南还大力实施湘江保护和治理"一号工程"、大气污染防治行动、城镇"两供两治"基础设施、园区循环化改造等重大工程，极大地改善了人们的生活消费环境。2011 年，全国首家 3R循环消费社区超市亮相武汉，市民不仅可以在这里购买低碳商品，还可寄售或交换二手货品、处理废弃电子商品等。这标志着武汉作为全国再生资源回收利用体系试点城市，率先在全国以固定的商业模式开启了绿色消费时代。

3. 加大对绿色生活环境建设的财政支持力度

经济实力雄厚的东部发达省（市）加大绿色消费生活环境建设的财政

支持力度，通过环境治理和生态创建，全面提高了城乡居民的生态环境福利。如浙江省构建了从绿色城镇到美丽乡村、从森林浙江到蓝色屏障、从绿色企业到绿色家庭的全方位绿色创建体系。截至 2016 年，全省目前合计已经创建 21 个国家生态县（市、区）。2016 年度浙江省生态环境质量公众满意度调查结果显示，平均得分较上一年上升 10.5%，且连续 5 年逐年上升[3]。上海市近些年不断加大环保投入，积极改善城市生活环境。2016 年全市环保投入达 800 亿元左右，环保投入相当于全市生产总值的比例保持在 3% 左右，单位生产总值能耗、主要污染物排放量进一步降低。2016 年，本市环境空气质量指数（AQI）优良率为 75.4%，较 2015 年上升了 4.7 个百分点[4]。全市推行垃圾分类管理也极大改善了城市容貌。目前全市已在 7000 个单位和公共场所推行了垃圾分类，覆盖居民近 205 万户。集贸菜场垃圾分流和居民区厨余垃圾小分类日均达 1160 余吨，进入填埋场、焚烧厂等末端处置设施的垃圾处理量逐步减少。

（二）绿色产品供给不断增加

绿色产品是指在生产过程中，自身没有受污染，同时对环境没有污染的产品和服务，其范围极广，有食品、洗涤用品、机动车、照明、家电、服装、建筑材料、化妆品、染料等。近些年，随着居民绿色消费需求的增长，绿色消费市场上的绿色产品供给不断增加。长江经济带各省份十分重视绿色产品或服务的发展，主要表现在以下方面。

1. 加快发展绿色食品

绿色食品方面，浙江省发展较早，2003 年就有绿色农产品基地 5348 个，面积 411 万亩，注册商标 9249 个[5]。其中茶叶、杨梅、蜂王浆等产业，长期保持全国领先的地位。贵州省 2015 年已累计认定无公害产地 2567 个。现在有效绿色食品企业 25 家，产品 74 个；经部中绿华夏有机食品认证中心审核，现有有效有机食品申报企业 2 家（再认证），产品 2 个获得有机食品转换证书，基地面积 1600 亩。累计已有 24 个产品获得农业部农产品地理标志登记保护[6]。湖南省 2017 年"三品一标"认证总数 2905 个，其中无公害农产品 1620 个、绿色食品 1091 个、有机食品 151 个、地理标志产品 43 个。2016 年湖南省"三品一标"产品总产量 709 万吨，总产值 672 亿元[7]。江西省大力推动绿色农产品供给，据统计，全省"三品一标"产品保有量达 3657 个，其中绿色食品 590 个，绿色食品产地面积 941 万亩，全国第 12 位；有机产品 1024 个，面积约 83 万亩，全国第 4 位；农产品地理标志 74 个，全国第 6 位；创建全国绿色食品原料标准化生产基地 41 个，面积 791.6 万亩，全国第 4 位；创建了 15 个省级绿色有机农产品示范县[8]。

2. 广泛推广绿色建筑项目

绿色建筑方面，长江经济带各省份制定了科学的发展规划，并逐步实施。江苏省的绿色建筑发展水平保持全国领先地位。"十二五"期间，全省达到绿色建筑标准的项目总面积超过 1 亿平方米。其中，2013 年新增 1500 万平方米。2015 年，全省城镇新建建筑全面按一星及以上绿色建筑标准设计建造[9]。安徽省"十二五"期间，全省新建绿色建筑 1000 万平方米以上，创建 100 个绿色建筑示范项目和 10 个绿色生态示范城区。到 2015 年末，全省 20% 的城镇新建建筑按绿色建筑标准设计建造，合肥市达到 30%[10]。截至 2015 年 7 月，四川省绿色建筑面积已超过 700 万平方米[11]；湖北省 2015 年发展绿色建筑 184 项，建筑面积 1037.89 万平方米，其中，取得星级标识 61 项，建筑面积 456.4 万平方米[12]。

3. 大力构建绿色交通体系

绿色交通方面，湖南省着力打造"两型"交通，推进交通运输绿色低碳发展。2013 年，基本实现"长株潭"三市城区 70% 的公交车、80% 的出租车清洁能源和新能源化，配套建设加气站和充电站（机）。上海市全面加强高污染机动车的治理，截至 2015 年底，上海完成淘汰全部 33.4 万辆黄标车的任务，在国内城市中率先全面淘汰了黄标车。并先后启动国 I 汽油车外坏限行、十年以上国 II 汽油车外环限行、调减国 III 柴油货车中环区域通行时间至 5 个小时等管控措施。上海市还积极推广应用新能源车，截至 2015 年底，累计推广应用各类新能源汽车 57666 辆，其中新能源乘用车 51754 辆[13]。江西省大力发展公共交通提高居民消费指数，截至 2016

年底，全省共有城市公共交通企业超过 110 户，从业人员超过 2.1 万人，车辆超过 1 万辆，各设区市中心城区公交站点覆盖率达 95%。2015 年 7 月，南昌首条 BRT 通道开工建设；8 月，南昌在全省首开微公交线路，全市已开通微公交线路 32 条，实现与常规公交主干线、BRT 同台换乘，并把居民小区、医院等与地铁连接起来，打通百姓出行"最后一公里"[14]。

（三）绿色消费行动各有特色

我国绿色经济不断发展，频频出现的食品安全环境污染事件引起人们对绿色消费的高度关注，人们的绿色需求也日益强烈，绿色消费意识普遍增强，长江经济带居民的绿色消费意识呈现同样的特征。如目前许多企业、商家主动推销绿色、低碳产品，人们普遍乐意去尝试，这些都反映了居民绿色消费观念的逐步增强。在居民消费生活中绿色消费需求比较明显的主要有节能环保家电和绿色食品，如 2015 年上半年，重庆高端智能家电、空气净化器等"绿色产品"带动全市家用电器零售额增长 11.8%[15]。绿色食品在大型超市里也颇为抢手，有些有机蔬菜和无公害蔬菜的价格，比普通同类蔬菜要高出 3~4 倍，但依旧赢得了不少顾客的青睐。在购买蔬菜和水果时，人们更倾向于选择贴有"绿色食品"或"有机食品"标识的产品。人们绿色消费意识的增强跟各地各具特色的绿色消费行动措施密切相关，主要表现在以下方面。

1. 重视发展绿色消费教育

浙江省十分重视绿色学校创建工作，自 2002 年开始组织评选"绿色学校"以来，全省拥有国家级绿色学校 49 所、省级绿色学校 1095 所。绿色学校的创建使各类学校把生态文化理念灌注在每个师生的脑海之中。截至 2011 年，全省拥有国家级绿色社区 27 个、省级绿色社区 702 个、全国绿色家庭 22 户、省级绿色家庭 1688 户[16]。同时，浙江省还利用生态日宣传强化绿色消费行为。结合"世界环境日"、"世界地球日"、"中国水周"、"全国土地日"、"中国植树节"等重要时节，推行低碳生活，鼓励绿色消费。创建具有浙江特色的生态日，为绿色消费营造氛围。2009 年浙江省创设了全国首个省级层面的生态日，决定每年 6 月 30 日为浙江生态日。2016年江西省全面开展"绿色家庭"创建活动，以"绿色规划、绿色产业、绿色工程、绿色制度、绿色品牌、绿色文化""六个绿色"为目标，组织动员广大妇女和家庭树立绿色、健康的家庭生活新理念，倡导文明、和谐的社会新风尚，争做"绿色家庭"的倡导者、实践者和引领者。

2. 加强绿色消费政策引导

为了引导居民的绿色消费生活方式，长江经济带各省份都制定了相应的绿色消费政策，并将这些政策落实于各种绿色消费行动中。云南省通过禁塑令引导绿色消费。2009年1月1日起，云南省政府办公厅颁布的《云南省限制和禁止生产销售使用塑料购物袋实施意见的通知》将正式实施，昆明的沃尔玛、好又多、家乐福、百佳等多家超市也将停止销售塑料袋，之前的"限塑令"将直接升级为"禁塑令"。在一个西部省份全面实施禁塑令是需要极大的决心和勇气的，它将为我国全面推行禁塑令带来试点的经验借鉴。上海市为了激励更多居民积极参与垃圾分类，绿化市容管理部门联合商委、金融机构、医疗机构等推出了一系列激励措施，其中包括广泛实行的绿色账户积分活动。2014年，上海市通过广泛试点、深化绿色账户内容，制定合理的积分规则、有效的兑换规则，基本形成绿色账户激励机制运行的一整套规则、流程、推进机制、管理模式等，形成以正向激励为主的生活垃圾分类减量"上海模式"。比如，绿色账户积分不仅可以兑换盆栽植物、公园门票等，也可以在特定商户享受消费打折、在特定时段享受社区内的健身房免费使用、在中国银行享受服务级别提升，或者享有稀缺医疗卫生教育文化资源机会等。

3. 加大绿色消费宣传力度

安徽省、湖南省、重庆市和湖北省为进一步加强生活方式绿色化在社区、学校、企业、农村、景区等十二个领域的宣传，促进公众在生态文明建设进程中和日常行为养成上具有与时俱进的绿色生活新理念，推动生活方式和消费模式向勤俭节约、绿色低碳、文明健康的方向转变，发布了一系列规范居民绿色消费行为的文件。2014年，安徽省出台了全国首个《节约型餐饮评价准则》，引导居民的餐饮消费节约化，进一步遏制餐饮浪费。2016 年重庆市环保局等 12 个单位联合编制了《重庆市市民生活方式绿色化行为准则》和《重庆市市民生活方式绿色化指南》，用以指导和引导重庆市市民生活方式绿色化发展。湖北省环境保护委员会制定了《湖北省公民绿色生活行为倡议》，特别要求党员干部带头践行爱护自然、崇尚节约的绿色生活方式。武汉市自 2007 年 12 月 14 日被国务院批准建设"两型"社会综合配套改革试验区以来，绿色消费的理念已经深入人心。走在武汉市街头，随处可见"给电池找一个安全的归宿，还我们一个清洁的家园"标语；出租车后玻璃上的电子屏幕滚动显示：绿色消费，环保选购。正在进行"两型"社会综合配套改革试验的武汉市，大力倡导市民"两型"生活方式，从用一个布袋子、处理一个旧电池做起。废旧电池回收箱、公共自行车在武汉街头随处可见。

二　长江经济带绿色消费面临的主要问题

随着我国经济社会"五位一体化"发展的不断深入，生态文明建设步伐不断加快，长江经济带绿色发展取得了较大进步，绿色消费发展亦成绩显著。但是，与人们日益强烈的绿色消费需求相比，绿色消费发展中存在的一些问题仍然制约了长江经济带居民绿色消费的可持续发展。主要存在以下三个问题。

（一）绿色消费制度不够健全

目前长江经济带各省份为引导居民形成绿色消费生活方式，开展了各种各样的绿色消费活动，总体而言，绿色消费生活方式建构的相关制度不够健全，政策体系也不完备，绿色消费制度建设的规范化、持续化、体系化远远不够。从国家层面看，虽然我国自改革开放以来，制定了 4 部环境法律、8 部资源管理法律、20 多项环境资源管理行政法规、260 多项环境标准，初步形成了包括环境产品认证制度，政府绿色采购制度等多层次的法律政策体系框架。然而，除了极少数之外，这些法律法规绝大多数是立足于环境资源保护，局限于"污染治理"的思维模式，在绿色消费生活方式建构上的制度建设没有给予足够的重视。如目前普遍存在的垃圾分类回收制度体系没有建立，许多城市的垃圾回收都是浮于形式。此外，绿色消费的管理机制十分缺失，相关制度和配套设施不完善。这些年，虽然经过多年的宣传教育和工作推动，人们在生活中的某些领域已经树立起环保意识，但许多产品至今没有统一的绿色检验标准、认证机制、维权机制，导致人们对绿色消费的信心不足。

以绿色农产品为例，目前，我国采用的绿色农产品认证标准中，主要是采用国际先进标准和 ISO 标准，分别占有量是 43.7% 和 38%。但是，存在的问题是部分认证标准不统一、手续混乱，比较完备的检测标准和手段尚未形成。认证环节存在的问题，影响到绿色农产品达不到规模生产，不能满足居民绿色消费的需求。绿色农产品的消费维权也面临诸多难题，虽然我国《农业法》和《清洁生产促进法》中有关于农产品生产、质量、检验等相关规定，但是对于绿色农产品的生产没有做出详尽的规定，很多方面还缺乏法律的规范。如绿色农产品商标权和地理标志保护的法律制度不健全，导致绿色农产品的合法权益受到严重的侵害。绿色农产品生产经营者缺少有效的法律途径来保护自己的合法权益，绿色农产品侵权事件屡次出现。

（二）绿色产品市场鱼龙混杂

2011 年，重庆沃尔玛超市 3 家分店以低价普通冷鲜肉假冒高价"绿色食品"认证的猪肉 1178.99 公斤，涉案金额 4 万余元[17]。2016 年江苏一些居民在逛超市时发现，一些贴着绿色食品标志的菜比普通菜贵 20 倍。而这种代表绿色食品的"GIA 标志"，其实是非法民间组织办的，这个"国际绿色产业协会"称，只要交钱就能贴标。可见，绿色食品市场上乱象较多，不时有人乱贴"有机"、"绿色"之类的标签欺骗消费者，让自己产品价格瞬间翻番，以牟取暴利。

目前绿色产品市场产品供给仍处于短缺状态，绿色产品的需求远远大于供给。一方面，由于绿色产品认证名目繁多，至今没有统一的绿色标准、认证机制，导致绿色产品市场鱼目混珠，难分真假；另一方面，由于缺乏政策支持，生产和市场出售的绿色产品成本高、价格高，而那些不顾环保、浪费资源的产品，则价格较低，绿色产品反而变成了有钱人才能享受的"奢侈品"，缺乏市场竞争力。因为缺乏绿色产品认证以及惩戒机制，使得一些商家打着"生态""绿色"的口号，以次充好，售卖"伪绿色"产品。市场上不少生鲜电商并不具备无公害产品的国家认证，却硬造"生态"概念，打着有机的擦边球，卖出高价。不少消费者表示，由于绿色产品比一般商品价格偏高，加上难以辨认，无法衡量购买带来的真正价值，因而选择放弃。

（二）绿色消费习惯尚未养成

近些年，随着国家对生态文明建设的高度重视，以及许多环境污染事件给人们带来生活和身体上的伤害，使人们的绿色消费意识不断增强，但离转化为绿色行动还有很大差距。保护环境、人人有责的观念并没有真正渗透到每个人的潜意识里，自觉的绿色消费习惯尚未形成。绿色消费习惯是约束居民绿色消费行为的一种重要的无形力量，是对绿色消费制度的有益补充。有时即便有严苛的绿色消费管理制度，但如果没有居民自觉的绿色消费习惯做内在支撑，绿色消费的管理成本将大大增加。如全国存在的绿色消费问题一样，长江经济带居民在绿色消费习惯的形成上任重道远。

比如就餐时，依然有人使用一次性筷子和一次性餐盒，扔垃圾的时候没有区分可回收物与不可回收物等。以塑料袋的使用为例，尽管"限塑令"在一定程度上减少了塑料袋使用数量，但是不少人已经养成了商家提供塑料包装，出门不带购物袋的消费习惯，"限塑令"效果不佳。即便是云南省专门出台地方规定，把"限塑令"升级为"禁塑令"，大型商场超市塑料袋使用大大减少，但大小菜市场仍是塑料袋的"重灾区"。有记者走访昆明市的众多菜市场发现，塑料袋是每一家商贩必备"赠品"。大部分商贩每天要消耗掉上百个塑料袋，生肉、熟食等不易提拿的更是每天用掉两百多个，一个农贸市场一天就能消耗掉两万余个塑料袋，数量惊人。此外，消费中的浪费现象严重，节约消费习惯没有养成，很多人觉得节约是一种没面子的行为。尤其在一些农村地区，在遇到红白喜事时，大操大办，铺张浪费，有些经济条件并不很好的，也迫于面子借债筹办。有些城市居民把"吃山珍海味，穿绫罗绸缎，住洋楼别墅，开高档轿车，打高尔夫球"看成"高质量生活"的标志，认为自己或家庭占有的消费品种类越多、价格越昂贵，个人的幸福感就越强。在这种消费观念支配下，面子消费、奢侈消费盛行，消耗了大量资源。

三 长江经济带绿色消费发展路径

长江流域占据中国的一大半区域面积，该流域居民绿色消费生活方式建构的核心在于倡导绿色消费文化氛围，引导社会人众形成健康、绿色、低碳的消费生活方式，最终通过绿色消费生活引导或倒逼绿色生产方式的构建，通过绿色生产与绿色消费的良性互动，促进长江流域经济社会的绿色发展。基于绿色消费发展的基本原则和基本标准要求，可以明确长江经济带绿色消费发展的"五化"路径，即消费偏好绿色化、消费规模适度化、消费结构非物质化、消费资源可循环化、消费方式共享化。

（一）消费偏好绿色化

消费者偏好是指消费者对一种商品或者商品组合的喜好程度。消费者根据自己的意愿对可供消费的商品或商品组合进行排序，这种排序反映了消费者个人的需要、兴趣和嗜好。消费偏好绿色化意味着消费者在面临可供消费的商品或商品组合时会更优先于选择绿色低碳产品，更优先考虑消费选择带来的社会效益和生态效益。这种绿色消费偏好越强烈，其绿色消费倾向越强，绿色消费行为更显著。绿色消费行为的实质是消费者对消费对象的选择与消费决策，体现了人们的一种行为观念，一种价值取向。绿色经济的发展将通过对消费方式和消费需求的影响，最终改变消费者的消费观念。长江经济带居民要改变传统的"快捷型消费"、"炫耀型消费"等消费观念和习惯，树立"绿色消费"、"可持续消费"等消费观念，逐渐形成稳定而持续的消费偏好，促进生态文明的建设，实现经济社会生态的协调发展。党的十八大提出要"加强生态文明宣传教育，增强全民节约意识、环保意识、生态意识，形成合理消费的社会风尚，营造爱护生态环境的良好风气"，其实质就是倡导绿色消费理念，沿着消费偏好绿色化的路径建构绿色、低碳、健康、文明的消费模式。

（二）消费规模适度化

消费规模适度化是从量的角度规范绿色消费模式建构的路径选择，即适度消费。"适度"是一个内涵丰富的概念，从某种意义上说，"适度消费"仅仅是个哲学概念，而不是一个经济学概念。我们既不能简单地认为适度消费就是在生活中不要过度消费，不要浪费，也不能明确规定一个人每天究竟该摄取多少卡的热量，或者说每个月究竟该花费多少货币用于消费才可以叫作适度。笔者认为，消费规模适度化更侧重于消费品或劳务的数量和消费增长速度上的"度"。如何把握这个"度"？首先消费的数量不能危害到身体健康，不能给生活带来诸多不便，不能在心理上带来痛苦，如吃要达到一定的健康标准，用要达到一定的实用标准，住要达到一定的舒适标准，等等。其次，消费者要依据自身的预期经济收入，遵循人的生命周期的客观规律，处理好即期消费与远期消费的关系，处理好消费增长速度和消费结构优化的关系，超前消费或者滞后消费都是不恰当的。再有，消费者在消费量上要考虑到生态环境的承载能力，尤其要考虑到不可再生性资源的承载限度。

（三）消费结构非物质化

绿色消费是一种节约资源的消费模式，要节约资源，就必须尽可能地减少物质消费，提高非物质化消费如服务消费、文化消费等的比重。可见，消费结构非物质化是绿色消费发展的路径之一，也是符合居民消费需求上升规律的必然选择。随着经济的快速发展和居民收入水平的不断提高，未来居民消费结构将发生根本性的变化，即从物质消费为主转变为非物质消费为主；生存资料消费比重将进一步降低，享受和发展资料消费比重上升；消费结构的变化越来越体现生活质量阶段的特征，各种高档消费品，如住房、汽车的有效需求上升，对服务消费的需求和质量要求意识大大提高等。我们要不断强化市民非物质消费的观念和价值认知，加快培育和发展非物质消费市场，满足居民的文化消费需求。引导文化消费和非物质消费是我国经济社会发展的战略性问题，也是提高国民综合素质的重要手段。沿着消费结构非物质化的路径发展绿色消费，既符合经济发展的阶段性规律，又有利于实现经济效益、社会效益、生态效益的有机协调，促进低碳经济和谐社会的发展。

（四）消费资源可循环化

消费资源的使用和利用效率是绿色消费发展过程中必须考虑的一个因素，绿色消费模式要求尽可能地减少无谓的浪费，这就必须实行循环消费。要按照消费经济规律、社会规律、生态规律和技术规律的客观要求，以消费资源的高效利用和消费环境的最少污染为核心，凸显"消费品—消费—废弃物—再生资源—再生产品"的物质消费增长特征，以实现消费资源的最优消耗和循环利用，保证废弃物的最小排放和对环境的最少污染，以最小成本获得最大的经济效益、消费效益、社会效益和环境效益。强调消费品的再使用原则。即在消费过程中要尽可能多次以及多种方式地使用消费品，并延长消费品的使用周期，以防止物品过早地成为垃圾。强调废弃物的资源化原则。即通过对消费生活中所生产的"废弃物"的再加工处理（再生），使其作为资源，制成新的产品而再次进入市场，以减少垃圾的产生和环境的污染。因此，要大力发展二手市场，积极推进各种类型的二手市场交易平台的建立。要明确企业的生态责任和社会责任，对产品的全生命周期负责，积极发展逆向物流。加强政府与企业的合作，共同促进回收企业和加工再利用企业的发展。

（五）消费方式共享化

共享经济有三大类：一是共享或租借某种产品的信息平台，比如拼车网、房屋交换网；二是二手交易市场，比如美国的克雷格列表；三是共享技能，比如工作间共享。得益于信息技术的有力支撑、特定阶段经济形势的推动和居民消费价值观念的变化，我们这代数字移民和数字原住民开始从"办公共享"、"汽车共享"、"公寓共享"等各种实体资源共享过渡到"互联网"、"物联网"、"大数据"等虚拟互联网共享，并产生一系列"波及效应"，共享经济正掀起新一轮消费革命。滴滴打车、UBER、小猪短租、共享单车、共享篮球……越来越多的共享消费方式走入了我们的生活，并形成一种全新的经济形态和消费模式。消费方式的共享化是顺应共享经济发展趋势的一种绿色消费模式建构的有效路径。它所带来的时间、空间、产品、要素等高效利用，必将带来较大的经济效益、社会效益和生态效益。2015年我国共享经济市场规模已经超过了1万亿元，为我国经济增长和社会转型升级注入了强大的新动力。作为一种新兴消费方式，共享消费方式发展中还会面临一些新问题，如信任问题、标准问题、定价问题、监管问题等都期待逐步解决。

四　长江经济带绿色消费发展对策

推动长江经济带绿色消费发展，逐步改变居民非绿色消费的行为习惯，引导企业绿色生产和绿色技术创新，这是一件需要全社会共同关注、共同参与、共同促进的重要事情，为此需要各省域政府、居民和企业共同联合起来，共谋绿色消费发展大业。长江经济带绿色消费发展作为全流域绿色发展的有机组成部分，要实现其消费偏好绿色化、消费规模适度化、消费结构非物质化、消费资源可循环化、消费方式共享化的路径目标，需从消费生活理念、消费发展体制机制、消费行动计划等方面落实发展措施。

（一）树立绿色消费的生活理念

"思想半径有多宽，行动半径就有多广"。思想是行动的指导，正如习近平总书记指出的，推动形成绿色发展方式和生活方式，是发展观的一场深刻革命。长江经济带绿色消费发展也需要在思想观念上来一次破旧立新的变革，要树立低碳、健康、文明、绿色消费生活理念。需要通过学校教育、媒体报道、制度引导、监督约束等各种方式，大力宣传节约光荣、浪费可耻的思想观念，大力强化公民的节约意识、环境保护意识，推动全社会形成绿色消费氛围和绿色消费生活方式。

1．戒除三大消费生活陋习

一是减少日常"便利消费"。"便利消费"广为流行，不少消费方式在人们不经意中浪费着巨大的能源，其中"一次性"用品消费危害巨大。践行低碳生活方式，亟须告别"便利消费"陋习，养成节约消费习惯。二是淡化"面子消费"意识。减少面子消费，要根据节约型社会的要求，建立和完善相关制度，对面子招待、面子工程、面子应酬等不良现象进行遏制和约束，特别要防止有些人为了自己的面子，慷公家之慨，乱花公家的钱；要加大新闻媒体监督的力度，对那些挥霍浪费的人和事予以曝光。三是戒除"奢侈消费"嗜好。以大量消费能源、大量排放温室气体为代价的"奢侈消费"，正是加重环境污染、能源紧张的重要因素。房子面积越来越大，冰箱容积越来越大，私家车无节制的增多，饮食越来越讲究……如此种种，无不是以增排温室气体为代价。戒除奢侈消费并不是降低消费生活质量与水准，房子可以小一点，冰箱容积可以小一点，私家车可以少开点……减少这些一点点，丝毫不会影响我们对高舒适高质量的生活追求。

2. 营造全社会绿色消费氛围

人们的消费方式与消费的观念、习俗、认识、伦理、道德、素养等消费文化因素密切相关，而这些观念、习俗、认识、伦理、道德、素养变化，绝大部分都与现代传播媒介的参与有关。从卖方助理到买方参谋，从物质推销到"意蕴"蛊惑，从影响一批到塑造一代，从混沌影响到分层对待，用城市价值观念影响农村，等等，媒体的作用在这些方面表现得淋漓尽致。因此，要营造浓厚的绿色消费氛围，必须高度重视现代媒体尤其是新兴媒体的宣传与引导作用。新兴媒体是新的技术支撑体系下出现的媒体形态，如快递信封广告、数字杂志、数字报纸、数字广播、手机短信、移动电视、网络、桌面视窗、数字电视、数字电影、触摸媒体等。相对于报刊、户外、广播、电视四大传统意义上的媒体，新媒体被形象地称为"第五媒体"。当前，传统媒体与新兴媒体呈现相互融合趋势，"报网互动"、"台网互动"、"手机报"、"电子报"等新事物不断涌现，社会舆论呈现着多元化的发展趋势。要强化传统媒体与新媒体的社会责任，尤其是爱护环境、节约资源的社会责任，彻底消除一些广告对消费者的欲望进行挑逗的非伦理行为；一些宣扬消费主义、拜金主义等非绿色消费理念的媒体节目应该被禁止。充分运用传统媒体和新兴媒体，普及大气、水、土壤污染防治科学知识，倡导绿色低碳消费方式和生活习惯，加强社会监督和新闻舆论监督，营造全民参与、全民支持环境治理的社会氛围。

3. 加强对青少年的消费教育

当前，在享乐主义、拜金主义、个人主义等思想的影响下，许多青少年在消费生活中不能明辨是非、善恶、荣辱、美丑，出现大手大脚花钱，盲目、冲动消费，从众、攀比消费，炫耀性消费等现象，青少年群体中普遍存在"消费就是美德"、"挥霍就是气派"的错误消费观念，奢侈浪费之风有泛滥之势。因此，要对青年人加强三个方面的消费教育。其一是理性消费。理性消费的核心是"量入为出"，这也是中华民族的传统美德，是传承中华民族艰苦朴素、勤俭节约优良传统的精髓所在。青少年要戒除攀比消费心理和享乐消费倾向，把握好消费的"度"，实现消费的计划性、文明性和责任性，形成务实适度、俭而有度的消费习惯。其二是坚持健康消费。当前，青少年群体中亚健康比例在不断上升，如过分偏爱零食、饮料、洋快餐等饮食消费，沉溺网吧、追赶时尚、贪图感官享受等精神消费。要以"身心健康"为核心，引导青少年树立以实现身心健康发展需求为目标的健康消费观。其三坚持绿色消费。"绿色发展"是我国社会发展的核心理念，坚持节约资源和保护环境是我国基本国策。青少年在衣、食、住、行消费中应以可持续发展为指向，选择绿色、低碳、环保的消费方式，如实行"光盘行动"，废旧物品循环利用等。

（二）健全绿色消费发展的制度体系

绿色消费发展需要以较为完备的制度体系作为支撑，要实现长江经济带绿色消费发展，需不断完善绿色消费发展的宏观管理体制，构建有效的绿色消费需求引导机制，健全绿色消费发展的政策体系，落实相关的经济、文化和法律制度。

1. 加快绿色技术、产品标准与评价体系建设

现实存在的绿色消费市场产品鱼目混珠，其中一个根本原因是缺乏一个较为完备的绿色技术、产品标准和评价体系，因此，促进绿色消费发展首先就要健全绿色产品和服务的标准体系，扩大标准覆盖范围，加快制修订产品生产过程的能耗、水耗、物耗以及终端产品的能效、水效等标准，

动态调整并不断提高产品的资源环境准入门槛，做好计量检测、应用评价、对标提升等工作。而绿色产品最具体的体现就是低碳产品，低碳产品的技术性与可量化性最为突出。为此，要研究制订相关低碳产品标准，引入国际 ISO14060 碳认证标准，在示范城市典型产品中开展相关认证；强化绿色采购制度；开展低碳环评试点，选择示范城市中的高碳排放支柱产业，将碳排放量作为环评评价指标，出台低碳环评实施细则和指南；研究建立低碳经济发展评价指标体系和统计考核制度，组织有关专家开展低碳经济发展评价指标体系研究；逐步建立温室气体报告和核查制度。要加快对绿色消费过程中能源消耗标准的制修订，各省对省内特色产业以及国家标准未能涵盖的特色产品，制订地方标准，明确由相应的省直部门负责。推进中国环境标志认证。完善绿色建筑和绿色建材标识制度。制修订绿色市场、绿色宾馆、绿色饭店、绿色旅游等绿色服务评价办法。逐步将目前分头设立的环保、节能、节水、循环、低碳、再生、有机等产品统一整合为绿色产品，建立统一的绿色产品认证、标识等体系，加强绿色产品质量监管。

2. 完善绿色产业发展政策

发展绿色消费的前提条件是发展绿色产业，增强绿色产品有效供给。政府要加大对绿色产业发展的政策扶持力度，促进绿色产品科学技术和科学管理的推广，不断开发绿色产品，提高绿色产品生产力，降低生产成本，为大众消费者提供更多质优价廉的绿色产品。加大对绿色产品生产基地的财政支持力度，建立绿色产品营销体系，为消费者购买绿色产品提供便利，利用互联网和信息技术，畅通绿色农产品从田间到消费者的销售渠道。各省域地方党委政府要在提高产业绿色化程度上下功夫，要进一步促进传统产业绿色化改造，降低资源能源消耗及污染排放。大力发展绿色农业，推进绿色农产品生产基地建设，采取措施提高有机肥的规模化生产及使用，加强农业面源污染防治；构建绿色产业体系，限制"三高"（高耗能、高污染、高排放）产业发展，淘汰电力、煤炭、钢铁等落后产能，升级改造传统产业。加快发展新能源和节能环保产业，大力扶持风电、核电、生物质能、太阳能光伏发电设备等新能源装备制造产业发展壮大，大力推动光电子、通信设备等特色优势产业快速发展，大力发展软件及信息服务业以及绿色金融、绿色物流、节能环保服务业等绿色服务业。同时，政府要鼓励和支持企业提高绿色技术创新能力，加大对绿色科技研发和政策倾斜力度，运用信贷、税收、补贴等政策手段，鼓励和吸引社会资本投资绿色技术和产品的研发与推广。加强对重点企业重大绿色科技项目研发的财政扶持，帮助突破核心关键技术，开发具有全局影响意义的关键绿色技术和技术群。实行有利于资源综合利用、新能源、节能环保等绿色产业发展的税收政策和出口退税等相关优惠政策，对高污染、高环境风险的产品提高进出口关税。

3. 完善绿色消费发展的政策体系

为确保以绿色消费推动绿色发展，形成绿色经济发展新模式，各省域地方政府要切实加强体制机制创新，完善绿色消费发展的政策体系。其一，科学编制与当地相适宜的绿色消费发展战略规划。深入居民消费生活实际，把握绿色消费现状，了解居民绿色消费需求趋势，合理提出本地区绿色消费发展的阶段性目标与具体领域的目标，设计总的绿色消费发展思路。其二，实施节能减排推进政策。实施 GDP 能耗公报制度。环保部门定期公布主要污染物减排情况和重点监控企业年度污染物排放等情况，大力推广节能省地环保型建筑，推动建筑物与可再生能源一体化进程，以普及新能源公交为重点推进交通运输节能减排。其三，强化政府绿色采购政策。完善政府绿色采购管理制度，扩大政府绿色产品采购的引导和示范效应。健全政府绿色采购工作机制，如规定政府采购中绿色采购比例下限，对绿色产品及服务予以价格优惠，制定《绿色产品清单》等。其四，完善居民绿色消费的激励约束措施。运用财政补贴、消费税等手段，引导居民选择绿色、低碳产品，如对新能源汽车等节能产品购买加大节能补贴支持，完善相关的配套消费环境，加大对奢侈消费品以及一些高耗能高污染消费品的征税力度，约束居民的奢侈浪费的消费行为。建立绿色消费积分或绿色消费优惠券制度，鼓励居民多购买和消费绿色产品。

4. 加强绿色消费市场监管体制建设

通过制定合理的价格政策以及市场监管制度，实现对企业绿色生产的市场引导与监管目标。其一，制定合理的绿色产品价格政策。要制定合理的价格政策，以补偿对环境的治理费用和保护稀缺资源的费用，而对绿色产品的生产和销售，实行优惠价格，引导人们大力生产和消费绿色产品；制定合理的税收政策，对浪费性消费和污染环境的消费课以重税，而对绿色产品的生产和消费给予适当的税收减免，以降低厂家成本，利于绿色生产和绿色消费的发展。其二，大力推行低碳产品认证标识。各省（市）要积极配合国家低碳消费政策，加快推行低碳消费市场的低碳产品认证，广泛推荐与宣传已获得国家低碳产品认证的消费品，使居民低碳消费选择目标更为明确，使低碳品牌产品深入人心。其三，推行"碳足迹"标示制度。借鉴与学习日本"碳足迹"制度与低碳产品领跑者制度，首先从食品、饮料和洗涤剂等人们关心的、大量消费的消费品入手，从原料调配、制造、流通（销售）、使用、废弃（回收）5 个阶段标示排出碳排放量，计算碳排放总量，并且告知广大消费者。率先在汽车、空调、冰箱、热水器、建材等多种消费品上，实行低碳产品领跑者制度。其四，强化绿色产品市场监管。完善相应的市场准入制度，减少能源密集型的产品大量进入市场；组织开展能源及耗能相关产品专项打假活动，强化能效标识和节能产品认证工作执行情况的检查，建立完善的能源和耗能相关产品质量监督制度，制定环境保护法律规范、环境保护标准以及政策制度等，有效监督企业的违规行为并予以严厉制裁。其五，加强绿色消费的法律支持。国家和地方立法机关要通过立、改、废，加大对绿色消费的立法工作，各级地方政府要通过文件清理整合，修改和废止与绿色消费发展不相适应的政策规定。完善绿色消费市场监督机制，强化监管责任，加大执法力度，推动绿色消费发展营造一个适宜的法治环境。

（三）开展绿色消费的社会行动

无论我们的政策制度多么完善，最终还需落到实处，长江经济带绿色消费发展的一系列政策制度体制机制，都需在具体的社会行动中得到执行和实现。只有通过具体的绿色消费行动实施，才能使绿色消费生活理念深入人心，使绿色消费的政策制度得到落实，使绿色消费的激励约束机制融入实践。为此，各省结合实际开展以下绿色消费行动，十分必要。

1. 绿色出行活动

交管部门要大力发展公共交通，科学合理规划交通系统；加强汽车年检的排污油耗标准的审查，不符合标准的汽车要求整改或报废；开设高速公路的绿色通道，以配合拼车行动；加强上下班时期的交通疏导与管理。普通民众要少开车，多选择公共交通，多走路或骑自行车；选购小排量汽车与混合动力汽车；科学用车，注意保养；掌握必要的家用汽车节能技巧。政府机关可借鉴美国政府的拼车行动，提高汽车使用效率；严格公车管理制度，杜绝假公济私现象；鼓励政府工作人员骑自行车或电动车上班，并实行一定的奖励补贴；多开展网络办公与电视会议，减少不必要的外出乘车。

2. "绿色消费积分"活动

在大型商场或超市开展各种类型的"绿色消费积分"的舆论宣传；电视、网络等新闻媒体加大跟踪报道力度。具体为，对购买符合一定节能标准的空调、冰箱和数字电视的消费者返还"环保积分"，空调和冰箱的返还比例为5%左右，数字电视则在10%上下，所获积分可用于兑换消费券。可以由各省（市）发改委牵头，环保部门和商务部门参加，具体指导工作；科学制定"绿色消费积分"的商品目录；合理设立"绿色消费积分"的补贴基金；精心组织"绿色消费积分"制度的实施。由各省商务厅、财政厅以及消协等部门派专人进行工作指导与监管；开通绿色消费服务与投诉热线；对活动开展得很有成效的商场或超市实行一定的税收优惠奖励。

3. 政府机关节能活动

强制要求各级政府文件每张纸都双面打印，字体控制在小四以下；废旧纸张、旧电脑、电池、灯管、信封等办公用品要求回收利用；减少笔墨纸张的消耗，文稿用纸尽量双面使用，尽可能减少一次性签字笔使用，淘汰使用一次性纸杯，减少一次性浪费；规范办公电话使用，减少通话时间；控制会议数量，压缩会议时间和规模，提倡视频会议与网络办公。对确实需要举办的会议，坚持勤俭办会的原则，严格控制参会人数和住宿标准，以降低会议成本，防止铺张浪费。政府工作用餐采取自助形式，减少剩饭菜的浪费。政府用水用电要加强监管，建立能源消耗监测系统，对各机关的能耗状况进行实时监测；在政府机关推行公车能耗核算制度，建立"公务车编制管理系统"，强化对公务车使用的监督。

4. 一次性用品消费限制活动

在全国范围内颁布一次性用品限制令，要求各级城市的宾馆、酒店、招待所不再免费提供，实行"明码标价，自愿购买，有偿使用"。在城市的农贸市场加强监管，强制要求摊主不能使用一次性塑料袋，让居民养成自带环保袋或篮子的习惯。各省（市）经委牵头，联合相关部门组成检查组，对宾馆、酒店、招待所等场所开展定期检查，督促各类宾馆、酒店、招待所等场所停止免费提供一次性日用品。与此同时，工商部门应该采取得力措施限制"一次性"用品的生产。对有些一次性消费品使用企业或单位，要强制其对一次性消费品进行垃圾分类回收，不可随意扔弃。

5. 绿色照明活动

在政府机关、社区与商场超市进行绿色照明宣传，广泛推荐各种节能灯品牌。开展绿色照明示范城市专项行动，制定城市景观节约管理实施办法，严格控制路灯和景观照明，减少城市街道照明耗能。采用太阳能与高亮度 LED 集成照明产品，改造大中城市交通信号灯系统等；普及使用节能灯，在农村广泛开展节能灯捐赠活动，鼓励相关节能灯企业积极参与，给农村带来绿色光明；城市夜景照明采用新技术、新工艺、新材料、新光源，实行节能、绿色照明等环境保护措施。以示范工程和相关企业为依托，提高 LED 照明技术层次、提高 LED 照明产品质量、降低 LED 照明产品成本、规范 LED 照明产品检测评估。政府加大对城乡居民和部分大宗用户使用高效照明产品的补贴力度；各城市居委会、社区和村委会在人口相对集中的区域进行节能灯降价销售，居民凭本人身份证进行限量购买；在政府和经委支持下，将节能灯推广到市直机关、企事业单位和社区。

6. 绿色装修活动

在绿色环保设计上，开展绿色装修企业示范行活动；评选全国十名绿色环保设计师；建立绿色家装网络平台，推广实用的绿色环保家装样板。在绿色饰材使用上，结合每年的家装博览会，定期组织各装饰主材品牌厂家的大型展示会，推出名牌主材的劲爆优惠活动；在各类媒体上强力推荐价廉物美的装饰建材；坚决打击装饰行业的假冒伪劣行为。在绿色环保施工上，制定统一的科学的绿色环保施工流程与施工标准；由各省建筑协会或装饰协会组织抽查装修企业的施工过程；加强装修企业第三方质量监管的科学性与公正性。

7. 废旧电池回收活动

在各大商场和公共场所放置废旧电池回收箱，依靠电池生产企业的赞助实施回收；对电池的原材料及回收废品制定合理的价格；对电池生产企业开征污染税（费）。以拨款、贷款贴息或是减免税收等形式发放财政补贴；对实施废旧电池逆向物流的企业予以必要的奖励。开展"百家超市便民"活动，以每枚废旧电池0.1元的价格兑换等值商品；拓展废旧电池回收范围，对已经布设回收箱的城市，查找空白点，加大回收箱布设的密度。采用有价回收或以物换物的方式，在2~3年内将回收工作扩展到乡镇和农村，最大限度提高废旧电池的回收率和循环利用率。同时建议各级财政每年按照回收体系建设投资的30%给予专项补贴，补贴资金主要用于贫困县级城市和乡镇、农村的回收网络建设，以及以废旧电池兑换物的补贴。

8. 垃圾分类回收活动

以政府、新闻媒体为主，积极开展垃圾分类知识的宣传教育活动，使垃圾分类回收知识与理念深入人心；在校园、社区及其他公共场所广泛分发垃圾分类手册。环卫局要制定非常详细的垃圾分类细则，公布强制回收产品目录；由各级财政拨款采购，合理设立垃圾分类回收箱；调整垃圾处理费，改为"从量收费"。发挥物业管理部门与环卫部门的积极性，建议派出专门人员，开展好社区居民垃圾分类回收工作。对废旧用品回收站实行免税收的优惠政策，同时加强对废旧用品的环保管理。制定详细的城乡垃圾分类管理办法，必要时实行一定的行政处罚与经济处罚。可借鉴瑞典做法，在许多超级市场都设有易拉罐和玻璃瓶自动回收机，顾客喝完饮料将易拉罐和玻璃瓶投入其中，机器便会吐出收据，顾客凭收据可以领取一小笔钱。

主要参考文献

［1］《"绿色消费"蕴藏巨大商机商家争打健康环保牌》，《重庆日报》2015 年 8 月 20 日。

［2］沈满洪：《从绿色浙江到生态浙江生态文明建设辉煌五年》，《浙江日报》2012 年 5 月 25 日。

［3］彭锡：《云南"十二五"森林覆盖率提高了 2.8 个百分点完成营造林 3634 万亩》，http：//yn. yunnan. cn/html/2016 – 01/17/content_ 4121854. htm，2016 年 1 月 17 日。

［4］刘玉先：《湖南加快环保产业发展"量身定制"多项奖金补贴》，http：//hn. red-net. cn/c/2015/05/14/3679391. htm，2015 年 5 月 14 日。

［5］《2016 浙江生态环境质量公众满意度公布》，《浙江日报》2016 年 12 月 25 日。

［6］上海市环境保护局：《2016 上海市环境状况公报》，http：//www. doc88. com/p – 4512877246855. html，2017 年 6 月 7 日。

［7］《浙江拒绝非绿色农产品进入农博会》，http：//www. zgny. com. cn/ifm/consultation/2003 – 8 – 4/11732. shtml，2003 年 8 月 4 日。

［8］郝迎灿：《贵州建绿色有机农产品大省》，《人民日报》2015 年 10 月 29 日。

［9］张尚武、刘萍：《湖南农产品"三品一标"认证总数 2905 个年总产值 672 亿》，《湖南日报》2017 年 2 月 23 日。

［10］袁传利、吴思勇：《江西"三品一标"农产品数量达 3657 个》，《南昌日报》2017 年 1 月 25 日。

［11］《江苏达绿色建筑标准项目总面积将超过 1 亿平米》，http：//www. chinadaily. com. cn/hqcj/xfly/2013 – 10 – 31/content_ 10473169. html，2013 年 10 月 31 日。

［12］《九大举措推进绿色建筑行动》，《安徽日报》2013 年 10 月 15 日。

［13］熊筱伟：《近两年四川省绿色建筑数量飞速增长》，《四川日报》2015 年 7 月 7 日。

［14］彭一苇、胡贵玉：《今年我省将完成绿色建筑 1000 万平方米》，《湖北日报》2016 年 1 月 25 日。

［15］郭娜：《上海全面完成节能减排目标任务》，http：//shzw. eastday. com/shzw/G/

20160616/u1a9445773. html，2016 年 6 月 16 日。

［16］《江西城市公交发展加速"绿色"幸福指数提升》，http：//www. chinabuses. com/
keyun/2017/0214/article_ 76870. html，2017 年 2 月 14 日。

［17］张厚明、秦海林：《破解长江经济带"重化工围江"难题》，http：//www. p5w.
net/news/xwpl/201610/t20161028_ 1620040. htm，2016 年 10 月 28 日。

［18］《重庆沃尔玛 3 家门店最高可罚 20 万元》，《重庆晨报》2011 年 9 月 8 日。

第十章

研究结论与展望

本报告对长江经济带绿色发展的政策背景、目标要求、战略意义和主要进展进行了梳理和阐述，在概述区域绿色发展评价模型与方法已有研究的基础上，基于层次分析法和灰色评价法，构建了一个包含总目标、3项一级指标、7项二级指标、34～36项三级指标的长江经济带绿色发展评价指标体系，对2011～2015年长江经济带总体及其东、中、西三大区域板块和11省（市）绿色发展水平进行了测度评价分析，同时对长江经济带城市、产业、消费三大领域绿色发展进行了专题研究。但受限于研究条件和本书篇幅，一些问题有待后续研究进一步改进和不断深入。

一　研究结论

基于前述对长江经济带绿色发展的政策历程、全经济带和各区域板块绿色发展水平，以及城市、产业、消费的绿色化进展研究，得到以下结论。

（一）长江经济带绿色发展的政策背景与主要进展

本报告认为，从国家层面看，我国的绿色发展经历了20世纪80年代环境保护首次被确定为基本国策，到《中国21世纪议程》的出台，到科学发展观的提出和发展方式转变，到生态文明制度体系最终建立的大体历程。在此期间，我国顺应国际绿色发展潮流与趋势以及结合自身经济社会发展实际，出台了一系列相关的政策文件，涵盖了绿色发展内容的方方面面，关注重点从强化污染物的末端治理，到加强资源环境保护推进经济发展方式优化，到以发展循环经济为主推进资源能源综合利用，到以法治、制度为手段加快生态文明建设。相应的政策法规、调控机制、监测管理和考核办法都实现了从无到有，从粗放到细化，从理论到实践的跃迁。从长江经济带层面看，进入21世纪后，为贯彻实施国家绿色发展的相关政策以及结合自身实际推进绿色发展进程，长江经济带各省（市）也都出台了一系列规划、意见和实施方案，涵盖了气候变化与低碳经济、循环经济、资源节约与环境保护、生态文明建设、绿色工业、绿色建筑、绿色生活与消费等内容，在这些规划、意见和实施方案中，各省（市）都提出了相应的发展目标、主要任务、保障措施以及考核机制，同时也体现了地方特色、发展侧重点和发展的具体思路。

（二）长江经济带绿色发展评价体系与评价结果

长江经济带绿色发展是涵盖了经济绿色性、生态绿色性和制度绿色性的复杂决策目标，本报告建立了一个包含总目标、3 项一级指标、7 项二级指标、34～36 项三级指标的绿色发展评价体系，将绿色发展分解为绿色增长度、绿色承载力和绿色保障力 3 个维度，并采用 AHP – GRAP 联合评价法对长江经济带 2011～2015 年绿色发展水平进行了分区域、分省域测度，定量化把握长江经济绿色发展的历史现状特征、主要瓶颈问题和未来发展趋势，为长江经济带绿色发展提供决策参考。

1. 长江经济带绿色发展指数稳步上升，但区域发展不平衡

2011～2015 年，长江经济带绿色发展总体水平呈现稳定上升的趋势，长江经济带绿色发展指数由 49.39 上升到 56.35，年增速达到 2.67%，目前绿色发展达到中等水平。从 3 项一级指标来看，绿色承载力指数稳定跨越 50.00 达到中等偏上水平，而绿色保障力指数和绿色增长度指数仍在中等水平处蹒跚。可见，提高长江经济带绿色发展指数，提升绿色保障力、大力发展绿色经济是亟须努力的重要方向。长江经济带绿色发展区域不平衡特征明显，2011～2015 年，东、中、西部绿色发展指数分别由 53.04、43.53、46.74 提高到 61.78、49.31 和 52.47，区域间最大差距由 9.51 提高到 12.47，差距在不断扩大。长江经济带 11 个省（市）的绿色发展差距也有扩大趋势，2011 年绿色发展指数最高的上海市与最低的湖南省之间的指数值差为 18.98，2015 年绿色发展指数最高的上海市与最低的江西省之间的指数值差为 29.74。

2. 绿色增长度较低，创新驱动尚为瓶颈制约

长江经济带绿色增长度指数由 2011 年的 45.82 提高到 2013 年的

53.64，2014 年下降到 51.60，2015 年略有回升，达到 52.68，年增长率为 2.83%。从二级指标来看，结构优化指数由 2011 年的 49.31 上升到 2015 年的 61.61，年增速高达 4.55%，对绿色增长度的贡献最大。开放协调指数由 49.83 上升到 58.64，年增速 3.31%，对绿色增长度的贡献其次。2011~2013 年，创新驱动指数由 41.64 上升到 53.27，2014 年、2015 年则持续下降到 43.17，年增速仅为 0.72%，创新驱动对绿色增长度的贡献较小，2014 年其指数的下降甚至直接导致绿色增长率的下降。因此，提升长江经济带绿色增长度，创新驱动能力的提高是重点和关键。

3. 绿色承载力较高，水生态治理仍需加强

2011~2015 年，长江经济带绿色承载力指数由 53.11 上升到 61.15，年增速为 2.86%。从二级指标来看，5 年来水资源利用指数由 55.40 上升到 65.50，年增长率达到 3.41%，对长江经济带绿色承载力的贡献较大。水生态治理指数由 51.92 提高到 58.89，年均增长 2.55%，目前长江经济带水生态治理虽然取得了一定成效，但仍需继续努力。

4. 绿色保障力提升缓慢，绿色投入严重不足

2011~2015 年，长江经济带绿色保障力指数由 49.98 上升到 54.70，年均增速为 1.82%。从指数值来看，近两年绿色保障力指数低于绿色承载力指数而高于绿色增长度指数，排名第二；从增长率来看，绿色保障力年均增速比绿色增长度、绿色承载力低 1 个百分点左右，也低于长江经济带绿色发展指数 2.67% 的年均增速。可见，近年来长江经济带绿色保障力提升缓慢，若不加以重视，将严重影响长江经济带绿色发展进程。从二级指标来看，绿色投入少且增长慢是绿色保障力薄弱和提升缓慢的主要原因，2011~2015 年，绿色投入指数由 41.07 上升到 43.96，年增长率仅为 1.37%。绿色生活指数由 63.93 提高到 71.52，年增长率为 2.27%，绿色生活达到较高水平，为绿色保障力的提高做出了贡献。

（三）长江经济带东、中、西三大区域绿色发展评价结果

三大区域板块各有特色，差异明显。总指数方面，东、中、西区域绿

色发展水平与其社会经济发展水平并不完全重合，东部区域＞西部区域＞中部区域。2011～2015年，三大区域板块都保持了持续上升的势头，东、中、西三大板块总指数年均增速分别为3.89%、3.17%和2.93%，东部区域不仅存量较高，而且增速也领先。从3项二级指标看，东部区域的绿色增长度和绿色承载力指数都高于其他区域板块，西部区域的绿色保障力指数领跑各区域，且绿色承载力指数高于中部区域。具体分析，东部区域经济绿色化转型相对成熟，未来绿色发展的重点是如何在经济新常态下强化开放引领，提高创新驱动的价值产出，在环保投资存量已经较高、基础设施相对完善的前提下，长效地建立起环保服务市场化运行机制。中部区域水资源节约和水生态治理任重道远，提高绿色承载力是提高其绿色发展水平的关键，需要克服由于水资源相对丰富带来的节水措施、水资源回用措施缺乏资源紧约束的大环境，以及养殖业规模大、传统产业多等产业形态带来的水环境污染路径锁定问题。西部区域近年来在绿色发展政府财力投入比例方面表现不错，但受其经济总量和财力制约，绝对投入依然受到限制，未来绿色发展的核心是加快产业转型升级进程，将对接长江黄金水道和利用沿边开放区位优势有效结合，在加快发展新兴产业的同时，大力推进生态农业、生态旅游业的发展，改造并提升传统产业，提高经济绿色化程度。

（四）长江经济带城市、产业、消费三大领域绿色发展研究

1. 核心城市绿色发展水平差距较大，协同发展能力不足

长江经济带核心城市绿色发展评价结果表明，成都、长沙、武汉和合肥等城市的绿色发展水平较高，而重庆、南京、昆明和贵阳等城市的绿色发展水平较低。长江经济带城市绿色发展面临的问题主要是区域内上、中、下游城市绿色发展水平差距较大，城市绿色增长收敛证据不足；城市群间绿色协同发展水平较低，中、下游城市与上游城市之间缺乏联系；全经济带城市绿色发展仍面临环境污染挑战，环境生态风险较大。基于此，长江经济带城市绿色协同发展的建议是：加快城市群绿色协作平台建设，打破行政区划界限和市场分割的制约，推动资源、要素、产业等在全流域内合理配置和优化升级，创新协调发展机制，实现政府、市场等多方协

同；构建结构功能合理的绿色城镇体系，以区域核心城市为依托，通过区域核心城市的绿色转型带动经济腹地的城市绿色转型；提升城市自我发展质量，实施高标准的城市规划与建设管理，加强城市水、气、声、光等环境综合整治和生态保护，促进流域生态环境良性循环。

2. 产业绿色发展水平各区域特色鲜明，产业转型需错位发展和合理布局

推动长江经济带产业转型升级至关重要，转型升级的核心是摒弃走粗放式增长的老路，更多依靠科技创新、管理创新、制度创新以及商业模式创新驱动。长江经济带上、中、下游之间存在显著的产业梯度和要素禀赋差异，产业能级沿长江流向呈现递增趋势，要素丰裕度则沿长江流向递减。在要素价格普遍上涨的当前，上、中、下游地区之间应该立足于自身的比较优势展开更高层次的分工合作，对符合比较优势的区域特色产业应加以优化升级，对比较优势错位的产业则可以利用天然的长江航道和发达的沿江综合运输体系实施产业转移，淘汰落后产能，对高能耗、高污染企业实现关停并转，实现产业合理布局。从产业定位来看，上、中、下游各具特色，转型升级的方向也不太一样。长三角作为长江下游地区，经济发达，科技实力雄厚，改革开放较早，应该成为高科技研发中心、金融贸易中心和高端产业、总部经济的集聚地；长江中游地区是我国重要的工业基地，具有良好的装备制造基础，产业配套能力比较强，而且区位条件好，交通四通八达，物流成本低，应将其打造成我国制造业中心；上游地区生态资源丰富，经济欠发达，应依托资源加快科学发展，以资源型产业为主体，对资源进行深加工，延长产业链，提高附加值。

3. 绿色消费水平亟待提升，绿色消费文化有待形成

长江经济带绿色发展离不开绿色消费的支撑。目前长江经济带各省（市）在绿色消费发展方面取得了一定成效，主要表现在绿色消费的基础条件明显改善，绿色消费意识普遍增强，绿色产品供给不断增加，绿色消费行动各有特色。但其中存在的问题也不可忽视，如绿色消费产品市场鱼龙混杂，绿色消费文化尚未形成，绿色消费制度不够健全等。未来，长江经济带各省（市）应遵循消费偏好绿色化、消费规模适度化、消费结构非

物质化、消费资源可循环化、消费方式共享化的绿色消费发展路径，构建绿色消费文化，营造全社会绿色消费氛围，健全绿色消费发展体制机制，正确引导居民绿色消费生活，有序开展绿色消费社会行动，促进绿色消费市场繁荣。

二　研究展望

受研究能力和研究时间、经费等条件的限制，本报告还存在一些不足，有待进一步深入研究。

（一）长江经济带绿色发展评价指标体系的完善

受限于调研对象与调查问卷获取的难度，目前指标体系以反映绿色发展客观状况的定量指标为主。下一阶段将在长江经济带绿色发展公众满意度问卷调查等基础上，对指标体系进行进一步调整、改进和完善，增加公众满意度等主观定性指标，以期更加客观、科学、全面地反映长江经济带绿色发展现状、能力等实际情况，提高绿色发展指数的说服力与影响力。

（二）长江经济带绿色发展的实现路径与政策研究

对长江经济带绿色发展的动态变化与主要因素进行分析，并提出有针对性和可操作性的对策建议，是本报告的目标和价值所在。下一步拟在延伸时间序列研究的同时，利用主成分分析法找到影响"绿色增长度""绿色承载力""绿色保障力"3项一级指标的主要因素，并在此基础上提出长江经济带绿色发展的实现路径与针对性较强的政策建议，以进一步丰富报告的内涵，提升报告的决策咨询价值，推动长江经济带绿色转型发展。

（三）长江经济带绿色发展调研考察与经验借鉴

只有进行深入的调研，才能更好地反映该研究的宗旨，才能对绿色发展的理论创新和实践创新具有意义。下一阶段将充分考虑各区域各行业绿色发展的共性和差异性，在长江经济带东、中、西部中选取一些典型地区与节能减排、绿色制造等典型企业，尝试进行实地考察和案例分析，将调研成果纳入报告体系，以供决策参考和各地经验借鉴。

（四）长江经济带农村和农业绿色发展研究

农村地区占长江经济带国土的绝大部分，农业的绿色发展是长江经济带绿色发展的重要内容，下一步拟对长江经济带农村、农业绿色发展进行评价与分析，并选择改善农村人居环境、转变农业发展方式，促进农村绿色发展取得显著成效的地方进行深入调研，总结经验，发现问题，提出建议，不仅拓展了报告的视野，也会有积极的实践价值。

（五）长江经济带企业绿色发展研究

企业是绿色发展的市场主体，长江经济带绿色发展理念的实施终究要落实到微观主体的行动上。下一步拟将研究视角从宏观和区域层面拓展至微观层面，将长江经济带企业绿色发展研究纳入报告体系，选取不同行业、不同规模的代表企业进行实地调研，把脉企业绿色发展的基本情况，总结成功经验，分析瓶颈问题，提出相关对策建议，提高企业的社会责任意识，引导企业绿色低碳发展，推动企业成为促进长江经济带绿色发展目标实现的积极力量，同时增强报告的覆盖面和完整性。

附表　评价体系专家咨询问卷

专家咨询问卷　（样本摘录整理）

2016 年底，湖南省社会科学院长江经济带绿色发展研究团队启动了"长江经济带绿色发展报告"系列年度报告研究课题，该报告针对长江经济带绿色发展提出"长江指数"评价概念，并对全经济带、经济带各区域板块、经济带所涉省（市）绿色发展在经济建设、生态建设和制度建设相关领域进行全面的历史回顾、现状分析和趋势展望。

本报告的主要内容包括：长江经济带发展总体历程、绿色发展评价体系及评估方法、长江指数总体评价、东部区域及省份评价、中部区域及省份评价、西部区域及省份评价、绿色城市发展研究、绿色产业发展研究、绿色消费发展研究、研究结论与展望等章节。本次问卷即为绿色发展评价体系中所涉及的各类指标确定权重，为进一步指示评价指数计算奠定基础。各位专家所填写的原始问卷将予以保密，报告中仅出现经整理调整后的指标权重值。

现邀请社会学、经济学、环境学等相关领域专家，就"长江经济带绿色发展评价体系各层级指标重要性判断"等内容进行相关咨询。为了进一步增强该评价指标体系的科学性、适用性和前瞻性，现将该指标体系的设计思路、整体框架和长江经济带及各区域、各省份涉及的各类指标的现状数据（2015 年）整理成系列文件供各位专家参阅。

本次咨询问卷采用 1～7 标度法表示，指标两两判断打分矩阵如下所示：

表1　评价指标的两两判断矩阵表

A 评价目标	C_1	C_2	C_j	...	C_n
C_1	1	C_{12}			C_{1n}
C_2	C_{21}	1			C_{2n}
C_i			C_{ij}		
...				1	
C_n	C_{n1}	C_{n2}			1

上表中，C_1 到 C_n 是用来评价 A 目标的具体指标，若 $C_{ij}=1$，则表示 C_i 和 C_j 相对于描述 A 目标来说同等重要，指标与自身重要性相同，故对角线元素均为1。C_{ij} 的具体意义和填写方式为：

$C_{ij}=1$ 表示，对于评价 A，C_i 与 C_j 同等重要；

$C_{ij}=3$ 表示，对于评价 A，C_i 比 C_j 的重要性稍大；

$C_{ij}=5$ 表示，对于评价 A，C_i 比 C_j 的重要性大；

$C_{ij}=7$ 表示，对于评价 A，C_i 比 C_j 的重要性大得多；

$C_{ij}=1/7$ 表示，对于评价 A，C_i 比 C_j 的重要性小得多；

$C_{ij}=1/5$ 表示，对于评价 A，C_i 比 C_j 的重要性小；

$C_{ij}=1/3$ 表示，对于评价 A，C_i 比 C_j 的重要性稍小。

针对评价体系的总目标、一级指标、二级指标，本研究均设计了打分表，指标下分指标少于3项的合并打分，最终设计了10张打分表。以二级指标创新驱动的打分表为例，如表2所示。

表2　创新驱动（二级指标）两两判断打分表（表样）

创新驱动	R&D 经费投入强度	万人拥有科技人员数	万人发明专利授权量	技术市场成交额（增速）	信息产业占 GDP 比重	新产品销售收入增速
R&D 经费投入强度	1					
万人拥有科技人员数		1				
万人发明专利授权量			1			

续表

创新驱动	R&D 经费投入强度	万人拥有科技人员数	万人发明专利授权量	技术市场成交额（增速）	信息产业占GDP 比重	新产品销售收入增速
技术市场成交额（增速）				1		
信息产业占GDP 比重					1	
新产品销售收入增速						1

与创新驱动类似，收集所有咨询专家打分表，对打分表逐一进行一致性检验，对无法通过一致性检验的打分表，邀请专家重新打分。最后将每组指标的打分结果进行算术平均得到最终的权重结果。

后　记

本书被列入湖南省社会科学院智库建设重大委托课题并给予资助，由长江经济带绿色发展研究团队成员为主撰写。2016年，结合"创新、协调、绿色、开放、共享"五大发展理念的现实研究需求和湖南省社会科学院的学术团队研究基础，湖南省社会科学院刘建武院长提出以共享发展和绿色发展研究作为全院集中攻关方向，审定了本书总体研究思路、提纲和框架体系，之后多次对书稿提出具体修改要求和建议。承接研究任务后，方向新研究员总体负责和指导全书编写过程，书稿由谢瑾岚研究员、杨顺顺副研究员牵头，经集体多次讨论后分工执笔，初稿完成后由方向新、谢瑾岚初审并提出修改意见，经各章执笔人修改后，经编委会讨论，再由方向新、谢瑾岚、杨顺顺终审统稿。

本书各章节分工如下：第一章，高立龙、肖琳子著；第二章，杨顺顺著；第三章，肖琳子著；第四章，杨顺顺著；第五章，曾召友著；第六章，高立龙著；第七章，刘晓著；第八章，蒋学、郑谢彬、王凡著；第九章，刘敏著；第十章，谢瑾岚著。此外，曾召友负责二至六章涉及的数据收集和处理工作，杨顺顺承担模型设计、数据运算工作，高立龙参与绿色发展指数评价结果的绘图工作。

长江经济带绿色发展是对国家"一带一路"建设、京津冀协同发展、长江经济带发展三大战略和五大发展理念的有机结合和准确领悟。湖南省社会科学院在2015年10月被确立为湖南省首批7家省级重点智库后，通过实施创新工程、开发智库专项、设立智库专报、承办智库论坛等多种形式推进智库建设，其中，绿色发展研究是基于全院科研所设置结构、优势学科方向、研究团队专长确定的智库研究的重点攻关方向之一，以期在全省乃至全国形成一定的智库研究影响力。考虑我国绿色发展研究相关进展和湖南省区位特点，2016 年，湖南省社会科学院启动了《长江经济带绿色发展报告》研究和编制工作，建立了一支由专业技术人员组成的研究团队，在对提纲和评价指标体系反复讨论、四易其稿基础上，通过团队人员的共同努力，2017 年 7 月完成本书初稿。本书的编制，是团队不断磨合、认识不断深入、体系不断完善、数据不断翔实、方法不断健全、材料不断丰富、文字不断凝练的过程；但受研究时间、研究经费等条件限制，书中依然存在社会调研数据缺乏、专题研究刚刚展开、针对性政策建议偏少等问题，这些都有待通过年度系列报告不断琢磨和改进。

本书在研究、写作和出版过程中，得到湖南省社会科学院刘建武院长，周小毛、贺培育、刘云波等院领导以及科研处和同领域专家学者的大力支持，同时也参考了国内外许多学者颇有见地的相关研究成果和分析资料。在此，表示衷心感谢！

湖南省社会科学院绿色发展研究团队

2017 年 9 月于长沙

图书在版编目（CIP）数据

长江经济带绿色发展报告. 2017 / 湖南省社会科学院绿色发展研究团队著. --北京：社会科学文献出版社，2018.1

ISBN 978 – 7 – 5201 – 2045 – 6

Ⅰ.①长⋯ Ⅱ.①湖⋯ Ⅲ.①长江经济带 – 绿色经济 – 区域经济发展 – 研究报告 – 2017 Ⅳ.①F127.5

中国版本图书馆 CIP 数据核字（2017）第 318084 号

长江经济带绿色发展报告（2017）

著　　者／湖南省社会科学院绿色发展研究团队

出　版　人／谢寿光
项目统筹／邓泳红
责任编辑／陈　颖　周爱民

出　　版／社会科学文献出版社·皮书出版分社（010）59367127
　　　　　地址：北京市北三环中路甲 29 号院华龙大厦　邮编：100029
　　　　　网址：www. ssap. com. cn
发　　行／市场营销中心（010）59367081　59367018
印　　装／三河市东方印刷有限公司

规　　格／开　本：787mm × 1092mm　1/16
　　　　　印　张：16.25　字　数：242 千字
版　　次／2018 年 1 月第 1 版　2018 年 1 月第 1 次印刷
书　　号／ISBN 978 – 7 – 5201 – 2045 – 6
定　　价／128.00 元